中国旅游业普通高等教育应用型规划教材

旅游企业人力资源管理

（第二版）

主 编 吴应利 刘 云

中国旅游出版社

再版前言

本书自2016年出版以来，得到了广大读者、特别是许多高校旅游管理专业教师和学生的信任、支持和欢迎，我们对此表示由衷的感谢！

几年来，伴随旅游业的迅猛发展，旅游学科也在快速地发展，旅游企业人力资源管理教学改革正在不断深入。为了更好地满足广大读者的需要，我们对本书做一次较为全面的增补和修订工作。

在保持本书“重视案例、强化理论、重于思考、强调实训”特点的基础上，我们结合旅游业改革发展的实际，调整、充实了最新的案例，修订、完善了部分内容的表述。

参加这次增补修订工作的有吴应利、刘云，全书最后由吴应利负责定稿。

由于我们的学识有限，书中的缺点、错误在所难免，希望继续得到广大读者和旅游管理专家的批评指正。中国旅游出版社的编辑老师对本书的增补修订工作给予了热情的支持，谨向他们表示诚挚的谢意！

编者

2019年7月

前　言

国务院《关于加快发展旅游业的意见》的41号文件中，将旅游业定位为“国民经济的战略性支柱产业”和“让人民群众更加满意的现代服务业”。根据2011年出台的《中国旅游业“十二五”发展规划纲要》，在未来五年，我国将围绕两大战略目标和建设世界旅游强国，积极推动旅游业的产业化、市场化、国际化和现代化发展。在未来的五年规划中，我国旅游市场开发将继续以国内旅游为重点，按照“全面发展国内旅游、积极发展入境旅游、有序发展出境旅游”的战略方针，统筹协调，深化开发三大市场，形成更加协调的市场格局。由此可见，旅游业已成为我国国家经济建设贡献最大的产业之一。

旅游业的发展离不开旅游企业的发展、壮大，旅游企业的产业化、市场化、国际化和现代化程度越高，说明这个国家的旅游业发展越成熟。现代管理科学普遍认为，要搞好一个企业需要四大资源：人力资源、物力资源、财力资源和信息资源。在这四大资源中，人力资源是最活跃的能动资源，也是最为重要的资源，它可以迅速转化为其他三大资源；同时，企业在市场、产品、技术和服务等方面的竞争都可以归结为人力资源的竞争。因此，旅游企业的人力资源管理越来越受到国内外学术界和旅游业界的高度关注。

作为应用型本科旅游管理类专业的必修课程之一，旅游企业人力资源管理是一门专业性、知识性、实践性较强的课程。结合20多年来旅游教学和旅游企业的一些实践经验，在广泛参考国内外有关资料的基础上，我们编写了这本教材。主要内容包括：旅游企业人力资源管理概述、旅游企业人力资源规划、旅游企业员工的招聘与选拔、旅游企业员工的培训与发展、旅游企业员工的绩效管理、旅游企业员工的薪酬管理、旅游企业员工的激励、旅游企业劳动关系管理、旅游企业员工的职业生涯规划、旅游企业人力资源信息化管理等。撰写本教材力图突出：

（1）从案例导入和学生的思维特点出发，按照案例导入—理论阐述—案例/知识链接—理论探讨—案例思考的思路来组织教材，重视理论与实践的结合，使学生能从实践—理论—实践来进行认知。

（2）教材主要板块以人力资源管理为基础，强调学科的系统性和完整性，但在内容上突出了旅游企业的实践性和创新性。

（3）突出“重视案例、强化理论、重于思考、强调实训”的编撰特色，单独编写了实训指导内容。

（4）根据信息化、智能化的发展趋势，增加了旅游企业人力资源信息化管理内容。

云南财经大学旅游与酒店管理学院吴应利、刘云担任本书主编，负责全书提纲的拟定、全书的修改及统稿工作，翟俊担任副主编。各章分工如下：第一章、第二章，吴应利；第三章、第四章，翟俊；第五章、第六章，王涛、张春生；第七章、第九章，王婧；第八章、第十章，刘云；实训指导，任琳。

本书在编写过程中参考了国内外有关论著、教材和资料，借鉴了不少的文献资料，在此向有关作者表示由衷的感谢。同时，还得到了中国旅游出版社段向民等老师的大力支持，向他们表示诚挚的感谢。

由于作者水平有限，书中难免存在一些缺点和错误。敬请读者不吝指正。

编者

2019 年 6 月

目录
CONTENTS

第一章

旅游企业人力资源管理概述

导言

本章应围绕“旅游企业人力资源管理的重要性、人力资源管理的理论基础及旅游企业人力资源管理的基本内容”展开学习。

【学习目标】

1. 了解人力资源和人力资源管理的含义及特征，知道人力资源管理的主要内容。

2. 了解人力资源管理理论的发展历程，掌握旅游企业人力资源管理的特点、管理职能，明确旅游企业人力资源管理面临的挑战。

【导入案例】

人力资源经理的烦恼

作为一家世界级邮轮公司的人力资源总监，鲍勃·西蒙斯已经清楚地意识到今后的6个月将是非常繁忙的，因为董事会刚刚决定新开通欧洲到中国的航线，并打算以上海作为母港推出“中国风情游”产品。在这条航线上航行的“东方之梦”号是意大利一家造船厂刚刚交货的90000吨级豪华邮轮，每个航次可承载2200名旅客，全船需要987名员工。当“东方之梦”号从地中海起航时，鲍勃领导的人力资源部门必须雇用并培训好大约800名新员工，而其他人员则要从东南亚航线调配过来。最让鲍勃感到压力的是，董事会要求“东方之梦”号的服务人员应该有不少于100名来自中国。看来，鲍勃的责任不仅是要在他所熟悉的环境中招聘和培训新员工，还要设法使调来的员工熟悉“东方之梦”号的工作环境。鲍勃现在考虑的是马上到中国考察一下那里的人力资源市场，还要尽快任命一位负责到中国招聘员工的经理。

李雯是北京一家知名旅行社的办公室主任。这家旅行社现在在北京拥有5个门店，主要经营覆盖广西、云南、四川和陕西等省区的16条主要旅游线路。企业规模比较小，没有设立独立的人力资源部门，由办公室承担人事管理的工作。李雯负责招聘各门店的员工和全社的导游，并对他们进行基本的入职培训，然后分配给具体的用人部门。上周末是发薪的日子，一个门店的经理在拿到工资后不辞而别。现在正值旅游旺季，旅行社人手十分短缺，还没有合适的人选去接管那家门店。旅行社的老总决定指派李雯临时代管。

辰享基快餐公司开办不足3年，生意发展很快，开业时只有2家店面，现在已经有16家分店，员工超过200人。不过，公司总经理张严却发现，直接寄到公司和由“消费者协会”转来的顾客投诉越来越多，上个季度竟达90多件。这不能不引起他的不安和关注。除了抱怨菜及主食的品种、味道、卫生不好，价格太贵等，投诉更多是有关服务员的服务质量的，如服务员态度不够热情，上菜太慢，语言不文明，而且业务知识差，顾客有关食品的问题，如菜的原料规格、烹制程序等常一问三不知。张严分析，服务员业务素质差，知识不足，态度不好，也难怪他们，因为生意扩展快，大量招入新员工，草草做半天或一天岗前集训，有的甚至未培训就上岗干活了，当然影响服务质量。

鲍勃、李雯和张严在工作中的处境是类似的，他们都面临着与人力资源开发和管理有关的挑战。事实上，每一位旅游企业的管理者都必须正视和耐心处理复杂多变的员工问题，它既是日常管理工作的重要内容，也是事关旅游企业生存与发展的战略问题。

第一节　人力资源管理概述

一、人力资源的概念与特征

（一）人力资源的概念

当代经济学家大多将资源划分为四大类，即人力资源、自然资源、资本资源和信息资源，人力资源是其中最重要的资源，因为离开了人的工作，其他资源都无法被利用。人力资源是指一切能为社会制造财富，能为社会提供劳务的人及其所具有的能力。具体为存在于人的体能、知识、技能、能力、个性行为特征等载体中的经济资源。

（二）人力资源的特征

人力资源的实体是人。作为社会经济资源中的一个特殊种类，有诸多不同于物质资源的特点。研究人力资源的特点，对于正确和深入把握这一范畴，是非常重要的。人力资源主要具有以下特征：

1. **生物性**

人力资源存在于人体之中，是一种“活”的资源，它与人的自然生理特征相联系，具有生物性。这是人力资源最基本的特点。人力资源的生产，基于人的再生产这种生命过程，其接受教育也需要一定的“智力”自然前提；人力资源的使用，更受到人的自然生命特征的限制，如工作疲劳、职业安全卫生、工作时间等。人力资源的生物性还体现为人力资源的再生性，其再生性是通过人口总体内个体的不断替换更新和“劳动力耗费—劳动力生产—劳动力再次耗费—劳动力再次生产”的过程得以实现的。

2. **能动性**

能动性是人力资源区别于自然资源的一个最重要的特征。人力资源的能动性，表现在以下三个方面：第一，自我强化。人口的生产、教育的发展，使得人力资源得以形成和得到强化，这是通过人们自身有目的的活动实现的。此外，人们努力学习、锻炼身体，获得更高的劳动能力，这也是自我强化的内容。第二，选择职业。这是人力资源主动地与物质资源结合的过程。第三，积极劳动或劳动积极性的发挥。这是人力资源能动性的最重要的方面。劳动积极性的发挥，对于这一资源的潜力发挥，具有决定性的影响。

3. **智能性**

人力资源包含智力的内容，即具有智能性，这使得它具有强大的功能。因为，人类创造了工具、创造了机器，把物质资料改造成为自己的手段，即通过自己的智力使自身人体器官得到延长和放大，从而增强了自身能力，制造了丰富的生产资料和生活资料；尤其是新科技革命的兴起，高科技的迅猛发展，人的思维不断扩大，知识和智力的急速发展使人们认识到，世界上的许多事情是可能做到的，也是可以设计制造的。人力资源的这种智能性表明，人力资源具有巨大潜力，亟须花大力气予以挖掘，使之变成财富。人类的智力具有继承性，这使得人力资源所具有的劳动能力随着时间的推移，得以积累、延续和进一步增强。

4. **个体差异性**

不同的人力资源个体在知识技能条件、劳动参与度、劳动供给方向、工作动力、工作行为特征等方面均有一定的差异。人的个体差异性，也导致社会人力资源需求岗位对其的选择产生一定的差异。市场配置人力资源，可以在微观层次上通过个人与用人单位的相互选择和优化配置，达到人力资源与物质资源、资本的合理配置，取得较好的经济效益和社会效益。

5. **自我选择性**

自我选择性是人力资源能动性的延伸。“人”具有社会意识，这种意识是其对自身相对外界具有清晰的看法、对自身行动做出抉择、调节自身与外部关系的意识。人具有社会意识，使得作为劳动者的人在社会生产中居于主体地位，人力资源因而具有了能动的选择性。人作为主体性资源，在构成劳动供给与否、劳动供给的投入方向与投入数量方面，是有着自主决定权与选择偏好的。上述决定权与选择偏好表现为：个人“想不想或要求不要求就业”“到什么岗位上去就业”和“就业时间多长、工作强度多大”。平等竞争的市场经济体制，对人力资源的自我选择性有较充分的保障，从而有利于人力资源的自动配置。在经济发展水平不同的国家和地区，人的知识技能水平与价值观、自我意识也不同，自我选择性也有一定差别。一般来说，经济社会发展水平低的国家和地区，人的自我选择性较弱；经济社会发展水平高的国家和地区，人的自我选择性较强。

6. **非经济性**

非经济性，即人作为生产要素的供给者，除了追求经济利益之外，还有非经济方面的考虑。在作为经济行为主体的个人层次上，人的职业选择、劳动付出往往与职业的社会地位、工作的稳定性、晋升机会、管理特点、工作条件、个人兴趣爱好、技能水平等非经济、非收入因素相关联。在经济水平比较低的社会，人们重谋生，对非经济的考虑较少、要求较低；在经济水平比较高的社会，“衣食足而知荣辱”，人们对于非经济利益的考虑就会较多，强度也较大。

7. **时效性**

人力资源具有时效性，它的形成、生产、开发、使用都具有时间方面的限制。从个体的角度看，人作为生物有机体有其生命周期，人作为人力资源能从事劳动的自然时间就被限定在人生命周期的其中一段，人力使用的有效期在16~60岁。此外，人们能够从事劳动的青年、壮年、老年不同时期，其劳动能力也有所不同。在人力资源形成之后，如果在一定时间内不及时地开发和利用，它的效用就会降低甚至消失。可见，必须适时地开发和利用人力资源，而不能闲置或储备。

二、人力资源管理的内涵

（一）人力资源管理的概念

人力资源管理是指组织为了实现既定的目标，通过运用科学、系统的技术和方法对人力资源的取得、开发、保持和利用等方面所进行的计划、组织、领导、控制等一系列管理活动的总称。它是研究人与人关系的调整、人与事的配合，以充分开发人力资源、挖掘人的潜力、调动人的积极性、提高工作效率，从而实现组织目标的理论、方法和技术。人力资源管理是现代企业管理的核心，与生产、营销、财务管理等一样，同为企业的基本管理职能。

每一个组织的形式与结构虽然不尽相同，但是其人力资源开发与管理的职能基本是一样的，主要包括以下几个方面：

1. **获取**

获取主要包括人力资源规划、招聘与录用。为了实现组织的战略目标，人力资源管理部门根据组织的工作要求、内外部环境、文化价值观、使命、目标与战略，制订与组织目标相适应的人力资源需求与供给的近期、中期与远期计划，分析并具体制订每一工作岗位的职务说明书，并根据其供需计划对所需人员进行吸引、招募、考核、选拔、录用与配置等工作。显然，只有首先获取了所需的人力资源，才能对其进行开发与管理。

2. 整合

整合是指招录到的人员不仅在形式上加入组织，而且在思想上、感情上和心理上与组织融为一体。取得群体认同的过程是员工与组织之间个人认识与组织理念、个人行为与组织规范的同化过程。现代人力资源管理强调个人在组织中的发展，个人的发展势必引发个人与个人、个人与组织之间的冲突，产生一系列问题。整合职能应努力去化解这种个人与组织的矛盾与冲突，协调各利益主体的关系。其内容包括对员工的培训，介绍组织的宗旨与目标，并启发和指引员工接受这些宗旨与目标，协调好组织中的人际和群际关系。

3. 保持与激励

指对招聘的人员采取适当措施，使其对所处的工作环境和条件感到满意，培养和保持其工作热情，维护其安全健康的工作环境。组织通过设计并执行公平合理的奖酬、福利、保健等制度，建立激励机制，做到奖惩分明，激发劳动者的内在潜力。这项基本职能的根本目的在于增强员工的满意感、激发劳动积极性，提高劳动生产率和组织的绩效。

4. 控制与调整

指设置并执行合理完整的绩效考评制度，并在此基础上采取适当的措施，如晋升、调迁、解雇、离退、奖励、惩戒等的实行与落实。随着市场竞争日趋激烈，我国旅游企业管理逐步完善，管理观念逐步更新，管理者越来越认识到绩效管理的重要性。因此，控制与调整是对员工实施合理、公平的动态管理的过程。

5. 开发

这是人力资源开发与管理的重要职能，是指企业为有效地发挥每个人的才干，提高其知识、技能和能力而采取的一系列活动。开发活动的主要环节有人才发现、人才培养、人才使用与人才调剂。其中主要内容包括组织与个人开发计划的制订、组织与个人对培训和继续教育的投入、培训与继续教育的实施、员工职业生涯开发设计及员工的有效使用等。它包括两个目标：一是提高人力资源的质量，二是提高其活力。具体做法有教育训练、组织发展、提高生活质量等。

人力资源开发与管理的五个方面的基本职能是互相关联的，并且都是为实现组织的既定目标与使命而服务的。

（二）人力资源管理的任务

人力资源管理作为企业管理的一个方面，担负着人事匹配、促进企业与员工共同发展的重要任务，具体表现在以下几个方面。

1. 人力资源战略与规划

人力资源管理是一个涉及面相当广的领域，从根本上看，它是由组织的战略决定的。由此，人力资源管理就具有了高层次的战略特征与一般业务性的经营特征，组织的人力资源战略也就成为人力资源管理体系的根本内容。根据组织的长期战略，人力资源战略所要解决的主要问题有：①组织的未来结构和所需要的组织成员数量与结构预测；②组织的员工培训途径和选拔规划，关键技术人员、管理人员的选拔模式；③应当建成的组织文化；④对员工的管理理念等。

组织的人力资源规划，则要立足于组织的中长期发展，具体根据组织的近期发展所提出的对于人力资源的需求，寻找供给的缺口。例如，组织需要多少员工、需要哪些类型的员工，通过什么渠道、采取什么方式招聘员工，未来人力资源需求预测与供给提供等。

2. 工作分析和工作设计

工作分析和工作设计是人力资源开发与管理工作的基础。通过对工作任务的分解，根据不同的工作内容，设计为不同的岗位，规定每个岗位应承担的职责和工作条件、工作要求等，这样可使企业吸引和保持合格的员工，做到事得其人、人尽其才，从而提高工作效率。

3. 招聘和选拔

随着旅游业的发展，旅游企业对人才的需求也日趋迫切，挑选和录用合格乃至优秀的员工是企业取得竞争优势的重要环节。招聘是指通过各种途径发布招聘信息，将应聘者吸引过来；选拔则是指企业挑选最合适的求职者，并安排在一定职位上。

4. 培训与开发

通过培训提高员工个人、群体和整个组织的知识、能力、工作态度和工作绩效，进一步开发员工的智力潜能。培训与开发要强调针对性，即根据不同员工的技术水平和素质差异采用不同的训练方式和训练内容，为他们完成工作任务提供必要的知识、技术、能力和工作态度的培训。同时，还可进行交叉的岗位培训，帮助员工胜任不同的职务。

5. 绩效管理

绩效管理的目标是实现组织目标，促进员工发展。绩效管理的内容涉及绩效管理系统的构建、绩效考核指标设计、绩效管理方法的分析、绩效考核结果的运用等。

6. 薪酬福利设计

影响旅游企业薪酬的因素是多方面的，大致可归纳为三类：旅游企业内部因素、员工个人因素和外部的社会因素。薪酬与福利体系关系到组织中员工队伍的工作积极性和稳定性，并且对组织的士气有很大影响，因此要科学地确定薪酬结构和水平，制定福利和其他待遇的标准。

7. 劳动关系

劳动关系是企业管理者与员工之间的相互关系。企业管理者与企业内员工群体之间依照劳动法的规定，就工资、福利及工作条件等问题进行协商，调整劳动关系。

8. 职业计划与发展

职业计划是指根据员工个人性格、气质、能力、兴趣、价值观等特点，结合组织的需要，为员工制订一个事业发展的计划，不断开发员工的潜能。

可见，人力资源管理的主要任务就是以人为中心，以人力资源投资为主线，研究人与人、人与组织、人与事的相互关系，掌握其基本理念和管理的内在规律，有利于管理效益的提高和管理目标的实现。

三、人力资源管理的目标

人力资源管理的目标可分为直接目标与终极目标两个方面。直接目标是指从人的角度提高企业效率，促进企业的稳定发展。终极目标是指人力资源管理活动的最终目的是提高员工和企业的工作绩效和效益，提高企业竞争力，实现企业价值最大化。人力资源管理的目标要求在实现企业目标的基础上，努力实现员工的个人目标，使企业与员工实现共同发展。

第二节　旅游业与人力资源管理

现代旅游业的发展起源于第二次世界大战之后，并一直保持着高速发展的趋势。尤其是进入20世纪90年代以后，全世界每年接待的国际旅游者人数和国际旅游收入的增长速度均超过10%，旅游业成为当今社会发展最快的产业之一。旅游业作为经济建设的重要产业越来越受到世界各国和地区政府的高度重视。许多国家特别是发展中国家已把旅游业当作实现当地经济腾飞的重点产业来扶持。

一、旅游业概述

（一）旅游业的定义

关于旅游业的定义，人们有着不同的认识。一般认为旅游业就是以旅游资源为凭借，以旅游设施为基础，通过提供旅游服务满足旅游消费者各种需要的综合性行业。由定义不难看出，旅游资源、旅游设施和旅游服务是旅游业经营管理的三大要素。旅游饭店、旅游交通和旅行社构成了旅游业的三大支柱。按照我国目前的情况，旅游业的构成应该包括下列各类企业：旅行社、以饭店为代表的住宿业、餐饮业、交通运输业、游览娱乐行业、旅游用品和纪念品销售行业及各级旅游管理机构。旅游行业组织虽非直接营利的企业，但它们在促进和扩大商业性经营部门的营利方面起着重要的支持作用，因而也应纳入旅游业的构成之中。旅游业同时还应包括支持发展旅游的各种旅游组织。

（二）旅游企业的特性

由于旅游行业的特殊性，旅游企业除具备企业的一般共性外，还具有一些专有特征。

1. 对基础设施和环境的依赖性及其发展的适当超前性

旅游企业主要是利用旅游资源和设施设备的功能、空间和其他产业所提供的产品为旅游者提供服务。根据产业关联理论划分，旅游产业符合最终需求型产业（又称下游产业）的特征。它在生产过程中显著地依赖其他产业的产品作为中间投入的生产要素，与先行产业的关联性较强，旅游业的发展会拉动其先行产业的发展。因此，一个地区的基础设施建设、市政工程配套、资源环境、设备物资配置、旅游者所需各种生活用品的生产和供应以及水电能源消耗等，对该地区旅游企业的发展具有重要影响。同时，由于旅游业在促进国际经济、文化和科技的交流，吸收外汇，拉动内需，积累资金等方面的突出作用，旅游企业又可以适当超前发展。其超前的程度取决于国民经济的承受能力、外汇偿还能力以及客源增长速度，不能盲目建设和超前。

2. 旅游企业经营的敏感性

由于旅游活动本身受国内外政治、经济、文化、外交，以及汇率变动、恐怖事件、自然灾害、疾病流行等多种因素的影响，旅游企业经营活动往往具有较强的敏感性。例如，2003 年一场突如其来的“SARS”，使中国旅游业一下子跌入深谷，至 2003 年 4 月底，全国有组织的入境旅游、国内旅游和出境旅游基本停止。经过全国上下的共同努力，世界卫生组织（WHO）先后宣布撤销对香港、广东和北京的旅游警告，并将它们从“SARS”疫区名单中删除，旅游业随即出现强劲的恢复势头。旅游业的这种敏感性特征，需要企业更多地关注各种危机事件发生的可能性，不断提高企业的抗风险能力，同时对旅游业的发展应保持充分的信心。

3. 旅游企业经营的关联性和竞争性

旅游企业是以客人的旅行游览活动为主线提供服务的，在客源市场上，旅游企业间的经营具有较强的关联性，不同的旅游企业在旅游活动的不同环节为客人提供不同的服务。例如，旅行社负责组织客源，旅游交通公司提供运输服务，饭店则提供食宿服务，餐馆、旅游商店及其他企业提供各种相关配套服务。另外，由于一定时期旅游客源市场的有限性和旅游企业设施设备的不可储存性，旅游企业间的经营也会形成激烈的竞争关系，尤其是同一地区相同类型的旅游企业。旅游企业经营的这种特点，一方面要求国家和地区的旅游企业相互配套、合理安排，另一方面也要求旅游企业注重市场需求及其变化，多方开发市场，加强旅游企业之间的联系，正确处理好联合和竞争的关系，以促进旅游企业的健康有序发展。

4. 先进设备和劳务服务并存，工艺技术性较强

旅游企业是为游客提供享受服务的企业，因而大多具有先进的设施设备。但先进设施不能完全取代手工操作和劳务活动，必须与劳务活动融为一体，才能相得益彰。例如，饭店室内装饰艺术、烹调艺术、导游艺术等，都要靠劳务服务来完成。在设施、设备基本完善的条件下，企业员工的工艺技术水平和劳务服务质量，直接影响着旅游企业产品质量的好坏。

（三）旅游企业的分类

旅游企业涉及为旅游者提供食、住、行、游、购、娱等全方位的产品与服务，根据不同标准可分为多种企业类型，目前主要的分类有以下几种：

按投资主体，可以分为国有、集体、私营、联营、有限责任、股份合作、股份有限、其他内资、外商投资、港澳台投资等多种类型。改革开放以来，旅游企业投资已由过去单一由国家投资为主转向多元化发展，尤其是沿海地区，如广东省的国有星级饭店比重已低于50%，外商投资饭店逐年增加，给旅游企业带来了新的机制和活力。

按旅游企业的经营规模（由经营业务项目多少、营业额、职工人数、固定资产价值等指标决定），可以分为大型旅游企业、中型旅游企业和小型旅游企业等。例如，饭店企业通常按饭店客房数的多少来划分其规模，旅行社则按注册资本和质量保证金的多少划分为国际社和国内社。

按与旅游活动的密切程度，可以分为直接旅游企业、间接旅游企业、旅游配套企业三大类。直接旅游企业是直接和专门经营旅游业务的企业，如旅行社、旅游景区、酒店宾馆、旅游汽车公司等，它们是旅游企业的主体。间接旅游企业是指那些除为旅游者服务外，同时也为社会其他部门和人员服务的企业，如友谊商店、歌舞厅、影剧院、公共交通运输等企业。旅游配套企业是为旅游企业提供配套产品和服务的相关企业，如装饰公司、食品饮料和旅游商品的生产企业、建筑企业，以及为旅游企业提供设备和供应服务的其他企业等。

二、旅游企业人力资源管理的性质

旅游企业人力资源管理是经营和管理各种旅游产品的企业，具体包括旅行社管理、风景区管理、娱乐业管理、饭店管理、旅游交通企业管理、游船企业管理等。旅游企业人力资源管理的基本性质也具有与生产力、社会化大生产相关的自然属性和与生产关系、社会制度相关的社会属性。

（一）旅游企业人力资源管理的自然属性

旅游企业人力资源管理的自然属性是指旅游企业人力资源管理过程中在不同的社会制度和意识形态中所表现出来的共性，反映出旅游企业人力资源管理的一般规律性可以供不同的社会制度与国家在发展旅游业中学习与借鉴。

1. 系统相关性

旅游企业是一个开放的系统，它与环境有着密切的相互关系。同时，企业内部各环节、各部门也是一个有机的整体，共同完成对顾客的服务。例如，市场营销部门招徕的客人，需要企业内部各部门有效配合才能真正让客人的整个旅游经历满意。旅游企业系统具有相关性特征，要求旅游企业员工树立系统整体性观念，局部利益服从于整体利益，同时还应有团队意识，共同创造企业系统整体利益的最大化。

2. 需求与供给的不平衡性

旅游企业在一定时间内，其供给接待能力是一定的，如饭店的床位数、餐厅的餐位数、景区的环境承载量、旅游车队的车辆数等。而客人的需求却是一个不断波动的数量，虽然游客的变动也具有一定的规律性，但具体到某一个时间某一个旅游企业所面对的顾客量却经常出现较大变化，这也体现旅游企业经营活动经常出现的淡旺季差异性。因此，需要旅游企业具备平衡需求变化的应对能力和采取相应措施的能力。

3. 旅游企业经营的文化性

旅游企业是带有很强文化色彩的企业，这已成为旅游企业的共识。旅游企业的强文化性是由旅游企业的特殊性所决定的。

（1）旅游企业服务的对象是人。旅游者购买旅游产品是为了其发展与享受精神层次的需要，如现代旅行者外出旅行的动机可以是多种多样的，但有一个动机是共同的，即探求异地文化。旅游企业也就成了他们探求和感受异地文化的一个组成部分。

（2）旅游企业生产和销售的是无形产品。无形产品的使用价值不仅表现在物质形态上，也表现在环境和氛围上。与此相对应，无形产品的价值也不仅包含可计量的成本费用支出，还包括环境文化、氛围营造、服务文化等的附加价值。无形产品带给宾客的不仅是旅居或社会需求的满足，还给予宾客精神享受和心理感受上的满足。

（3）旅游企业一般处于某个地域。特定的地域有其特定的社会、经济、历史、文化背景。旅游企业处在这样的背景中，就会带上特定的地域文化色彩。而实际上很多饭店的经营者已经意识到，地域文化是一项宝贵的资源，取得这一资源是无偿的，但它会给旅游企业锦上添花，甚至成为旅游企业的主格调或主题，其产生的影响是不可估量的。

（4）市场对文化的需求。市场要求旅游企业具有文化特色和文化氛围已成为发展趋势。21 世纪，生产力高速发展的同时，人们的生活也进入了一个崭新的阶段。人们不断提高物质生活质量的同时，也同步追求精神生活的更高层次和境界，这一时代的宾客对饭店的使用也有着物质和精神两方面的要求，而精神的享受主要是通过文化来体现的。

旅游企业强文化性的表现形式是多方面的，具体可通过旅游企业的硬件和软件两方面表现。硬件方面主要有建筑物造型和外环境、外装修，旅游企业的环境艺术和再装修设计让一些设备设施及物品的造型、色彩图案、款式、CI 设计的视觉效果富于新的创意和用途。软件主要有旅游企业的产品理念和服务理念、旅游企业的文化理念、服务程序设计、产品及业务设计、服务中的 CI 设计、服务过程中的文化点缀、服装设计、语言文字的设计等。除了旅游企业软、硬件的文化性外，旅游节事活动也是旅游企业文化的重要方面。

（二）旅游企业人力资源管理的社会属性

从旅游企业人力资源管理的历史看，随着世界政治、经济、科技的不断发展，其社会属性也在发生变化。

1. 政府加强宏观调控

当今许多国家和政府制定了长期和中期以至年度的旅游经济发展计划，对一些垄断性的旅游资源，如自然保护区、文化遗产等更是直接纳入国家直接控制范围，并用法律、经济、行政等手段促使旅游企业执行政府的计划，在一些国家和地区，政府主导型的旅游业被证明是一种成功的管理模式。

2. 旅游企业人力资源管理的目标趋向多元化

由于消费者日益成熟，环保意识的不断加强等方面的影响，社会公众和广大消费者（用户）对企业提供的商品和劳务以及企业活动对环境造成的损害，抱着更加挑剔的态度，并且形成了各种消费者协会和形形色色的环境保护组织，迫使企业人力资源管理者不得不认真考虑消费者利益和社会生态环境的保护。

作为旅游企业的职业管理者在行使管理职能时，既要满足资本所有者及股东对股息和红利的要求，又要保证扩展企业实力的需要；既要尽可能满足本企业员工物质和精神方面的需要，又要考虑到社会公众、广大消费者和用户的利益；既要千方百计追求企业的利润最大化，又要处理好旅游企业同政府的关系，遵从政府的种种法规和限制。因此，可以说旅游企业人力资源管理的目标已经多元化了。

3. 旅游职业经理阶层出现

科学技术的飞速进步促进了经济的加速发展，旅游企业规模不断扩大，社会分工更加细密，信息传播速度和信息传播数量都空前增加，人们之间的相互交往频繁，管理的复杂性大大提高了，于是一批受过良好职业训练的经理阶层应运而生，使旅游企业的所有权与经营权发生了分离。公司股东不再直接管理企业，职业经理阶层快速发展壮大。由于股东可以随时出卖自己的所有权——股权，因而他们甚至不怎么关心企业的具体经营管理，他们所关心的仅仅是股票价格的涨落和红利的多少。

三、旅游企业人力资源管理的重要性

旅游企业是服务行业，人力资源是企业最可宝贵的资源，得人才者得天下。旅游企业人力资源的重要性主要表现在以下几个方面：

（一）人力资源是旅游企业的核心资源

任何企业都拥有一定的资源，如自然资源、人力资源、信息资源、时间资源、资本资源等，在这些众多的资源中，什么资源是推动组织发展的关键资源呢？芝加哥大学教授、诺贝尔经济学奖获得者舒尔茨（T. T. Schunz）经过多年的研究，提出了人力资本的理论。他用这种理论成功地解决了古典经济学家长期以来未曾解决的经济增长的源泉难题，解开了当代富裕之谜。他认为人力资本才是国家和地区的富裕之泉。这种理论突破了只有厂房、机器等物质性资源才是资本的概念，把国家、地区和组织在教育、保健、人口、迁移等方面投资所形成的人的能力的提高和生命周期的延长也看成资本的一种形态。舒尔茨认为，人力资本是通过对人力资源投资而体现在劳动者身上的体力、智力和技能，它是另一种形态的资本，与物质资本共同构成了国民财富，而这种资本的有形形态就是人力资源。这种资源是组织、地区和国家生产与发展的要素之一。

当代经济学家普遍接受了舒尔茨的观点，认为土地、厂房、机器、资金等已经不再是国家、地区和组织致富的源泉，唯独人力资源才是企业和国家发展的根本。

就旅游企业而言，由于其提供的产品是服务产品，主要由人的劳务活动完成，员工的素质、能力、态度等要素直接影响着旅游企业的产品质量，人力资源已被越来越多的管理者看作旅游企业的核心资源。

（二）人力资源是旅游企业经营成功的关键因素

很多旅游企业的管理者仅仅把员工看成企业的成本，不断降低员工成本成为这些管理者追求的目标，若能从提高劳动生产率的角度降低员工成本，则也是可行的经营法则之一。然而，很多旅游企业的实际操作是单纯地削减员工，变相降低员工的工资待遇，或加大员工的工作量而不给予相应的补偿，长此以往，必然会导致员工对企业的不满情绪滋长。近些年来，旅游企业员工的高流动性，已经在很大程度上影响了旅游企业的经营效益和发展。另外，成功的旅游企业十分注重员工利益，把员工视为企业的第一资源，是经营成功的关键因素，人才是资源、资本，这种理念使企业竞争优势之源深入人心，并从管理者的经营理念到各项规章制度处处体现以人为本，尊重和爱护员工，从而使企业获得了巨大的回报。

【同步案例】

香格里拉大酒店的人力资源管理理念

总部设在香港的香格里拉酒店集团是亚洲最大的豪华酒店集团，且被视为世界最佳酒店管理公司之一。香格里拉，源于藏语，意为心中的日月，寓意恬静、祥和、殷勤的服务。从1971年新加坡第一间香格里拉酒店开始，香格里拉不断向国际迈进。以香港为大本营，今天的香格里拉已成为亚洲地区最大的豪华酒店集团。

“卓越的酒店源自卓越的员工，而非绚丽的水晶吊灯或昂贵的地毯。”香格里拉酒店集团坚决秉承这一理念，并将之诠释为对员工发展所做出的坚实承诺。人，才是酒店永恒的灵魂所在，是酒店真正触动客人心灵的“奢华”。酒店，就是人的集合，众多善良的人们。香格里拉的酒店员工文化一直是酒店行业的领先者。这从酒店员工的流失率可见一斑，亚太地区行业平均是30%，而香格里拉集团要低10个点，20%。

深圳香格里拉大酒店总经理王德贤接受深圳商报记者的采访时说：酒店业是一门有关人的生意，我们要充分照顾的是我们的客人、员工和经营伙伴。以人为本，以客为先，公平、公正和透明的管理是我的原则。在香格里拉，大家都是领导者。即使不领导别人，也在领导自己。我们深知员工是酒店最重要的资产，是我们的内部客人，因为只有快乐的员工才能有满意的客人。集团建立员工发展机制并开展各种活动，争取成为备受拥戴的雇主。如人才本地化、内部招聘、员工进行跨部门/跨酒店培训、员工授权体系、有效的工作表现评估系统及接班人计划等等，将酒店的事业与个人的发展更紧密地联系在一起。

（三）人力资源成为中外旅游企业争夺的对象

随着我国改革开放的不断深入，旅游业得到了迅猛快速的发展。旅游人才建设也经历了由起步到发展壮大的过程，并逐步建立了一支与中国旅游产业规模相适应的人力资源大军。我国旅游企业人才建设方面已取得了一定的成绩，但是与发达国家相比，我国的旅游队伍建设仍存在总量不足、分布不合理、结构不理想、急需人才缺乏、人才外流严重等问题。

随着中国的对外开放与经济实力的不断增强，越来越多的国际饭店管理集团进军中国。2005 年以来，国外旅行社企业已开始在我国经营相关业务，并将不断扩大他们在中国的经营空间，这些外资企业为了经营成功，势必要在人才上下功夫，以高工资或更优厚的待遇从国有企业“挖人”，特别是挖企业骨干人才，必将掀起新一轮的旅游人才大战，国内人才国际化、国际人才本土化已成为必然。如何采取有效的措施稳定本企业现有的骨干和专业人才，已成为众多旅游企业关注的焦点和必须认真应对的问题。

第三节　旅游企业人力资源管理

根据旅游业的性质、特点，旅游企业是提供服务产品的企业，员工参与服务生产过程，向顾客提供面对面的服务。当今，科学技术越来越发达，而旅游企业所提供的服务却无法为机器或物质生产过程所代替，并且顾客越来越需要体贴入微、富有人情味的个性化服务。因此，旅游企业应特别重视人力资源的管理。美国罗森帕斯旅游管理公司总裁罗森帕斯曾向“顾客就是上帝”的传统观念挑战，认为“员工第一，顾客第二”是企业成功之道。他认为只有把员工放在第一位，员工才有顾客至上的意识。由此可见，旅游企业人力资源管理，不仅是高质量完成服务过程、实现组织目标的必要保证，也是企业实施服务竞争战略的基础。西方旅游企业人力资源管理的重点放在激励、安抚员工，挖掘员工潜能上；我国旅游企业人力资源近年的重点是培训、调整劳动关系和稳定员工队伍，将人力资源管理与企业战略相结合。

一、旅游企业的员工流动

随着我国经济的快速发展和人民生活水平的提高，外出旅游已成为生活中的重要内容。旅游企业在国民经济中发挥的作用也日益增大，它在扩大对外交流、外汇创收、弘扬民族文化、增加就业、改善国民经济结构等方面都发挥着重要的作用。中国加入WTO，为旅游业带来了更多的客源，旅游企业从中获利更多，给我国旅游企业的经营提供了机遇。2014 年全国纳入统计范围的旅行社共有 26054 家，星级饭店 13293 家，其中五星级饭店 739 家，四星级饭店 2361 家，成规模的景区超过 20000 家。旅游企业目前处于一种新的经营环境：日趋成熟的市场经济、渐入佳境的知识经济和势不可当的全球经济。面对不断升级的市场竞争，竞争对手进一步增多，国外旅游企业集团扩张的步伐正在加快，它们一方面向中国进行市场和品牌扩张，一方面又在不断提升旅游企业教育培训和文化建设等工作。伴随日益激烈的旅游企业人才争夺战，旅游企业人员的频繁流动问题日益凸显，人才的高流失率也成为困扰旅游企业管理者的重要问题。这不仅造成了旅游企业技能和经验的流失，品牌信誉受损，员工的忠诚度和凝聚力降低，而且直接威胁到旅游企业的生存与发展。

（一）旅游企业员工流动现状分析

1. 学历分析

从学历区分，高学历人员流失率最高。原因是两方面的：从员工角度，一般来说，企业把新招聘的员工安排在最基础的岗位。大学生从“象牙塔的天之骄子”突然转型到普通服务人员，很多人无法承受心理的巨大落差，不甘心从基层工作做起。在企业方面，企业跟大学生缺乏必要的沟通，只追求高学历，忽视对岗位的规划和设计。有的大学生员工得不到尊重，看不到希望，往往选择了离开。

2. 人员类别分析

从人员类别上区分，实习生、临时工流失严重，他们的特点是学历低、年纪轻、思想不成熟、自我约束能力差，工作压力承受能力较弱，易受外界的影响。主要原因在于临时工与实习生相对工资水平低，其工作目的是挣钱养家和通过实习完成学业，因此比较注重目前的薪酬及工作量大小，一旦有机会就会中断现有工作，离开企业。

3. 年龄分析

从年龄区分，除 20 岁左右的实习生流失严重外，25～30 岁员工流失率也较高。由于旅游企业的特点，员工在没有晋升到管理岗位的情况下，会因为年龄的增长不得不放弃“吃青春饭”的行业。这个年龄阶段的女员工会因为结婚生子，不适应单位的作息时间而选择离开。

4. 服务年限分析

从服务年限上区分，有三个离职危机高峰。第一个离职危机高峰是到达企业的第 1

年，即试用期前后的新人危机。新员工发现工作性质或工作质量超出他的能力，或与上司不和，未得到希望中的培养、关怀和理解，对企业没有认同感，就会萌发去意。第二个离职危机高峰是在职 2 年后的升迁危机。经过一段时间后，员工都会渴望得到升迁，使他们朝着希望的目标努力。但是，有的旅游企业往往没有注意此种情况的发生，没有为员工建立起激励机制。第三个离职危机高峰是在职 5 年后的工作厌倦危机。当员工可预知的升迁越来越慢，且机会越来越少时，那些已经担任主管的员工就想寻找外面的机会。

5. 岗位分析

从岗位区分，服务员骨干流失最为严重，由于传统社会观念和价值观的驱使，旅游企业常被理解成一种青春职业。人们普遍认为在企业里的服务员到了一定的年龄就会被自然淘汰，与其这样不如早做打算。拥有一定管理经验的中高级管理人员和熟悉企业设备的工程技术人员的流动率也是比较高的，往往会被新开张的旅游企业作为紧缺的人才以更优厚的待遇挖走。

（二）旅游企业人员流动的原因与控制

美国著名管理学家麦克菲林（Jame M. Mcfillen）、瑞杰尔（Carl D. Rlegel）和恩兹（Cathy A. Enz）研究了旅游企业员工流动模型。模型表明，员工有离开（即流动）的愿望是两个因素相互作用的结果：一个是工作的满意程度，另一个是个人对组织的承诺度。例如，员工与饭店签约 8 年，而是否干满 8 年是由其承诺度决定的。若承诺度高，则不仅会干满 8 年，而且还有可能续约；若承诺度低，则会很快离开，干不满 8 年。员工个人特点与某项具体工作内容和特点相结合，就会影响到员工工作的满意程度。如果工作满意程度高，员工对组织的承诺度就会强烈而且对工作经常抱有积极的态度，这样，员工就可能留在饭店；反过来，如果工作满意程度低，员工对组织的承诺度就会减弱，工作态度变得消极，一有机会，员工就会流失。

麦克菲林等研究发现，饭店员工最关心的 3 个因素是足够的培训、管理人员的管理技巧、饭店组织结构和政策。他们认为，有 4 个主要因素影响员工流动：接受的培训、工作时间与班次安排、管理人员的管理技巧、组织和政策。报酬与员工流动只有相对弱的联系，对报酬的不满只是普遍不满的一种反映，如果工作要求超过承受能力，增加报酬只能暂时降低不满情绪。

1995 年，美国著名管理学家西蒙（Tony Simon）和恩兹用序数效应的方法，让我国香港 12 家饭店的 278 名员工对柯维奇的 10 因素进行排序，发现最重要的 3 个因素依次为：职业发展机会、对员工的忠诚和良好的工资报酬。类似研究也表明，饭店员工对于职业发展有着强烈的愿望，他们将其作为个人生活很重要的一个方面；“对员工的忠诚”排在第二位，表明饭店员工重视别人对自己的尊重和信任；“良好的工资报酬”突出则是由于持续的通货膨胀、不断上升的生活标准以及脆弱的社会福利体系。因此，根据国内外相关的研究结果，职业发展机会、对员工的忠诚（即对员工的尊重和信任）以及良好的工资报酬是饭店员工最关心的 3 个要素，饭店对这 3 个因素的不重视是导致员工流动最重要的原因。因此，饭店要控制员工的流失，也应从上述几个方面着手。

二、旅游企业人力资源管理的基本内容

旅游企业人力资源管理的基本内容与范畴主要包括以下几个方面：

（一）旅游企业人力资源规划

通过制定规划，一方面保证旅游人力资源管理活动与企业的战略方向和目标相一致，制定有关人力资源政策；另一方面，旅游人力资源规划主要是预测未来的旅游人力资源需求及供应情况，使人力资源供求达到平衡，同时，保证人力资源管理活动的各个环节互相协调，避免互相冲突，提高劳动效率，以实现旅游企业目标。

（二）工作分析与职位设计

工作分析是旅游人力资源管理工作的基础。通过工作分析，根据不同的工作内容，设计不同的职位，规定每个职位应承担的职责和工作条件等，这样可以使旅游企业吸引和保持合格的员工，做到事得其人、人尽其才，从而提高工作效率。

（三）旅游企业招聘计划

这是就旅游企业所需招聘人员的数量和质量作出计划，如果企业现有员工大于所需人数，则企业可制订裁员计划；如果企业现有人数不足，则可制订招聘计划。旅游企业由于淡旺季差异大，经营的变动性大，在招聘计划的制订上应更具灵活性。

（四）员工甄选与安置

采用科学的方法，从应聘者中挑选合适的人选。选拔的程序主要包括：填写申请表、面谈、测试及审查应聘者的资历，对重要岗位的人员还应实际考核其工作能力等。如果应聘者能顺利通过一系列的选拔程序，企业决定录用后，便可将新聘员工安置在适当的岗位上使用。要注意人事互相配合，才能达到事得其人、人尽其才的效果。

（五）员工职业生涯开发

这是指根据员工个人性格、气质、能力、兴趣、价值观等特点，同时结合旅游企业的需要，为员工制订一个事业发展的计划，并为之不断开发员工的潜能，如根据员工特点和旅游企业实际，既可以为他们设计旅游职业经理人的发展道路，也可以为他们设计旅游服务明星之路。

（六）培训与开发

通过培训提高员工个人、群体和整个企业的知识、能力、工作态度和工作绩效，进一步开发员工的智力潜能。旅游企业的培训与开发要强调针对性原则，即根据不同员工的技术水平和素质差异采用不同的训练方式和训练内容，提供他们完成任务所需要的知识、技术、能力和工作态度，进一步开发员工的潜能；同时，还可以进行交叉岗位培

训，帮助他们胜任现职工作和将来的职务。

（七）绩效考核

员工绩效考核是根据员工工作的范围及职责，考核员工是否履行了应尽的责任，评定他们工作的效果与效率，作为决定加薪或升职的依据。同时，可以鉴定员工缺点和不足，而决定该员工应该接受某种训练或监督。绩效考核应做到实事求是，公平合理，这不仅关系到员工的个人利益，而且影响到企业整体的效益。

（八）薪酬制度

根据员工的工作绩效的大小和优劣，企业给予不同的薪酬和福利。这是应用最广的激励方法。薪酬水平高低不仅决定企业所能招聘员工的素质和挽留人才的能力，并且对企业整体士气有很大的影响。员工福利与保障对员工来说也是相当重要的。员工福利与保障的范围包括：带薪休假、房屋津贴、医疗保障及文娱活动等。

目前，一些旅游合资与外资旅游企业，在吸引旅游人才方面具有竞争优势的一个重要原因，就是他们具有竞争力的薪酬体系。建立一个公平而可行的薪酬制度是人力资源管理工作最重要的一环。

（九）劳企关系

劳企关系主要研究旅游企业中所有者、经营者与员工之间的关系，解决员工在工作中所发生的各种矛盾与冲突，保持企业运行的协调一致和高效率。旅游劳企关系可以通过企业的相关政策、旅游行业管理规定以及《劳动法》等政策法规加以协调与解决。

（十）安全与保健

旅游企业一部分员工的工作流动性大，经常乘坐各种交通工具来往于各个旅游景区，如导游人员，其安全与健康应给予足够的重视。为保障员工的健康，减少污染，减少工伤事故的发生所采取的相应措施，可以通过为员工购买保险，加强安全教育，合理安排员工的工作与休息，定期为员工检查身体等办法保障员工的身心健康，这也是旅游企业可持续发展之根本。

第四节　旅游企业人力资源管理的理论基础

一、现代企业理论

现代企业理论有两个主要分支——交易成本理论和代理理论。交易成本理论重点研究企业与市场的关系，代理理论侧重于研究企业内部组织结构与企业具体成员之间的代理关系。两者都强调了企业的契约性、契约的不完全性及由此导致的企业所有权的重要性。

以科斯为代表的现代企业从全新的视角对企业的最基本的问题进行了探讨，帮助人们从企业的最根本的问题——企业性质入手，探索企业的本质。运用现代企业理论对旅游企业的本质进行深入研究，指导旅游企业按照经济学规律进行生产经营活动，有利于进一步探索我国旅游企业，尤其是国有旅游企业公司化改造的过程。

二、企业人力资源管理理论

管理科学是随着社会生产力的发展而逐渐发展的，它是现代旅游企业人力资源管理的基石。它可以划分为古典管理理论和现代管理理论两个发展阶段。

（一）古典管理理论

古典管理理论发端于美国工程师泰罗（F. W. Taylor）在20世纪初首创的“科学管理”。他在1911年出版的《科学管理原理》，奠定了科学管理的基础，其主要原理包括工作定额原理、标准化原理和差别计件工资制。在泰罗的科学管理理论指导下，企业逐渐开始用科学的管理方法代替旧的经验管理。泰罗被誉为“科学管理之父”。

法国人法约尔于1916年出版《工业管理与一般管理》，标志着一般管理理论的形成。他最主要的贡献在于：从经营活动中提炼出管理职能，作为与技术、商业、财务、安全和会计并列的第六项经营职能；提倡教育获取管理能力；提出五大管理职能（计划、组织、指挥、协调和控制）和14条管理原则（劳动分工、权力与责任、纪律、统一命令、统一管理、个人利益服从整体利益、合理报酬、集中、等级链、秩序、平等、人员的稳定、首创精神、集体精神）。法约尔管理思想的系统性和理论性比较强，他对管理的五大要素的分析为管理科学提供了一套科学的理论框架，提出的管理原则具有普遍的意义，因此他被后人尊称为“管理理论之父”。

同一时期，德国社会学家马克斯·韦伯（Max Weber）在其著作《社会和经济组织的理论》中描绘了理想的行政组织模式，为组织指明了一条制度化的组织准则。其核心思想是组织要通过职务或职位而不是个人或世袭地位来管理，指出理想的组织应以合理、合法的权力为基础，没有某种形式的权力，任何组织都不能达到自己的目标。韦伯为社会发展提供了一种高效率、合乎理性的管理体制，因此被誉为“组织理论之父”。泰罗、法约尔、韦伯奠定了管理思想的基础。他们的理论代表了早期的管理思想，泰罗、法约尔、韦伯奠定了管理思想的基础。他们的理论代表了早期的管理思想，其研究涉及管理方法、管理职能、组织方式等基本的管理方面，但是忽略了人的行为心理因素，因此在管理发展阶段中也被称为是古典管理理论阶段。这些管理思想对当代旅游企业的管理仍然具有一定的指导意义，如在旅游企业业务流程与质量标准设计，组织与制度建设等方面，提供了较普遍的模式。

（二）现代管理理论

现代管理的理论阶段是管理思想丰富和大力发展的阶段。在古典管理理论的研究基础上，许多管理学者从不同的研究角度提出了对管理学的见解，涌现出丰硕的成果。这一阶段的管理理论是现代企业人力资源管理的重要理论基础，也被称为“管理理论丛林”时期。现代管理理论主要有以下几大学派，它们的比较如表 1.1 所示。

表 1.1　现代管理理论流派比较

主要学派	对管理思想的贡献	代表人物
管理过程学派	在法约尔的一般管理理论的基础上发展而来。一是相对于其他学派而言是最为系统的学派；二是确定了管理职能和管理原则，为管理活动指明了方向	［美］哈罗德·孔茨、西里尔奥唐奈
社会系统学派	奠定了现代组织理论的基础，主张用社会学的观点来分析和研究管理的问题。认为组织是一个协作系统，它包含三个基本要素：协作愿望，共同目的，信息沟通。以管理者为核心，探讨组织内部均衡与外部相适应的条件	［美］欧文·巴纳德
系统管理学派	他们认为，组织是一个人造的、开放的社会技术系统，与环境之间存在着交互作用；它由各个相互联系的子系统组成。该学派重视对组织结构和模式的分析，应用系统理论的范畴、原理，全面分析和研究企业和其他组织的管理活动和管理过程，并建立起系统模型以便于分析	［美］卡斯特、罗森茨韦克，［德］贝塔朗菲
经验主义学派	把管理看成对经验的研究，并运用案例分析作为概括管理经验的手段。成功和失败的管理经验教训能够给人们未来如何运用有效方法解决管理问题提供借鉴，管理应该侧重于实际研究而不是纯粹的理论研究	［美］彼得·德鲁克、欧内斯特戴尔
行为科学学派	以梅奥等人创立的人际关系学说为基础，从人的本性和需要、行为的动机等心理因素的角度研究人的行为规律，特别是研究人与人之间的关系、个人与集体之间的关系，并运用这种规律性的认识来预测和控制人的行为，以提高工作效率，实现组织的目标	［美］梅奥、马斯洛、赫茨伯格、斯金纳、麦格雷戈等
决策理论学派	认为决策是管理的核心，贯穿整个管理过程，管理就是决策。组织是由作为决策者的个人所组成的系统。西蒙把系统理论、运筹学、计算机科学和心理学综合运用于管理决策分析上，形成了有关决策过程、准则、类型及方法的较完整的理论体系	［美］赫伯特·西蒙
管理科学学派	认为管理就是制定和运用数学模型和程序的系统，就是用数学模型和公式来表示计划、组织、控制、决策等合乎逻辑的程序，求出最优解，以达到企业的目标。该学派对管理学的精确化、数量化和科学化作出了贡献	［美］伯法，［英］布来克特
权变理论学派	强调在管理中要根据组织所处的内外环境变化而随机应变，针对不同情况采用相适宜的管理模式与方法，没有一成不变的、普遍适用的、最好的管理模式和方法	［英］伍德沃德，［美］卢桑斯、菲德勒

值得一提的是，受内外经济环境变化的影响，现代管理理论仍在不断地创新发展，许多管理学者从不同的高度、不同的角度提出了新的见解，为旅游企业人力资源管理综合借鉴不同管理理论与方法提供了可资学习的依据。

（三）旅游学理论

旅游学的基本原理揭示了旅游的本质及研究内容，其理论是旅游企业人力资源管理的基础。旅游学的研究始于近代社会，国外的学术研究一般较多地通过理论途径，在不同角度和层面上对旅游现象的性质、形态、结构、特征、运行机制及其与社会的各种关系和影响作宏观和微观两方面的探讨，以阐明其意义、判明其演变、分析其态势，提出对应的见解。其研究最早开始于意大利，第二次世界大战后，旅游研究的中心开始转向北美，并且在研究方法上表现出明显的多学科（包括经济学、人文地理、社会学、人类学、心理学等）渗透的学术特点。旅游学的研究对象是旅游活动的内在矛盾及其表现，旅游学的任务就是要通过研究来认识这种矛盾的性质及其发生原因、形态结构、运动规律和它所产生的各种外部影响。旅游活动包括旅游者活动和旅游产业活动这两个互为前提、相互依存的层面。旅游学的研究内容包括：旅游是一种人类经历，旅游是一种社会行为，旅游是一种地理现象，旅游是一种财源，旅游是一种商业活动，旅游是一种行业。旅游企业是旅游经济效益的直接产生者，旅游企业的性质决定了其活动要以旅游学的基本原理为指导。

（四）旅游经济学理论

旅游经济学是研究旅游活动所产生的经济现象和经济关系的一门学科，其基本原理构成了旅游企业人力资源管理的重要理论基础。国内对旅游经济理论和分析方法的研究正在走向成熟，其内容包括旅游者行为分析、旅游市场分析、旅游供求关系分析、旅游产品开发分析、旅游地开发分析、旅游空间结构分析、旅游产业结构分析、旅游投资分析、旅游人力资源分析、旅游经济宏观分析、旅游经济影响力分析、旅游发展环境分析等，并运用技术方法和手段进行系统的研究。经济学中的供求理论、市场分析技术、旅游地空间结构都为旅游企业经营管理提供了管理的方法和技术。

三、旅游企业人力资源管理理论的新趋势

管理理论是随着社会经济环境的发展变化和技术的更新换代而不断创新变化的，随着对管理理论的深入研究以及企业理论的不断发展，旅游企业人力资源管理也不断地运用新思维、新技术和新方法创新发展，涌现出了一些新的管理理论趋势。

（一）核心能力

核心能力也称为核心竞争力。企业核心竞争力是企业长期竞争优势的源泉，其核心竞争力的形成要经历企业内部资源、知识、技术等的积累、整合过程，并且当它们具有

价值性、稀缺性、异质性、垄断性等特质时就可形成企业的核心竞争力。企业核心能力理论的主要观点认为：企业竞争力来自于企业的竞争优势及其持续性；企业竞争优势是由企业资源和能力作基础支撑的，而持续竞争优势则来源于企业核心能力；企业学习和创新是建立并不断强化企业核心能力的根本途径。

（二）柔性管理

"柔性管理"是相对于以"规章制度为中心"的"刚性管理"提出来的一种人性化管理方法，它是依据企业的共同价值观和文化、精神氛围进行的人格化管理，它是在研究人的心理和行为规律的基础上，采用非强制性方式，在员工心目中产生一种潜在的说服力，从而把组织意志变为个人的自觉行动。

柔性管理最大的特点，在于它主要不是依靠权威、制度约束员工，而是依靠人性解放、权利平等、民主管理，从内心深处来激发每个员工的内在潜力、主动性和创造精神，积极为企业不断开拓新的优良业绩，成为企业在全球化激烈的市场竞争中取得竞争优势的力量源泉。柔性管理有三大实施要素：人、组织结构和信息。这三个要素在企业生产经营的各个环节中相互交错。其中人是最具柔性的资源，主要是因为人是企业的主体，人通过自己的创造能力、选择能力和分析能力具备了柔性，同时人能够主动地感觉、学习和适应环境；合理的组织结构能够促进企业各个环节的柔性，适应外部环境的变化；信息是企业获取柔性，实施各项措施和行动的强有力的支持，快速收集、存储、传播信息有助于企业迅速作出正确的决策并付诸实施。因此企业应该与消费者建立有效的沟通渠道，生产满足消费者需求的产品，同时企业要加强内部组织的交流，减少组织内部的信息不对称。

柔性管理在劳动密集型且产品以劳务服务为主的旅游企业具有重要的应用价值。它要求旅游企业更多地从人性管理出发，创造具有凝聚力和向心力的旅游企业文化，从根本上激发员工的积极性与创造性。

（三）项目管理

项目管理是20世纪50年代企业人力资源管理学科中成长最快的一个分支，它对项目的实施提供了一种有力的组织形式，改善了对各种人力和资源利用的计划、组织、执行和控制的方法，对管理实践作出了重要的贡献。企业项目管理，强调企业不同部门的合作，通过整合资源，达到企业任务的完成、目标的实现。其核心是基于项目管理的组织管理体系的建立与运作。

实施企业项目管理应注意的基本要素为：企业资源基础、规范化的工作执行程序、具有团队精神的企业文化、合理有效的授权体系、矩阵式组织结构、有效的沟通渠道和集成化项目管理技术。

（四）风险管理

风险管理是指企业在科学系统全面的风险管理措施保障之下，通过科学实施风险识别、评估、控制与预防，以最小的成本达到最大的安全保障的管理过程。由于所处环境与资源的不断变化，旅游企业经营就伴随着风险。企业的重大风险一般包括决策风险、财务风险与运营风险，旅游企业风险的大小是由企业实际产出和预期目标之间的差距确定的。风险管理的目的，是对旅游企业面临的不确定性进行主动积极的管理，从而使企业以最有效率、最富有成效的方式，达到其目标，完成其使命。

旅游企业风险虽然带有偶然性、不确定性，但应对风险的措施与步骤却有一定的规律，具体包括：建立风险管理机构与人员设置、设定风险管理目标、风险事项识别、风险测评、风险对策、控制风险活动、信息沟通与反馈等。根据旅游企业面对风险的具体情况，又可将风险处理对策分为风险防范、风险回避、减少风险、接受风险、转移风险等做法，即努力把风险事件的损失和影响尽量降低，从而保护旅游企业的生存和持续发展能力。

（五）管理信息化

信息时代的到来不断地改变着企业的经营方式，而且正以前所未有的速度改变着人们的消费观念。企业人力资源管理信息化顺应时代发展的要求，随着网络技术和信息技术的发展而不断发展。它们为企业人力资源管理信息化提供了技术支撑，推动了管理信息化。企业人力资源管理的信息化经历了电子数据处理阶段、综合数据和系统数据处理阶段，目前正朝着网络化、信息技术集成化方向发展。人力资源管理信息化实现了从个人计算机到群体计算机工作网络、从孤立系统到联合系统，以及从内部计算机网络到跨企业计算机网络的飞跃。

管理信息化使得企业能够突破传统的生产模式的限制，更灵活地安排企业内部资源，高效率地完成客户需要的产品，同时可以节约大量的原料和劳动力成本。

目前出现的虚拟企业也是基于信息技术而出现的，是管理信息化的直接应用。虚拟企业能够及时抓住机遇，通过信息技术连接和协调，把不同地区的现有资源迅速组合成一种超越空间约束、靠信息网络手段联系和统一指挥的经营实体，以最快的速度提供高质量、低成本的产品或服务。

由于旅游活动的异地性和旅游产品服务的无形性等特点，其成为管理信息化较适宜发展的领域。如旅游电子商务就是基于管理信息化的平台，为旅游企业与客户间、旅游企业与合作企业间及旅游企业内部管理构建的服务与管理网络，以整合旅游企业技术、资金、人力资源和管理等资源，将有效的资金、先进的技术、适合的人才与高效的管理运行系统有机结合，从而实现旅游企业、顾客与合作商的协调发展。

（六）学习型组织

所谓学习型组织，是指通过培养弥漫于整个组织的学习气氛、充分发挥员工的创造性思维能力而建立起来的一种有机的、高度柔性的、扁平的、符合人性的、能持续发展的组织。这种组织具有持续学习的能力，具有高于个人绩效总和的综合绩效。

“学习型组织”理论认为，要把企业从传统的“权力控制型组织”改造创建成“学习型组织”的企业，必须进行五项修炼：①建立共同的愿景目标。进行这一项修炼的目的是建立生命共同体，它包括企业愿景（企业蓝图）、企业价值观、企业目的和使命以及具体目标等内容。②加强团队学习，其目的是激发群体的智慧，强化团队的向心力。③改善心智模式，这项修炼要求企业的领导者和职工打破旧的思维障碍，用创新的眼光看世界。④培养系统思考能力。将企业看成一个系统，考虑问题既要看到局部，更要顾及整体；既要看到当前利益，又要兼顾长远利益。⑤追求自我超越。鼓励人们不断挑战自我，挖掘潜力，实现人生价值。

建立学习型组织，一方面能够保证旅游企业适应生存环境，具备不断改进的能力，提高竞争力；另一方面实现旅游企业员工与工作的真正融合，使员工在工作中不断实现自身价值。

（七）业务流程再造

此概念的提出向传统的改善生产经营系统、管理组织结构的思想提出了挑战，促使企业对组织的作业流程进行根本的重新思考与彻底翻新，以便在成本、品质、服务与速度上获得根本性的改善。其中心思想是企业必须采取激烈的手段，彻底改变工作方法。

旅游企业业务流程再造必须遵循以下原则：①以顾客满意为中心目标。旅游者及其行为是旅游业流程分析的中心和起点。旅游企业的业务流程再造应时刻以顾客满意为目标和原则。②全面关注业务流程的系统优化。要求围绕顾客满意设计流程和管理模式，讲究集成化和简约的流程设计及管理理念。

（八）客户关系管理

客户关系管理基于网络、通信、计算机等信息技术，实现企业与客户之间的信息交流互动管理系统，使企业在服务与保持客户、市场竞争、销售及支持方面形成彼此协调的全新的关系实体，为企业带来长久的竞争优势。该模式对于客户交流频繁、客户支持要求高的行业具有较大的应用价值。

客户关系管理通过导入资讯技术系统，以规范企业与客户往来的一切互动行为与资讯，有效管理企业的客户关系，针对所有的客户进行分层化区与差异化服务，并建立资讯架构。识别和保持有价值客户是客户关系管理的两项基本任务，其管理理念已不仅停留在顾客满意层面，而是通过客户认知、客户满意、客户信任和转移成本等多种因素共同影响客户忠诚，从而不断开发和保持对企业有价值的忠诚顾客。

客户关系管理对旅游企业来说具有重要的意义。旅游企业的产品是以劳务服务为主的产品，需要旅游企业的员工与顾客频繁交流。加强客户关系管理，从顾客角度看，有利于减少顾客为购买而付出的搜索成本，对老顾客采用让利等措施，甚至在旅游旺季供应紧张时也能让老顾客获得所需要的服务。从旅游企业的角度看，可以赢得长期忠诚顾客，从而获得企业持续的发展动力和效益。

【复习思考题】

1. 人力资源管理的概念与任务是什么?
2. 简述旅游企业的特性。
3. 旅游企业人力资源管理的基本内容有哪些?

【案例分析】

优秀人力资源经理的7项能力

(1) 正直的品行。“一个人的正直，其本身并不一定能成就什么，但是如果一个人在正直方面有缺失，则足以败事。”彼得·德鲁克这句话虽然不是专门针对人力资源经理说的，但确实对人力资源经理有很大的启示。人力资源经理掌握着公司最宝贵的资源，对公司所有人才信息人力资源经理了如指掌，若人力资源经理在品行上出了问题，不论是对员工个人还是对整个公司，无疑是一颗巨大的定时炸弹。

(2) 战略的眼光，宏观的视野。现代人力资源经理仅仅着眼于公司内部甚至部门内部的事务是远远不够的，必须具备战略的眼光和宏观的视野，在熟悉掌握公司人力资源状况和人才市场情况的基础上，还必须熟悉公司整体生产经营状况，包括财务状况以及公司现在乃至未来所遇到的挑战和机会。

(3) 优秀的沟通能力。人力资源经理具有优秀的沟通能力，才能把优秀人才吸引到公司来，才能留住真正的人才，才能化解公司内部诸多纠纷和矛盾等。

(4) 卓越的学习能力。现代社会提倡终身学习，停止学习就意味着被淘汰。人力资源经理始终处于管理的前沿，最先接触到最先进的管理思想和管理理念，如果人力资源经理不能跟上这种步伐，不要说服务员工、管理员工，即使是最基本的工作要求可能都难以满足。

(5) 良好的情绪调节和控制能力。如果说业务部门是对外的“受气囊”，那么人力资源经理就变成了公司内部的“受气囊”。人力资源经理直接面对的是员工个人，其工作直接影响到员工的切身利益，也就必然成为公司投诉最多、抱怨最多的人。此外，人力资源经理的工作成果一般是难以直接量化的，有时难以得到有关部门甚至公司高层的认可，但只要出现差错，则必然会受到多方的指责。优秀的人力资源经理具备较好的情绪调节和控制能力，才能处理好上述情况。

(6) 杰出的组织能力和协调能力。人力资源经理的工作如招聘、培训、考核等都离不开公司其他部门的支持和配合，需要各种资源，这需要人力资源经理具备良好的组织能力，尤其是跨部门的沟通能力，否则不仅影响到工作效率，而且影响人力资源经理在其他部门中的地位。

(7) 敏感度较高。人是敏感的动物，尤其是知识工作者，因此优秀的人力资源经理，其敏感性应较高，这样才能发现工作中存在的各种问题，预见事物的发展趋势。

分析题：结合7项能力，谈谈你对旅游企业人力资源管理的认识。

第二章

旅游企业人力资源规划

导言

本章应围绕“旅游企业人力资源规划的内容是什么，学会做好旅游企业的人力资源规划”展开学习。

【学习目标】

1. 理解旅游企业人力资源规划的含义和内容。
2. 掌握旅游企业人力资源规划的供需预测方法。
3. 熟悉旅游企业人力资源规划制定的过程。

【导入案例】

鼎文酒店集团的扩张

鼎文酒店集团最初只是一家普通的国有宾馆，由于地处国家著名的旅游景点附近，故迅速发展壮大——原有宾馆已经推倒重建成为一家五星级大酒店。集团在尝到甜头后，先后在四个旅游景点附近收购了四家三星级大酒店。对于新收购的酒店，该集团只是派去了总经理及财务部全班人马，其他人员都采取本地招聘的政策。该集团认为服务员容易招收而且简单培训就可以上岗，所以只是进行简单的面试，应聘者长相顺眼即可；同时，为了降低人工成本，服务员的工资比较低。

赵某是该集团新委派的下属一家酒店的总经理，刚上任就遇到酒店西餐厅经理带着几名熟手跳槽的事情，他急忙叫来人事部经理商谈此事，人事部经理满口答应，立即解决此事。第二天，赵某去西餐厅视察，发现有的服务员摆台时经常把刀叉摆错，有的不知道如何开启酒瓶，领班除了长得顺眼和会傻笑外，根本不知道如何处理顾客投诉。紧接着，仓库管理人员告诉赵某发现丢失了银质的餐具，怀疑是小张偷的，但现在已经找不到小张了。赵某一查仓库的账本，发现很多东西都写着丢失。赵某很生气，要求人事部经理解释此事，人事部经理辩解说是因为员工的流动率太高，多数员工是才来不到10天的新手，餐厅经理、领班、保安也是如此，所以做事不熟练，丢失的东西较多。赵某忍不住问道："难道顾客不投诉吗？"人事部经理回答说："投诉，当然投诉，但没关系，因为现在是旅游旺季，不会影响生意的。"赵某对于人事部经理的回答非常不满意，又询问了一些员工后，发现人事部经理经常随意指使员工做各种事情，如接送自己的儿子上学，给他的妻子送饭等。赵某再三考虑，决定给酒店换血——重新招聘一批骨干人员，于是给集团总部写了一份有关人力资源规划的报告，申请高薪从外地招聘一批骨干人员，并增加培训投入。但同时人事部经理也给集团总部写了一份报告说赵某预算超支，还危言耸听，造成人心惶惶，使管理更加困难，而且违背了员工本土化政策。

第一节　旅游企业人力资源规划概述

旅游企业人力资源规划，是旅游企业发展战略及年度计划的重要组成部分，是人力资源管理各项工作的依据。制定人力资源规划的主要任务包括下述几个方面：预测旅游企业人力资源供求状况，制定供求平衡的措施；规定各项人力资源管理活动的具体目标、任务、步骤和预算；使各项人力资源管理业务计划保持平衡，并使人力资源规划与旅游企业的其他计划相互衔接。人力资源规划在整个人力资源管理活动中占有重要地位。

一、旅游企业人力资源规划的概念

人力资源规划有广义与狭义之分。广义的旅游企业人力资源规划是指旅游企业根据其发展战略、目标及内外环境的变化，预测未来组织的任务和环境对组织的要求，以及为完成任务和满足要求而制定和实施相应人力资源政策、措施的过程。狭义的旅游企业人力资源规划是指旅游企业对未来人力资源供求情况进行预测，为保证满足未来需要而提供人力资源的过程。广义的旅游企业人力资源规划定义，可以从以下四方面来理解：

第一，人力资源规划的目标是配合旅游企业发展的战略，从组织的目标和任务出发，要求旅游企业人力资源的质量、数量和结构符合特定的要求，确保旅游企业在需要的时间和需要的岗位上获得各种需要的人才。

第二，一个组织的环境是变化的，这种变化带来了组织对人力资源供需的动态变化，旅游企业人力资源规划的基础是分析和预测环境的变化对劳动力市场的影响。外部信息包括宏观经济发展趋势、旅游行业的发展前景、主要竞争对手的动向、劳动力市场的趋势、人口趋势、政府相关政策法规、风俗习惯演变等。

第三，旅游企业人力资源规划的内容是对企业内部人力资源的需求以及对企业外部人力资源的供给进行分析和预测，并制定相应的人力资源政策和措施，如人员调动和补缺、员工晋升和降职、员工招聘和录用、员工开发和培训、员工离职管理等，从而确保企业发展的不同阶段对人力资源需求的满足。

第四，旅游企业人力资源规划的宗旨是最终实现企业和员工的双赢。企业获得所需要的人才，员工得到施展才华的空间，并在实现组织目标的同时，满足个人的发展，使个人与企业一起成长。人力资源规划需要一些要素的配合才能发挥其作用。

（1）旅游企业必须有一个目标作为一切活动的基础，并通过这个目标，发展出一套目标体系和经营战略；人力资源规划是企业为实施其发展战略、实现其目标而对人力资源需求进行预测，并为满足这些需求而进行系统安排的过程。

（2）管理者要对外在劳动力市场和内在劳动力市场有充分的了解，才能有效地规划人力资源。一般来讲，管理者会先分析已有的劳动力供给，倘若内在市场未能有足够的供给，就需分析外在劳动力市场；有时，管理者会因为希望改变企业文化或需要引进某些专业人才而决定向外招募。

（3）人力资源规划必须有高级管理层的支持与参与，以及企业文化的配合才能成功。

（4）人力资源规划需要其他人力资源管理活动的配合，并在有效的内部人力资源信息支持下才能收到一定效果。

二、旅游企业人力资源规划的作用

人力资源规划的作用，是通过规划人力资源管理的各项活动，努力使员工需要与组织需要相吻合，形成高效率、高士气、高效果的良性循环，确保企业总体目标和战略的实现。

旅游企业属于服务性行业，人在所有资源中起着重中之重的作用。因此，为了达到旅游企业的战略目标与战术目标，必须对人力资源在质量和数量上有所规划。旅游企业通过制定人力资源规划可以起到下列作用。

（一）在人力资源方面确保实现旅游企业的目标

人力资源规划的特点是全面考虑企业的经营战略与文化氛围，在实现企业总体目标的前提下，关注人力资源的引进、保留、提高和流出四个环节，因此能较好地促进目标的整合性，推动企业目标的达成。

（二）明确人力资源工作的内容

人力资源规划在广泛收集内外部信息的基础上，具体规定了人力资源管理需要做哪些工作和事项，可以消除人力资源管理的盲目性、无系统性与混乱性。进行人力资源规划，可以建立有效的内部劳动力市场，企业的成员能够人尽其才。人力资源规划作为各项人力资源管理活动的基础，是企业人力资源管理的一个蓝图，为这些活动提供了明确的发展方向和评价的依据。

（三）加强人力资源管理的事前控制

通过规划可以及早发现问题，对企业需要的人力资源作适当的储备，对紧缺的人力资源发出引进与培训的预警，使人力资源管理动静结合，有条不紊，并同时有计划地调整人力资源的分布结构。

（四）使管理者与员工对要达到的人力资源开发与管理目标更加清晰

制定人力资源规划，可以加强与员工的沟通与交流，使管理层与员工在参与中达成共识，形成良好的氛围，以更好地促进目标的完成。

（五）促进人才合理有效的流动

随着市场经济的发展和现代企业制度的建立，劳动力走向市场是必然的。一方面，建立稳定有效的内部劳动力市场，不仅可以使旅游企业内部人力供给和运作维持适当的流动和稳定，还可以成功地将富余职工有计划地分离出来，逐步走出企业进入外部劳动力市场；另一方面，人力资源规划可以使人才进行合理流动，优化企业的人员结构，最大限度地实现人尽其才，才尽其用，为企业在竞争中充分发挥人才优势提供基础和保证。

三、旅游企业人力资源规划的种类

根据不同的标准和需要，旅游企业人力资源规划有不同的划分方法。

（一）按时间跨度划分

按照规划的时间跨度来划分，旅游企业人力资源规划可分为短期规划、中期规划和长期规划。短期规划一般是对未来3年的人力资源进行规划，中期规划一般是对未来5年的人力资源进行规划，长期规划一般是对未来10年的人力资源进行规划。虽然人力资源规划具有灵活性，必须随着环境的变化和企业经营情况而变化，但还是应强调人力资源规划尽可能具体，对旅游企业的经营和人力资源的实践具有指导意义，并且有一定的可操作性。

旅游企业选择短期、中期或长期的人力资源规划主要取决于两方面因素：一是旅游企业本身的情况及需要，二是旅游企业所处环境的稳定性。

（二）按适用范围划分

按照规划的适用范围划分，旅游企业人力资源规划主要可以分为企业层面人力资源规划和部门层面人力资源规划。企业层面人力资源规划是对整个企业的人力资源的总体规划，部门层面人力资源规划是对企业内某个部门的人力资源的规划。在人力资源管理实践中，前者更为常见，也更为实用。一般来说，企业层面人力资源规划应该包括部门层面人力资源规划，如对规划期内人力资源的需求量，整个企业的人力资源需求量应该建立在每个部门的人力资源的具体需求量的基础之上。

（三）按规划内容划分

按规划内容划分，旅游企业人力资源规划主要可以分为战略性人力资源规划和战术性人力资源规划。战略性人力资源规划的内容是旅游企业未来人力资源配置应采取的主要战略，实际上相当于企业的人力资源战略规划；战术性人力资源规划是指在总的战略指导思想下对企业人力资源进行具体的配置，其内容主要是较为具体的人力资源供需预测和人力资源供需的平衡等，可区分为费用规划、组织规划、人员规划等。人员规划包括人力资源现状分析、企业定员、人员需求、供给预测、供需平衡等。

四、旅游企业人力资源规划的内容

（一）总规划

人力资源总规划又被称为人力资源战略规划，它重点阐述自旅游企业人力资源规划制定之日起，今后 5 年以上时间旅游企业人力资源管理方面的总原则、总方针和总目标，并对各种中、短期人力资源策略规划起指导作用。

（二）职务编制规划

职务编制规划阐述了旅游企业的组织结构、职务设置、职务描述和职务资格要求等内容。

（三）员工配置规划

员工配置规划阐述了旅游企业每个职务的员工数量、员工的职务变动以及职位空缺数量等内容。

（四）员工晋升规划

员工晋升规划实质上是旅游企业晋升政策的一种表达方式。对旅游企业来讲，有计划地提升有能力的员工以满足职务对人力资源的要求，是组织管理的一种重要职能。从员工个人角度上看，有计划地提升会满足员工自我实现的需求。员工晋升规划一般用指标来表达，如员工晋升到上一级职务的平均年限和晋升比例。

（五）员工需求规划

通过总规划、职务编制规划、员工配置规划可以得出员工需求规划。需求规划中应阐明需求的职务名称、员工数量、希望到岗时间等内容。

（六）员工供给规划

员工供给规划是员工需求规划的对策性规划。主要阐述员工供给的方式（外部招聘、内部招聘等）、员工内部流动政策、员工外部流动政策、员工获取途径和获取实施计划等内容。

（七）教育培训规划

教育培训规划包括教育培训需求、培训内容、培训形式、培训考核等内容。教育培训规划的制订要注意与职务编制规划、员工配置计划等联系在一起，这样培训的目的就容易明确，培训的效果也会明显提高。

（八）人力资源管理政策调整规划

人力资源管理政策调整规划应该明确在一定规划期内可能影响旅游企业人力资源政策调整的因素、调整步骤和调整范围等内容。

（九）工资规划

为了确保旅游企业未来经营的人工成本不超过合理的支付限度，对工资进行规划管理是十分必要的。工资规划通常要根据员工配置计划、员工晋升规划来制订，并结合旅游企业所在地区的经济发展水平、物价指数波动水平以及最低工资限额加以调整。

（十）人力资源投资预算

涉及上述各项规划的总费用预算。

第二节　旅游企业人力资源预测方法和供需平衡分析

如果要制订一份既具有前瞻性又具有实用性的人力资源规划，那么事前进行人力资源需求预测必不可少。人力资源需求预测是人力资源规划的重要组成部分，预测的内容包括要达到企业目标所需的员工数量和类别，其方法可以从经验推断到精密计算进行选择。至于具体采取何种方法，要视人力资源规划者的专业、企业组织结构的复杂性、市场因素和外在环境的稳定性等情况而定。旅游企业人力资源预测是在对旅游企业现有人力资源状况进行评估的基础上，结合社会经济形势、消费需求变化趋势以及旅游企业经营规律和发展规划，对未来一定时期内旅游企业人力资源需求与供给状况进行的一种假设分析。

一、旅游企业人力资源预测分类

人力资源需求的预测不仅取决于旅游企业所提供的服务项目或服务质量，还取决于旅游企业目前以及预测期间的劳动生产率。根据一个旅游企业所设定目标的长远性，可以将人力资源需求的预测分为三种类型：短期预测、中期预测、长期预测。短期预测是指研究旅游企业在下一个年度里所需要的人员状况、配备的需求等；中期预测则集中考虑旅游企业为了发展，在未来3~5年里对人力资源的需求和规划；长期预测在中期人力资源计划的基础上，对旅游企业要实现的远大目标和战略规划所需要的整体性的人力资源的需求做出预测。在这三种预测中，比较容易做的是短期预测，最不好做的是长期预测。因为未来可能会发生许多难以预测的事情，由于条件、环境的变化，许多因素的不确定性使长期预测的难度增大。

此外，人力资源预测要考虑在一定时间内影响人力资源需求变化的多种因素的发展趋势。例如，根据某一客源国货币汇率呈持续走强的趋势，可以判断未来该客源国的旅游输出人数可能也会呈现增长的趋势，则相关的涉外旅游企业就应该积极考虑增加熟悉这一客源国习俗的接待人员，或在这方面注意加强培训；同时还应该注意总结和发现人力资源需求与供给的周期性规律。对于休闲度假型旅游企业，经营业务的季节性变化也是人力资源预测工作所必须考虑的因素。

二、旅游企业人力资源需求的预测方法

（一）经验预测法

经验预测法是人力资源预测中最简单的方法，它适合于经营比较稳定的小型旅游企业或经营业务比较单一的餐厅、酒楼，以及歌舞厅、健身房等企业，通常预测期为中、短期。经验预测法，顾名思义就是用以前积累的人力资源管理经验来推测企业未来的人员需求。例如，某旅游企业根据以往的经验以及本旅游企业餐饮部服务的规格水平，认为每一位传菜员可以承担6桌标准餐台的传菜工作，那么在未来扩大餐厅规模时，就可以按增加的标准餐台数预测出所需的传菜员人数。由于每一位管理者的阅历、学识、本行业从业时间及其工作风格都不尽相同，不同的管理者的预测有所偏差，因此，可以通过多人综合预测或查阅旅游企业人力资源管理历史记录等方法提高预测的准确度。要注意的是，经验预测法只适合于一定时期内旅游企业的发展状况没有发生重大方向性变化的情况，而对于新增的岗位，或者工作的内容、方式发生了较大变化的职务，不适合使用经验预测法进行人力资源预测。

（二）现状规划法

现状规划法又称零基预测，其基础是假设当前的旅游企业职务设置和人员配置是恰当的，并且没有职务空缺，因此不存在人员总数的扩充，人员的需求完全取决于未来员工的退休、劳动合同到期、产假、离职等情况的发生。所以，这种人力资源预测实质上就是对员工退休、产假、离职等情况的预测。

员工的退休、劳动合同到期和产假是可以通过人力资源档案资料结合相关的劳动法

规、政策来准确预测的；员工的离职则包括员工的辞职、辞退、重病（无法工作）等情况，则是很难准确预测的。旅游企业一般是通过对人力资源变动的历史资料统计和比例分析，来提高现状规划法的预测准确度。例如，根据行业特点以及从业人员的年龄结构和知识结构特点，许多旅游企业发现每年春节过后以及9月份是员工离职的两个高峰期，其原因有两个：一是旅游企业的年终奖金大都集中在春节前发放，对奖金水平不满意的员工通常会在春节过后采取离职行动；二是旅游企业的年轻员工在工作一段时间后有了一定的经济积累，同时发现自己的知识结构不能够适应个人职业生涯发展的需要，他们会选择到高一级的学校进修提高，这样，大专院校开学的9月份可能就会出现年轻员工比较集中离职的情况。旅游企业可以根据这些特点，提前做好预测，规划人力资源补充方案，保证经营业务的正常运行不受影响。现状规划法适合于旅游企业中、短期的人力资源预测。

（三）模型法

模型法又称回归分析法，是通过对一个或几个变量（自变量）的了解来预测另一个变量（因变量）的定量分析方法。具体地讲，模型法就是通过建立一定的数学模型对旅游企业人力资源真实情况进行实验的一种方法。模型法首先要根据旅游企业自身和同行业其他企业的相关历史数据，通过建立表示员工水平与其他经营变量间相互关系的数学模型，然后设问一些“条件”问题。例如，如果旅游企业销售额计划增长10%，旅游企业现有员工数量可能应该发生怎样的变化？如果旅游企业客房部从现在的两班制改成三班制，人力资源可能会产生什么样的需求？

一般来讲，决定旅游企业员工数量的相关因素通常不止一个，销售额、客房间数、劳动力成本趋势、法定工作时间、服务标准等都可能对员工数量有所影响，因此模型法必须通过建立多元回归方程来预测。为了确保预测的准确性，一般应该先做相关性检验，然后再根据自变量的未来值来预测因变量的未来值。模型法的目的是使人力资源管理者在做出实际决策之前能对相关联的特定问题有深入的了解。随着计算机技术在人力资源管理领域的普及，已经有许多大、中型旅游企业采用模型法借助有关的统计软件进行中、长期人力资源预测。

（四）专家讨论法

专家讨论法又称德菲尔法（Delphi Method），它适合于旅游企业技术部门的长期人力资源预测。现代旅游企业越来越重视科学技术在提高劳动生产率和加强市场竞争能力方面的作用，以计算机信息技术为代表的高科技在现代旅游企业的更新非常迅速，用传统的人力资源预测方法很难准确地预计未来旅游企业对这类技术人员的需求。相关领域的技术专家由于把握了技术发展的趋势，所以能比较容易地对该领域的技术人员状况做出预测。为了增加预测的可信度，可以采取一次讨论法。在第一次讨论中，技术专家独立拿出自己对信息技术发展的预测方案，管理人员将这些方案进行整理，编写成旅游企业的技术发展方案。第二次讨论主要根据旅游企业的技术进步规划来进行人力资源预测。

（五）自下而上法

自下而上法又称为分合性预测法，它是基于这样的推理，即每个部门的管理者最了解该部门的人员需求，因此，人力资源预测应该从旅游企业组织结构的基层开始逐步进行预测。具体方法是：旅游企业各部门根据本部门的工作内容、技术水平等变化情况，先对本部门未来各岗位员工的数量进行预测；然后各个部门将所做出的预测层层向上汇总；最后由旅游企业人力资源管理部门对所有预测进行综合平衡，制定出旅游企业人力资源总体预测。这种方法能够比较充分地发挥各级管理人员在人力资源预测工作中的作用，但是由于组织结构最基层的管理者很难理解和把握企业的发展战略和经营规划，他们无法制定出中、长期的人力资源预测。这种自下而上的方法适合于短期人力资源预测。

三、旅游企业人力资源供给的预测方法

在进行了人力资源需求预测后，还应对人力资源供给进行预测，即预测在未来一定时期内旅游企业可获得的员工数量、素质水平、性别比例等。在进行人力资源供给预测时，需要仔细地评估旅游企业内部现有员工的状态和他们的运动模式，即离职率、调动率和升迁率。

（一）预测旅游企业内部人力资源状态

技能档案是预测人员供给的有效工具，它含有每个人员技能、能力、知识和经验方面的信息，这些信息的来源是工作分析、绩效评估、教育和培训记录等。技能档案不仅可以用于人力资源规划，而且可以用来确定人员的调动、提升和解雇。

为了较好地解决员工与新的工作职位难以匹配的矛盾，重视人力资源问题的旅游企业可以通过准确地预测旅游企业内部人力资源状态，了解和掌握具有发展潜力的员工的详细信息，做好人才储备和技能储备。这类有针对性的信息包括：工作经历、教育背景、培训经历、个人发展志向、目前工作业绩、专业领域、工作特长、职业发展目标和追求、预计退休时间、工作地点偏好、心理素质优势评价和劣势评价。

（二）员工流动分析

旅游企业的人力资源供给不仅要结合目前供给的状态，而且必须考虑员工在旅游企业内外部的运动模式，即员工流动状况。旅游企业员工流动通常有以下几种形式：离职、内部调动、退休、死亡和伤残等。制定人力资源规划，需要知道员工流动模式和变动率。旅游企业人员变动率，即某一段时间内工作岗位发生变化的人数占员工总数的比率，公式如下：

人员变动率=年内工作岗位发生变化的员工数÷年内在职员工平均数×100%

旅游企业人员变动率是考查旅游企业组织与员工队伍是否稳定的重要指标，具体又可以分为：员工离职率、员工新进率、员工净流动率等。

1. **员工离职率**

员工离职率是以某一单位时间（如以月为单位）的离职人数，除以工资册的月初月末平均人数，然后乘以100%。用公式表示如下：

离职率=离职人数÷工资册平均人数×100%

离职人数包括辞职、免职、解职人数，工资册上的平均人数指月初人数加月末人数后除以2。离职率可用来测量人力资源的稳定程度。离职率通常以月为单位，这是由于如果以年度为单位，就要考虑季节与旅游企业经营周期变化等因素，因此较少采用。

2. **员工新进率**

员工新进率是新进入旅游企业的员工人数，除以工资册平均人数，然后乘以100%。用公式表示如下：

新进率=新进人数÷工资册平均人数×100%

3. **员工净流动率**

员工净流动率是旅游企业补充员工人数，除以工资册平均人数，然后乘以100%，所谓补充人数是指为补充离职人员而新雇用的员工人数。用公式表示如下：

净流动率=补充人数÷工资册平均人数×100%

由于人力资源流动直接影响到旅游企业组织的稳定和员工的工作情绪，必须加以严格控制。如果流动率过大，一般表明旅游企业人力资源状态不稳定，劳资关系存在较严重的问题。此外，还会导致旅游企业劳动生产率下降，并增加旅游企业招聘、培训新进员工的成本。如果流动率过小，则不利于旅游企业的新陈代谢，影响旅游企业的活力。

（三）外部供给预测

在市场经济条件下，人力资源的供给及其实现都要通过劳动力市场，并主要在供需力量的对比中完成。不同的劳动力市场结构，有着不同的运行规则，从而对实现人力资源的供给就会有不同的影响。在完全竞争的劳动力市场上，劳动力工资水平的变化和调整，可以使人力资源的供给和需求达到动态的一般均衡。这种市场结构对旅游企业人力资源供给的实现是中性的。如果在劳动力市场上卖方处于优势，劳动力的需求大于供给，人力资源的供给者与需求者（旅游企业）相比而言，居于优势谈判地位，从而比较容易达到其就业和报酬要求水平。这种劳动力市场结构对旅游企业来讲要完全满足其人力资源需求是有一定困难的。反之，如果在劳动力市场上买方处于优势，劳动力的供给大于需求，则有利于满足旅游企业对人力资源的需求。

四、旅游企业人力资源供需的平衡分析

人力资源供需预测之后，旅游企业应进行人力资源供给与需求平衡分析，才能着手

制订一连串相互整合的人力资源规划方案。

（一）组织需要和个人需要的平衡

人力资源管理所面临的组织需要和个人需要之间的矛盾，主要表现在旅游企业增强组织功能、提高组织效率的目标和个人满足精神与物质需求的目标不一致，这就要求在计划阶段制定相应的措施。

（二）人力资源供给与人力资源需求的平衡方法

人力供给与人力需求可能出现如下的不平衡：人力不足；人力过剩；两者兼而有之的结构性失调，即某些类别人力不足，某些类别人力过剩。结构性失调的原因主要是存在所谓人力资源的需求刚性与供给刚性。人力资源的需求及供给刚性是指管理人员对人力资源需求和供给的影响的有限性。例如，旅游企业为了适应竞争，必须加速办公自动化和人员高素质化，而现有人员又难以适应，从外部迅速补充也有一定难度，这时表现出明显的人力资源需求、供给刚性。

例如，旅游企业在人员短缺时，首先应当考虑在企业内部调剂，因为这样做的风险小、成本低，从内部提拔还可以使员工有盼头，其次可考虑外部补充、调整提升政策、进行培训和开发、改变配置方案（职务轮换）、任务转包（改变企业规划）以及改变人员需求（加速自动化）等措施。在人员多余时，主要应利用多种渠道妥善安置，如可组织专业培训、缩短工作时间、遣散临时用工、对外承包劳务等。要解决人力资源供需不平衡的问题，可以有不同的做法。

1. 需过于供时的做法

当需过于供时，企业可以考虑下列做法：

（1）改变员工使用率（如训练、团队运用等）以改变人力资源需求。

（2）使用不同类型的员工去达成企业的目标。例如，聘用少数熟练员工或聘请技巧不足的员工，并立即予以训练。

（3）改变企业目标，使之更切实际。因企业目标需要足够的现有和未来人力资源去实现。

2. 供过于需时的做法

当内在劳动市场供过于需时，企业可以考虑以下做法：

（1）计算不同时段出现人力过剩问题的成本。

（2）考虑不同的减员方法和减员成本。

（3）改变员工使用率，计算出重新训练、调配的成本。

（4）改变企业目标。例如，企业是否可以开发新市场或进行业务多元化。

（三）人力资源规划中各项专业计划之间的平衡

人力资源规划所涉及的人员补充、培训、安置、使用、晋升、薪资等方面是具有内在联系的，因此在制订各项专业计划时应注意相互之间的平衡与协调。例如，人员培训、人员使用以及与激励有关的劳动报酬计划必须相互协调，若人员通过培训提高了素质，在使用及报酬方面却无相应政策，就容易挫伤员工接受培训的积极性。另外，还要搞好每一项专业计划的配套平衡。人力资源开发的总目标是通过执行各项具体计划实现的，因此应当将总目标分解为各项专业计划的分目标，为保证专业计划目标的实现，又必须制订相应的政策，规定具体的措施及步骤，使计划具有可操作性。

第三节　旅游企业人力资源规划的流程

人力资源规划一般分为六个步骤：确定目标、收集有关信息、人力资源供需预测、制订人力资源规划、实施人力资源规划和收集反馈信息。各个步骤紧密衔接，共同完成人力资源规划的各项任务，保证企业内外部人力资源的供需平衡并最终保证组织目标的顺利完成。

一、确定目标

这是人力资源规划的第一步，主要根据旅游企业的总体目标来确定。旅游企业不同的产品组合、经营规模、特色、档位等都会对从业人员提出不同的要求。弄清企业的战略决策与经营决策，是人力资源规划的前提。

二、收集有关信息

人力资源规划的信息包括组织内部信息和组织外部信息。根据已确定的目标，应该广泛收集旅游企业内部和外部的各种有关信息。内部信息主要包括旅游企业经营战略、组织结构、组织文化，以及人力资源数量、分布、利用和潜力状况等。外部信息包括宏观经济发展趋势、旅游行业的发展前景、主要竞争对手的动向、劳动力市场的趋势、人口趋势、政府相关政策法规、风俗习惯演变等。

三、人力资源供需预测

人力资源供需预测是人力资源规划中技术性较强的关键工作，人力资源开发、管理、计划工作都必须根据预测决定。需求预测是指根据旅游企业的组织结构状况和未来的经营业务水平，对企业的人力资源需求进行估算。供应预测是指通过对旅游企业现有人力资源使用情况的分析，并根据旅游企业内外部人力资源供应的情况，对旅游企业人力资源的供应进行估算。经过供需分析，便可确定旅游企业未来的人力剩余和短缺的情况。

四、制订人力资源规划

这是人力资源规划中比较具体细致的工作，要求在人力资源预测的基础上进行。人力资源规划与经营规划是同步的，也分为长、中、短期规划。制订人力资源规划要注意总体规划和各项业务计划及各项业务计划之间的衔接和平衡，要提出调整供给和需求的具体政策和措施。

人力资源规划应该包括：规划的时间段、规划达到的目标、情景分析、具体内容、规划制订者、规划制订时间。

（一）规划的时间段

要具体列出从何时开始，到何时结束。若是长期的人力资源规划，可以5年以上；若是短期的人力资源规划，如年度人力资源规划，则为1年。

（二）规划达到的目标

确定规划达到的目标，要与组织的目标紧密联系起来，最好有具体的数据，同时要简明扼要。

（三）情景分析

1. 目前情景分析

主要是在收集信息的基础上，分析组织目前人力资源的供需状况，进一步指出制订该计划的依据。

2. 未来情景分析

在收集信息的基础上，在计划的时间段内，预测组织未来的人力资源供需状况，进一步指出制订该计划的依据。

（四）具体内容

这是人力资源规划的核心部分，主要包括：项目内容、执行时间、负责人、检查人、检查日期、预算。

（五）规划制订者

规划制订者可以是一个人，也可以是一个部门。

（六）规划制订时间

规划制订时间主要指该规划正式确定的日期。

五、实施人力资源规划

人力资源规划的实施，是人力资源规划的实际操作过程，要注意协调好各部门、各环节之间的关系，旅游企业各部门共同合作，才能实现确立的目标。在实施过程中，需要注意以下几点：必须有专人负责既定方案的实施，要赋予负责人拥有保证人力资源规划方案实现的权力和资源；要确保不折不扣地按规划执行；在实施前要做好准备；实施时要全力以赴；要有关于实施进展状况的定期报告，以确保规划能够与环境、组织的目标保持一致。

六、收集反馈信息

对人力资源规划执行过程进行监督，分析和评价规划质量，找出不足，给予及时、适当的修正，以保证旅游企业总体目标的实现。

在评价人力资源规划时，一定要公正、客观和准确，同时考虑成本—效益比。而且，要注意在评价时一定要征求部门经理和基层管理者的意见，因为他们是规划的直接受益者。

第四节　旅游企业人力资源规划的影响因素

一、旅游企业管理者的管理理念

旅游企业管理者的管理理念决定着他们对人力资源规划的认识程度和认同程度，也决定着他们对企业人力资源规划的支持程度。只有管理者充分认识到人力资源规划的重要性，切实重视人力资源规划，旅游企业的人力资源规划工作才能和人力资源管理工作、与企业发展战略相匹配，才能使旅游企业人力资源规划更好地保证企业总体目标的实现。

二、旅游企业目标的变化

旅游行业的竞争空前激烈。企业为了在这种竞争激烈的环境中谋求生存和发展，就需要根据市场情况和旅游行业发展情况随时调整企业目标。这种企业目标的调整决定了人力资源规划也必须进行相应的调整。例如，企业目标由单一经营向多元经营转变后，对人力资源规划的影响就是决定性的。人力资源规划在引进人才的方向上、留住人才的措施上、对人才的激励方式上等都要进行相应的调整，以使人力资源规划更好地适应企业总体目标变化，更好地帮助企业实现总体目标。

三、旅游企业组织形式的变化

现代企业制度要求企业的组织形式不断地趋于完善与合理，更加适应市场经济的大环境。尤其是对旅游企业这种劳动密集型组织来说，传统的组织形式已经越来越不适应现代旅游企业的发展需要。现代旅游企业的组织形式正在向着扁平化、团队化和网络化的形式发展。随着旅游企业组织结构和组织形式的变化，旅游企业对人力资源的需求也发生了变化，如对综合素质较高、团队意识较强、能独立解决问题、创新能力更突出的人才有更迫切的需求。因此，必须对原有的人力资源规划进行相应的调整，以使企业人员的构成更适应现代组织结构形式的变化，进一步促进组织结构合理化和完善化。

四、员工素质的变化

随着经济的发展和科技的进步，人们受教育程度的提高，尤其是现代旅游业的发展，员工的素质已经比以前有了相当程度的提高。企业中员工的构成比例与以往有了很大程度的不同。传统的人事管理体制和方法已经越来越不适应现代旅游企业人力资源管理的需求。这就要求旅游企业一方面对原有的人力资源规划作出相应的调整，在员工的招募与培养上、员工的激励上采取新的方式方法；另一方面在制订新的人力资源规划时，必须考虑到旅游企业人力资源变化的新特点、新情况，保证员工素质能适应旅游企业人力资源管理的变化，促进旅游企业经济效益的提高和企业的整体发展。

五、宏观人事政策的变化

在我国，中央和地方各级政府的相关人事管理政策的变化与调整也会在不同程度上影响旅游企业人力资源规划的制订和调整。例如，我国的户籍管理政策的变化、大学生就业政策的变化、人事档案管理政策的变化、各种社会保险的统筹制度的实施等，都会在一定程度上影响旅游企业人力资源规划的制订和实施。以前，由于政策限制，各地企业在制订人力资源规划时往往只考虑如何在本地的高校和企业中招聘人才，从不考虑到外地去招募。现在，随着我国宏观人事政策的变化，旅游企业就可以充分利用政策的许可，进一步扩大人才招聘的范围，真正做到“取天下之才为我所用”。

六、产业结构的发展情况

不同阶段的产业发展情况对企业人力资源规划会产生重大影响。旅游企业在我国许多地区被视为支柱产业或新的经济增长点，发展势头喜人，发展后劲较足。在这种情况下，旅游企业在制订人力资源规划时，应注意吸引具有较高理论水平和实践工作经验的高层次管理人才和旅游开发人才，给这些人才以更大的发展空间，提供更多的发展机会，使旅游企业逐渐步入人力资源开发与管理的良性循环轨道上来，进一步促进旅游企业和行业的发展。

七、劳动力市场的变化

旅游企业制订人力资源规划的最重要依据之一就是劳动力市场的供给与需求的预测，即在不同的人力资源供需状况下应该制订不同的人力资源规划。当劳动力市场发生一定程度的变化时，原有的人力资源规划也要做相应的更改。目前旅游企业急需大量的优秀管理人才，人力资源规划应充分满足旅游企业对管理人才的需求，认真设计优秀管理人才的补充、在职员工的培训与选拔以及薪酬激励等规划内容，力争为企业招聘和培养更多的适应企业需求的管理人才。

人力资源规划对任何旅游企业来说都是影响企业发展的重要因素，而人力资源规划本身也是一个极易受到其他因素影响的一个因素。除了以上的影响因素外，对旅游企业人力资源规划有重要影响的因素还有企业的性质、规模和成长阶段，企业的历史、文化和价值观，企业管理资讯系统的状况，等等。

【复习思考题】

1. 旅游企业制订人力资源规划有何重要性？旅游企业人力资源规划包括哪些内容？
2. 旅游企业预测人力资源需求与供给有几种方法？试分析各种方法的长处与短处。
3. 旅游企业人力资源规划实施与控制过程中应注意哪些问题？

【案例分析】

香港万达旅游公司的人力资源规划

香港万达旅游公司在制订人力资源总体规划时的指导思想是积极为业务发展服务，激励全体员工的积极性、创造性，更好地完成公司的目标任务。根据这些规划指导思想，各部门的具体政策内容非常广泛，甚至涉及员工的衣、食、住、行等各个方面。

公司制订人力资源规划的程序如图 2.1 所示。

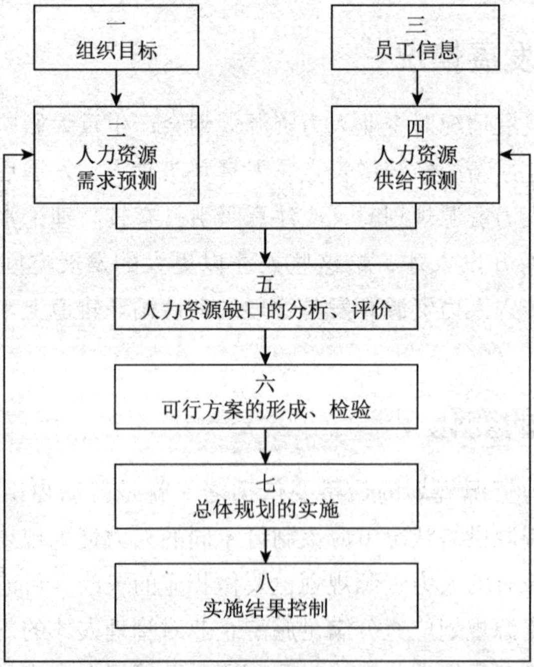

图 2.1　人力资源规划程序

其中，预测一般是通过利用历史数据和可靠的比例关系，并根据业务变化、生产率变化趋势加以修正而得出的。因此，历史数据占有很重要的地位。

从图2.1中可以看出，人力资源规划的第四个要素是供给预测。该企业供给预测是估计现有人员中哪些人将来还能留在企业中。现以公司下属饭店为例，该饭店前台年初共有员工31人，其中接待21人、领班4人、主管2人、副经理2人、经理2人。前台部去年的员工流动矩阵图如表2.1所示。

表2.1 前台部员工流动矩阵图

流动率		终止时间					流出率	总量
		接待	领班	主管	副经理	经理		
起始时间	接待	0.85	0.05				0.10	1.00
	领班		0.75				0.25	1.00
	主管			0.50	0.50			1.00
	副经理			0.50	0.50			1.00
	经理					0.50	0.50	1.00

前台部员工流动矩阵图规划过程的第五个要素是要在数量、组合、技能和技术方面对供需情况进行对比，这种对比使人力资源经理可以确定供需缺口，并评价匹配不当的问题最可能在哪些环节发生。

然后，公司通过制订和检验备选方案，实施人力资源总体规划，最后对结果进行反馈和控制。

分析题：请结合案例谈谈万达公司人力资源规划的战略性决定有哪些特点，公司人力资源规划的需求预测和供给预测包含了哪些方法。

第三章

旅游企业员工的招聘与选拔

导言

本章应围绕“什么是旅游企业员工招聘、如何做好员工招聘以及员工招聘的意义”而展开学习。

【学习目标】

1. 了解员工招聘的概念与招聘的相关风险。

2. 掌握旅游企业选择招聘渠道的主要步骤，掌握旅游企业选择人员招聘的主要方法。

3. 掌握面试的内涵与目标、面试的基本程序和环境布置、面试的方法，以及面试问题的设计与提问的技巧。

4. 掌握录用企业员工各项具体工作事项的方法。

【导入案例】

杭州开元名都大酒店的招聘创新

根据所招聘岗位的特点，在面试中有选择地应用一些科学的测评工具，如心理测试、气质和性格测评、案例分析、情景模拟、团队讨论等。这些测评得到的结果不能作为最后录用与否的绝对依据，但可作为录用决策的参考信息。杭州开元名都大酒店举行的数场别开生面的招聘会显示了其独具匠心的创新招聘策略。酒店通过这些创新的评量式、游戏式的招聘方式，吸引了更多优秀人才，让应聘人员感受到了酒店招聘方浓郁的企业文化和深厚的文化底蕴。

以下是开元名都大酒店在招聘销售人员时的实地活动：数十名应聘者排成一排，让每人拿出1~20元的任意零钱，拿在手上，在接下来的3分钟，见人就换（用强劲的背景音乐如《命运》等），在音乐停止时请应聘者坐下来。招聘人员提问：有多少人赚了？赚了多少？有多少人赔了？赔了多少？在这个活动中，需要阐明的是：你有什么样的想法就会有什么样的结果。因为在这个活动中一定有人赚到了钱，也一定有人会亏钱。体验是：大家在参与之前一般不会多想，完全凭潜意识在玩游戏，从中可以看出应聘者对人生的态度。这不仅让其参加了一个赚钱的活动，还促使其在建立人际关系、组织协调、激励队员等方面有所感悟。

第一节　员工招聘概述

一、企业员工招聘的风险分析

招聘是企业人力资源管理的首要环节。只有把好这第一关，才可以源源不断地招进大批对企业有利的人才，才可以保证企业的可持续发展。但由于各种因素的影响，企业在招聘过程中或多或少会面临一些风险，如怎样识别真正的人才并将其长久留住，发挥其最大的才能为企业创造利润等。如果对招聘的风险性不采取一定措施，将会埋下隐患，不利于企业的长远发展。因此，招聘风险堪称企业面临的最大风险。

（一）招聘费用的赤字风险

企业在员工招聘的过程中必然会产生大量的成本支出，如交通费、场地费用、广告信息费、人事工资等。如果不能招募到企业需要的员工，在这整个人事招聘过程中所耗费的成本不仅得不到回报，还会耗费大量的时间和精力，甚至会产生难以估计的机会成本，致使合适人才被拒之门外。最终由于人企搭配不合理，两者的发展期望出现越来越大的分歧。这样不但甄选成本无法收回，还会随年限的推移而产生持续的负面效应。

（二）招聘方式的选择风险

企业的招聘途径有很多，如刊登媒体广告、参加或举办招聘会、猎头公司或他人推荐等，但这些招聘方式本身就隐含着风险。一般而言，关注媒体广告的应聘者大多没有实践经验、不够成熟，还有些是在原单位干得不顺利甚至被开除的，他们往往急于找到工作或过分关注金钱。这些人如果被企业聘用，容易使企业面临很大的风险。用高薪公开招聘的一些人才，往往会引起内部老员工的一些不良情绪，甚至动摇企业的团队精神。而通过猎头引进的人才往往比较优秀，被安排在重要的岗位，工资福利也很优厚，一旦这些人跳槽或表现不理想，给企业带来的风险将会更大，有时甚至可以改变整个企业的经营状况。

（三）人才识别的甄选风险

1. 不做记录或很少做记录

在面试时进行适当的记录是必要的，面试官仅凭自己的大脑记忆，容易出现遗忘或偏差。特别是在对一组人员进行分别面试时，面试官往往仅能对第一个人和最后一个人产生比较深刻的印象，而对其他的应聘者没有什么印象。不做记录或很少做记录实际上会降低面试的效果和准确度。

2. 遗漏重要的信息

面试官有时候会把过多的精力和时间花在影响工作是否成功的个别关键因素上，他们往往只考察到应聘者有限的几个方面，而难以获得关于应聘者的完整信息。实际上如果遗漏了应聘者的重要信息，很可能会对应聘者做出错误的判断。

3. 提无关的问题

面试官不小心提出无关问题时，会让面试者感到诧异或不满，很可能会引起应聘者的反感。这样不仅浪费了大家的时间，更重要的是破坏了融洽的面试气氛，甚至会让应聘者对公司产生负面的印象。

4. 存有偏见或先入为主

所谓先入为主，就是在面试前就对应聘者形成了固有的看法。这种固有看法的产生与面试官的文化和价值取向有关。例如，面试官本身就是一个很看重学历的人，那么在面试开始之前，低学历的应聘者已经先输一分。这种先入为主的面试，不仅会破坏面试的效果，还会影响公司在应聘者心中的形象。

5. 提重复的问题

提重复的问题往往会出现在初试与复试的衔接中，如复试的面试官不了解初试的情况，就很容易提出相同的问题。提重复的问题首先浪费了大家的时间，其次精力不集中在最需要提出的问题上，往往会无法准确地考察应聘者的真实情况，从而影响面试的效果。

6. 忽略应聘者的工作动机

有的面试官将大量的精力放在考核应聘者的专业知识和专业技能上，而忽视了应聘者的工作动机。工作动机，简单地说就是应聘者对组织的适应情况和对工作的主动性。如果应聘者对所应聘的工作持消极的态度，或者他仅仅是为了获得临时性的保障而工作，那么，其聘用后的工作状态会比较糟糕。更为严重的是，这种不太良好的工作作风会传染给其他的同事，从而会影响到工作业绩。

7. 做出草率的判断

有些面试官基于多年的面试经验，自认为有一套很适用的看人术，有时只是简单地握握手或寒暄几句，就草率地对应聘者做出判断。有时因为用人需求迫切，从而简化了面试的程序，这些都容易造成用人失误。

8. 被应聘者的某项特点左右

有时面试官可能会只凭应聘者的某一项优点而做出整体的判断。这种光环效应无疑会对面试带来误导。例如，在招聘开发项目组长时，某位应聘者显示出了高超的软件开发能力，面试官就有可能误认为他是项目组长的合适人选。实际上，作为项目组长而言，最为重要的是团队协调能力和开发管理能力，并非软件开发能力。

9. 面试中个性依据的盲目性

21世纪的企业提倡尊重员工，在这样的自由风尚引领下，一些应聘者为了能在千千万万个寻求工作的庞大队伍中凸显自己，做出许多与众不同的行为，这无可厚非。但对于一个合格的员工来说，精湛的专业技术与高尚的职业道德才是最重要的。个性是一种内显的精神意志体现，它与企业效率的提高和发展关系不大。个性测验对于我们认识或培训可能是有用的，但对于雇佣员工来说却可能并不合适。技能测验或职业知识测验已越来越多被证明对工作绩效有较高的预测力。如果面试中盲目地依据个性来判断，就容易以偏概全，对招聘造成干扰。

（四）招聘回复的速度风险

企业的员工招聘速度是衡量其人力资源管理工作效率的重要指标，对应聘者回复的速度越快，就越可能招到优秀的人才。而在企业招聘的回复中，往往出现招聘回复速度慢、结果公布周期长、目标不清晰等现象。主要原因如下：

第一，部分旅游企业中工作职责划分不清，缺乏团队协作，简历的预选工作与招聘通知的回复完全由招聘者独自承担，由于任务重、时间紧，招聘工作难以按时高效完成。

第二，面试管理者出差概率很高，或者由于其他事务，不能及时收看和回复应聘者的求职申请和简历，容易错失人才，酿成企业的招聘风险。

二、企业员工招聘风险产生的根本原因

企业员工招聘中风险产生的根本原因是双方的信息不对称。所谓的信息不对称是指市场上买卖双方各自掌握的信息是有差异的，通常卖方拥有较完全的信息而买方拥有不完全的信息，这就导致资源配置不合理和市场失灵，进而导致不正当的竞争行为产生。招聘中的信息不对称包括两个方面。

（一）应聘者具有信息优势

应聘者往往带着与自己有关的私有信息来应聘，个体之间存在着个性、能力等方面的差异，使这些信息具有伪装性和隐藏性的特点。他们明白自己真正的工作需求是什么，身上也许有一些对未来工作很有用处的实践经验，也可能知道自己的哪些缺点可能会阻碍自己在工作上的发展（心理问题、人际交往能力、身体健康问题等）。由于企业招聘者处于信息不对称的劣势，一些应聘者加工信息，夸大自己的能力和素质，或者隐

瞒自己的缺点、提供虚假信息（如假文凭、假学历等）。这些应聘者在提升自己形象的同时也造成对德才兼备者的贬值和排挤，导致劣胜优汰，使大量的优秀者被拒之门外。投机的应聘者利用信息不对称形成逆向选择，这样就会给企业的高效管理带来一定风险。

（二）企业招聘方也具有信息优势

招聘企业经验丰富，掌控职位信息的输出，他们对企业的相关信息，如经济效益、职位变动、管理政策、发展机会、文化环境等很了解。在这种情况下，应聘者处于信息缺失和被动一方，对企业真正的内部资料了解很少。在这种情况下，应聘者在被录用以后发现企业与自己的期望存在很大的差距，从而信心下降，工作热情锐减，萌生去意，使得企业人才流失的可能性加大。由于信息不对称，员工在招募进企业后，企业管理人员无法准确知道其付出的努力程度。当业绩未达到期望值时，员工可能会归结于任务难度、环境变化等因素。无德者进入企业后，他们会在付出最小的情况下，追求自身利益最大化。若激励机制不健全，则会出现出工不出力等隐藏行为的败德现象，给周围优秀者带来不公平竞争，甚至影响优秀员工也出现不自然的隐藏行为现象，导致激励失效。

三、企业员工招聘风险的防范措施

（一）引进先进科学的经营管理理念

一个企业如果失去了积极向上、不断追求最大化的精神和经营管理理念，它就会停滞不前，最终被市场淘汰。这样的企业留不住人才，也不会吸引那些优秀人才，只有企业在自己的战略管理中引进先进科学的经营管理理念，才会使企业充满活力，才会调动员工的积极性。

（二）拥有优秀的人力资源管理者

俗话说："千里马再好，没有伯乐也枉然。"在现代的企业招聘中，人力资源管理者就好比独具慧眼的伯乐，只有他不断提升自己的综合素质，练就一身过硬本领，他才会挖掘出适合企业发展的人才。作为优秀的人力资源管理者，不仅要具备精湛的专业知识，也要扩展自己在其他方面的能力，做到与时俱进。

（三）完善招聘流程、确定招聘标准

企业里的招聘主管们每天为了招聘疲于奔波，很少有时间静下心来想一想问题的症结所在，而企业招不到人或是留不住人，却往往与其企业整个招聘系统的不够健全有很大的关系。当企业形成了完善的人才供给系统，建立了属于自身的人力资源网络，人才的供给也就变得不那么困难了。特别应该在招聘前明确人才招聘标准，这样可以提高招聘效率。

（四）加快健全企业员工诚信的监督和约束机制

建立良好的企业人才监督机制。没有良好的人才监督机制，人才是否出现了道德风险仍然无法知道。由于人才工作性质的特殊性，企业必须加强对人才的诚信监督，对其在工作中出现的道德问题及时发现、及时处理，以降低员工道德风险的成本。

企业在招聘员工中的种种风险，都会为企业今后的运作管理带来无穷无尽的危机，因此要避免这些风险的产生，最重要的还是企业首先要有正确的和先进科学的经营管理观念，其次才是企业必须拥有优秀的人力资源管理者。

第二节　旅游企业的招聘流程

一、选择招聘渠道的主要步骤

第一，分析单位的招聘要求。

第二，分析潜在应聘人员的特点。

第三，确定适合的招聘来源。按照招聘计划中岗位需求数量和资格要求，根据对成本收益的计算来选择一种效果最好的招聘来源（是内部还是外部，是学校还是社会等）。

第四，选择适合的招聘方法。按照招聘计划中岗位需求数量和资格要求，根据对成本收益的计算来选择一种效果最好的招聘方法（是发布广告还是上门招聘，或是借助中介等）。

二、参加招聘会的主要程序

（一）准备展位

为了吸引求职者，参加招聘会的关键是在会场设立一个有吸引力的展位。有条件的话，争取选择一个好的位置，并且有一个比较大的空间。在制作展台方面最好请专业公司帮助设计，并且要留出富余的时间，以便可以对设计不满意的地方进行修改。在展台上可以利用放像机或计算机投影等方式放映公司的宣传片。在展位的一角可以设计一个相对安静的区域，企业的人员可以和一些有必要进行较为详细交谈的人员在那里交谈。

（二）准备资料和设备

在招聘会上，通常可以发放一些宣传品和招聘申请表，这些资料需要事先印制好，而且数量要充足。有时在招聘会的现场需要用到电脑、投影仪、电视机、放像机、录像机、照相机等设备，这些都应该事先准备好。并且，要注意现场是否有合适的电源设备。其他要用到的资料、设备也要在会前一一准备好。

（三）招聘人员的准备

参加招聘会的现场人员最好有人力资源部的人员，也要有用人部门的人员，所有现场人员都应该做好充分的准备。这些准备首先包括要对求职者可能会问到的问题了如指掌，对答如流，并且所有人在回答问题时口径要一致。另外，招聘人员在招聘会上要着正装，服装服饰要整洁大方。

（四）与协作方沟通联系

在招聘会开始之前，一定要与协作方进行沟通。这些协作方包括招聘会的组织者、负责后勤事务的单位，还可能会有学校的负责部门等。在沟通中一方面了解协作方对招聘会的要求，另一方面提出需要协作方提供帮助的事项，以便提早做准备。

（五）招聘会的宣传工作

如果是专场招聘会，会前要做好宣传工作，可以考虑利用报纸、广告等媒体，或者在自己的网站上发布招聘会信息。如果是在校园里举行招聘会，一定要在校园里张贴海报。这样才能保证有足够的人员参加招聘会。

（六）招聘会后的工作

招聘会结束后，一定要用最快的速度将收集到的简历整理一下，通过电话或电子邮件方式与应聘者取得联系。因为很多应聘者在招聘会上给多家公司递了简历，反应速度比较快的公司会给应聘者留下公司管理效率较高的印象。

第三节　旅游企业员工招聘的渠道与方法

旅游企业人员的补充有内部补充和外部补充两个方面的来源，即通过内部和外部两个渠道招聘员工。

一、内部招聘的特点

内部招聘是指通过内部晋升、工作调换、工作轮换、人员重聘等方法，从企业内部人力资源储备中选拔出合适的人员补充到空缺或新增的岗位上去的活动。

（一）内部招聘的优点

1. 准确性高

从招聘的有效性和可信性来看，内部员工过去的业绩评价资料是较容易获得的，管理者对内部员工的性格、工作动机，以及发展潜能等方面也有比较客观、准确的认识，对内部员工的全面了解更加可靠，提高了招聘的成功率。

2. 适应较快

从运作模式看，内部员工更了解本企业的运营模式，与从外部招聘的新员工相比，他们能更快地适应新的工作。

3. 激励性强

从激励方面来分析，内部招聘能够给员工提供发展的机会，强化员工为组织工作的动机，也增强了员工对组织的责任感。尤其是各级管理层人员的招聘，这种晋升式的招聘往往会带动一批人作一系列晋升，从而能鼓舞员工士气。同时，也有利于在企业内部树立榜样。这种良性互动影响，可以在旅游企业中形成积极进取、追求成功的氛围。

4. 费用较低

内部招聘可以节约大量的费用，如广告费用、招聘人员与应聘人员的差旅费等，同时还可以省去一些不必要的培训项目，减少了企业因岗位空缺而造成的间接损失。此外，从企业文化角度来分析，员工在组织中工作了较长一段时间后，已基本融入了本企业的文化，对本企业的价值观有了一定的认同，因而对企业的忠诚度较高，离职率低，避免了招聘不当造成的间接损失。许多企业都特别注重从内部选拔人才，尤其是高层管理者。

（二）内部招聘的缺陷

1. 可能在组织中造成矛盾，产生不利的影响

内部招聘需要竞争，而竞争的结果必然有成功与失败，并且失败者占多数。竞争失败的员工可能心灰意冷、士气低落，不利于组织的内部团结。内部选拔还可能导致部门之间出现“挖人才”的现象，不利于部门之间的团结协作。此外，如果在内部招聘过程中，按资历而非能力进行选择，将会诱发员工养成“不求有功，但求无过”的心理，也给有能力的员工的职业生涯发展设置了障碍，导致优秀人才外流或被埋没，削弱企业竞争力。

2. 容易抑制创新

同一旅游企业内的员工有相同的文化背景，可能会产生“团体思维”现象，抑制了个体创新，尤其是当企业内部重要岗位主要由基层员工逐级升任，就可能因缺乏新人与新观念的输入，而逐渐产生一种趋于僵化的思维意识，这将不利于企业的长期发展。许多观察人士认为，通用汽车公司20世纪90年代所面临的严重问题就是与其长期实行内部招聘策略有关。幸运的是，通用汽车公司已经意识到这点，也开始注意吸收“新鲜血液”。

此外，企业的高层管理者如多数是从基层逐步晋升的，大多数年龄就会偏高，不利于冒险和创新精神的发扬。而冒险和创新则是新经济环境下企业发展至关重要的两个因素。要弥补或消除内部选拔的不足，需要人力资源部门做大量更细致的工作。

二、外部招聘的特点

（一）外部招聘的优点

1. 带来新思想和新方法

从外部招聘来的员工对现有的企业文化有一种崭新的、大胆的视角，而较少有感情的依恋。从外部招聘优秀的技术人才和管理专家，可以在无形中给企业原有员工施加压力、激发斗志，从而产生“鲇鱼效应”。特别是在高层管理人员的引进上，这一优点尤为突出，因为他们有能力重新塑造旅游企业文化。例如，惠普公司的董事会，出人意料地聘用朗讯公司的一个部门经理来任首席执行官（CEO），以重塑惠普公司的文化。

2. 有利于招聘一流人才

外部招聘的人员来源广，选择余地大，能招聘到许多优秀人才，尤其是一些稀缺的复合型人才。这样可以节省内部培训费用。

3. 树立形象的作用

外部招聘也是一种很有效的交流方式，旅游企业可以借此在其员工、客户和其他外界人士中树立良好的形象。

（二）外部招聘的缺陷

1. 筛选难度大，时间长

旅游企业希望能够比较准确地了解应聘者的能力、性格、态度、兴趣等素质，从而预测他们在未来的工作岗位上能否达到旅游企业所期望的要求。而研究表明，仅仅依靠招聘时的了解来进行科学的录用决策是比较困难的。为此，一些旅游企业还采用诸如推荐信、个人资料、自我评定、同事评定、工作模拟、评价中心等方法。这些方法各有优势，但也都存在不同程度的缺陷。这就使得录用决策耗费的时间较长。

2. 进入角色慢

从外部招聘来的员工需要花费较长的时间进行培训和定位，才能了解旅游企业的工作流程和运作方式，增加了培训成本。

3. 招聘成本大

外部招聘需要在媒体发布信息或者通过中介机构招聘，一般需要支付一笔费用，而且由于外界应聘人员相对较多，后续的挑选过程也非常的烦琐与复杂，不仅耗费巨大的人力、财力，还占用了很多的时间，所以外部招聘的成本较大。

4. 决策风险大

外部招聘只能通过几次短时间的接触，就必须判断候选人是否符合本旅游企业空缺岗位的要求，而不像内部招聘那样经过长期的接触和考察，所以很可能因为一些外部的因素（如应聘者为了得到这份工作而夸大自己的实际能力等）而做出不准确的判断，进而加大了决策的风险。

5. 影响内部员工的积极性

如果旅游企业中有胜任的人未被选用或提拔，即内部员工得不到相应的晋升和发展机会，内部员工的积极性可能受到影响，容易导致“招来女婿气走儿子”的现象发生。因此，外部招聘一定要慎重。

三、内部招聘的主要方法

（一）推荐法

推荐法可用于内部招聘，也可用于外部招聘。它是指由本企业员工根据企业的需要推荐其熟悉的合适人员，供用人部门和人力资源部门进行选择和考核。由于推荐人对用人单位及被推荐者的情况都比较了解，被推荐者更容易获得企业与岗位的信息，企业也更容易了解被推荐者，因而这种方法较为有效，成功的概率较大。在企业内部最常见的推荐法是主管推荐，其优点在于主管一般比较了解潜在候选人的能力，由主管提名的人选具有一定的可靠性。而且主管们也会觉得他们具有全部的决定权，满意度比较高。它的缺点在于这种推荐会比较主观，容易受个人因素的影响，主管们可能提拔的是自己的亲信而不是一个胜任的人选。有时候，主管们并不希望自己的得力下属被调到其他部门，这样会影响本部门的工作实力。

（二）布告法

布告法的目的在于企业中的全体员工都了解到哪些职务空缺，需要补充人员，使员工感觉到企业在招聘人员方面的透明度与公平性，并有利于提高员工士气。布告法是指在确定了空缺岗位的性质、职责及其所要求的条件等情况后，将这些信息以布告的形式，公布在企业中一切可利用的墙报、布告栏、内部报刊上，尽可能使全体员工都能获得信息，所有对此岗位感兴趣并具有此岗位任职能力的员工均可申请此岗位。目前在很多成熟的企业当中，张榜的形式由原来的海报形式改为在企业的内部网上发布，各种申请手续也在网上完成，从而使整个过程更加快捷、方便。一般来说，布告法经常用于非管理层人员的招聘，特别适合于普通职员的招聘。布告法的优点在于让企业内更多的人员了解到此类信息，为企业员工职业生涯的发展提供了更多的机会，可以使员工脱离原来不满意的工作环境，也促使主管们更加有效地管理员工，以防本部门员工的流失。它的缺点在于这种方法花费的时间较长，可能导致岗位较长时期的空缺，影响企业的正常运营。而员工也可能由于盲目变换工作而丧失原有的优势。

（三）档案法

人力资源部门都有员工档案，从中可以了解到员工在教育、培训、经验、技能、绩效等方面的信息，帮助用人部门与人力资源部门寻找合适的人员补充岗位空缺。员工档案对员工晋升、培训、发展有着重要的作用，因此员工档案应力求准确、完备，对员工在岗位、技能、教育、绩效等方面信息的变化应及时做好记录，为人员选择与配备做好准备。值得注意的是，我们所说的“档案”，应该是建立在新的人力资源管理思想指导下的人员信息系统，该档案中应该对每位员工的特长、工作方式、职业生涯规划有所记录，将过去重“死材料”的防范型档案，转变到“活材料”的开发型思路上来，为内部有效管理和用人做好准备。在现代档案管理基础上，利用这些信息帮助人力资源管理部门获得相关岗位应聘者的情况，发现那些具备了相应资格但由于种种原因没有申请的合格应聘者，通过企业内的人员信息查找，在企业与员工达成一致意见的前提下，选择合适的员工来担任空缺或新增的岗位。

四、外部招聘的主要方法

（一）发布广告

广告是企业从外部招聘人员最常用的方法之一。通常的做法是在一些大众媒体上刊登单位岗位空缺的消息，吸引对这些空缺岗位感兴趣的潜在人选应聘。采用广告的形式进行招聘，由于工作空缺的信息发布迅速，能够在一两天内就传达给外界，同时有广泛的宣传效果，可以展示单位实力。发布广告有两个关键的问题：其一是广告媒体如何选择，其二是广告内容如何设计。一般来说，企业可选择的广告媒体很多，传统媒体如广播电视、报纸、杂志等，现代媒体如网站等，其总体特点是信息传播范围广、速度快，应聘人员数量大、层次丰富，单位的选择余地大。在决定广告内容时，企业必须注意维护和提升单位的对外形象。

（二）借助中介

随着人才流动的日益普遍，各类人才交流中心、职业介绍所、劳动力就业服务中心等就业中介机构应运而生。这些机构承担双重角色：既为单位择人，也为求职者择业。借助这些机构，单位与求职者均可获得大量的信息，同时也可传播各自的信息。这些机构定期或不定期举行交流会，供需双方面对面地进行商谈，缩短了招聘与应聘的时间。

第四节　旅游企业员工选拔的面试

一、面试的内涵

面试是用人单位最常用的，也是必不可少的测试手段。调查表明，99%的用人单位在招聘中都采用这种方法。在现代社会，用人单位越来越注重员工的实际能力与工作潜力，因此，面试在人员选择环节中占有非常重要的地位。

在面试过程中，代表用人单位的面试考官与应聘者直接交谈，根据应聘者对所提问题的回答情况，考查其相关知识的掌握程度，以及判断、分析问题的能力；根据应聘者在面试过程中的行为表现，观察其衣着外貌、风度气质，以及现场的应变能力，判断应聘者是否符合应聘岗位的标准和要求。在面试过程中，考官可以通过连续发问，及时弄清楚应聘者在回答中表述不清的问题，从而提高考查的深度，并减少应聘者说谎、欺骗、作弊等行为的发生。

总之，通过直接的接触，面试可以使用人单位全面了解应聘者的社会背景，以及语言表达能力、反应能力、个人修养、逻辑思维能力等；同时，面试也能使应聘者了解自己在该单位未来的发展前景，并将个人期望与现实情况进行对比，找到最好的结合点。

二、面试的发展

值得一提的是，现代社会的面试已经超越最初面对面交谈的简单含义，而被赋予了更多的内容。如突破面对面的问答模式，以面谈问答为基础，引入答辩式、演讲式、讨论式、案例分析、模拟操作等精心设计的、多样化的辅助形式，即通过人们精心设计，在特定场景下，与应聘者面对面交谈，达到客观了解应聘者的业务知识水平、外貌风度、工作经验、求职动机、表达能力、反应能力、个人修养、逻辑性思维等情况，由表及里地评价应聘者有关素质，并对是否录用作出判断与决策。

在这里，“精心设计”的特点使面试与一般性的面谈、交谈、谈话相区别，在“特定场景”下的面试则融合了情景模拟方法的内容，使面试与日常的观察相区别。“由表及里”的特点，集合了问、听、察、觉、析、判等综合性特色，使面试比其他方法更能全面地了解应聘者。总之，广义的面试已经由一般素质测评发展到以模拟岗位要求为依据，涵盖了部分情景模拟的内容。

三、面试的目标

由于面试是考官与应聘者双方相互交流的过程，因此，面试涉及双方的目标。

（一）面试考官的目标

对面试考官而言，其作为单位的代表，行使单位赋予他的考评、挑选的权力，为了使面试活动成功完成，一般应明确以下目标：

第一，创造一个融洽的会谈气氛，使应聘者能够正常发挥自己的实际水平。

第二，让应聘者更加清楚地了解应聘单位的现实状况、应聘岗位的信息和相应的人力资源政策等。

第三，了解应聘者的专业知识、岗位技能和非智力素质。

第四，决定应聘者是否通过本次面试等。

（二）应聘者的目标

应聘者虽然在选择环节处于弱势地位，但他也有挑选的权利，他希望通过面试过程进一步了解用人单位、了解应聘岗位，最终作出自己的决定。一般来说，应聘者应明确以下目标：

第一，创造一个融洽的会谈气氛，尽量展现出自己的实际水平。

第二，有充分的时间向面试考官说明自己具备的条件。

第三，希望被理解、被尊重，并得到公平对待。

第四，充分地了解自己关心的问题。

第五，决定是否愿意来该单位工作等。

从面试考官和应聘者双方的面试目标可以看出：首先，面试考官和应聘者的面试目的并不完全相同，这是由双方所处的位置决定的。其次，面试考官和应聘者之间是双向选择的关系，双方最终都会作出自己的判断和决策。最后，在面试活动中，由于面试考官始终处于主导地位，因此，考官在安排、组织和实施面试的过程中，除了要达到预定的面试目标，还要帮助应聘者顺利完成预定的面试程序。

四、面试的程序和方法

面试开始，作为主考官应当向应聘者做一下简要说明，这有利于应聘者了解面试的目的和程序。例如，对面试进行文字记录或录音，可以做如下解释说明："面试过程中我们要做一些记录，为的是不遗忘你告诉我们的任何信息。所以，当我们低下头时，不要以为这是不感兴趣，我们只想确保记住你的谈话内容。"再如，为了保证面试的顺利进行，必须考虑速度问题，可以这样向应聘者说明："由于面试要考察的内容较多，为确保你有机会回答所有的问题，有时我们可能会打断你的谈话，然后提出下一个问题，希望你能够正确理解我们的做法和目的。"有时面对非常健谈的应聘者，即使要多次打断他的谈话，也要确保面试的正常进行，掌握好面试的速度。因为完成整个面试过程是人员招聘中最重要的环节之一。

1. 面试的基本程序

面试是一种操作难度较高的测评形式，随意性较大，一般人难以掌握，或者说由于不掌握面试的程序和缺少面试的技巧，而达不到面试应有的效果。为了改进这一点，使面试能够被一般水平的人操作，提高面试的质量与可比性，在实施中应掌握面试的程序和技巧。

（1）面试前的准备阶段。本阶段包括确定面试的目的、科学地设计面试问题、选择合适的面试类型、确定面试的时间和地点等。面试考官要事先确定需要面试的事项和范围写出提纲，并且在面试前要详细了解应聘者的资料，发现应聘者的社会背景及对工作的态度、是否具有发展潜力等。

（2）面试开始阶段。面试时应从应聘者可以预料到的问题开始发问，如工作经历、文化程度，然后再过渡到其他问题，以消除应聘者的紧张情绪。这样能营造和谐的面谈气氛，有利于观察应聘者的表现，以求全面客观地了解应聘者。

（3）正式面试阶段。采用灵活的提问和多样化的形式，交流信息，进一步观察和了解应聘者。此外，还应该察言观色，密切注意应聘者的行为与反应，对所提的问题、问题间的变换、问话时机以及对方的答复都要多加注意。所提问题可根据简历或应聘申请表中发现的疑点，先易后难逐一提出，尽量营造和谐自然的环境。

（4）结束面试阶段。在面试结束之前，在面试考官确定问完了所有预计的问题之后，应该给应聘者一个机会，询问应聘者是否有问题要问，是否有要加以补充或修正之处。不管录用还是不录用，均应在友好的气氛中结束面试。如果对某一对象是否录用有分歧意见，不必急于下结论，还可安排第二次面试。同时，要整理好面试记录表。

（5）面试评价阶段。面试结束后，应根据面试记录表对应聘人员进行评估。评估可采用评语式评估，也可采用评分式评估。评语式评估的特点是可对应聘者的不同侧重进行深入的评价，能反映出每个应聘者的特征，但缺点是应聘者之间不能进行横向比较。评分式评估则是对每个应聘者相同的方面进行比较，其特点正好与评语式评估相反。

2. 面试环境的布置

面试的环境应该舒适、适宜，利于营造宽松气氛。握手、微笑、简单的寒暄、轻松幽默的开场白、舒适的座位、适宜的照射光线和温度，以及没有令人心烦意乱的噪声，这些都有利于营造舒适、宽松的气氛。面试的环境必须是安静的。一些小型的会议室是不错的面试场所。在面试的环境方面，值得注意的是面试考官与被面试者的位置如何安排。

3. 面试的方法

面试时，供需双方通过正式交谈，用人单位能够客观全面地了解应聘者的业务知识水平、外貌风度、工作经验、求职动机等信息，应聘者也能够更全面地了解招聘单位的相关信息。由于面试非常复杂，人们首先按照一定标准将面试进行分类，目的是掌握相应的特点。

五、面试提问的技巧

（一）开放式提问

开放式提问即让应聘者自由地发表意见或看法，以获取信息，避免被动。一般在面试开始的时候运用，用以缓解面试的紧张气氛，消除应聘者的心理压力，使应聘者充分发挥自己的水平和潜力。开放式提问又分为无限开放式提问和有限开放式提问。无限开放式提问没有特定的答复范围，目的是让应聘者说话，有利于应聘者与面试考官进行沟通，如“谈谈你的工作经验”等问题。有限开放式提问要求应聘者的回答在一定范围内进行，或者对回答问题的方向有所限制。

（二）封闭式提问

封闭式提问即让应聘者对某一问题做出明确的答复，如“你曾干过秘书工作吗”，一般用“是”或“否”回答。它比开放式提问更加深入、直接。封闭式提问可以表示两种不同的意思：一是表示面试考官对应聘者答复的关注，一般在应聘者答复后立即提出一些与答复有关的封闭式问话；二是表示面试考官不想让应聘者就某一问题继续谈论下去，不想让对方多发表意见。

（三）清单式提问

清单式提问即鼓励应聘者在众多选项中进行优先选择，以检验应聘者的判断、分析与决策能力。例如，在回答“你认为产品质量下降的主要原因是什么”的问题时，对所出的各个选项，进行优先选择。

（四）假设式提问

假设式提问即鼓励应聘者从不同角度思考问题，发挥应聘者的想象能力，以探求应聘者的态度或观点。如“如果你处于这种状况，你会怎样处理”等。

（五）重复式提问

重复式提问即让应聘者知道面试考官接收到了应聘者的信息，检验获得信息的准确性。如“你是说”“如果我理解正确的话，你说的意思是”等。

（六）确认式提问

确认式提问即鼓励应聘者继续与面试考官交流，表达出对信息的关心和理解。如“我明白你的意思!”“这种想法很好!”等。

（七）举例式提问

这是面试的一项核心技巧，又称为行为描述提问。传统的面试往往集中问一些信息，十分注意求职申请表中所填的内容，加以推测分析。同时还询问应聘者过去做过的工作，据此来判断他将来能否担任此岗位，这是完全必要的。但有时应聘者也会编造一些信息。为了克服这一点，在考察应聘者的工作能力、工作经验时，可针对其过去工作行为中特定的例子加以询问。基于行为连贯性原理，所提问题应涉及工作行为的全过程，而不应当集中在某一点上，从而能较全面地考察一个人。当应聘者回答该问题时，面试考官可通过应聘者解决某问题或完成某项任务所采取的方法和措施，鉴别应聘者所谈问题的真假，了解应聘者实际解决问题的能力。面试中一般可让应聘者列举应聘职务要求的并与其过去从事的工作相关的事例，从中总结和评价应聘者的相应能力。

【知识链接】

面试提问应注意的几个问题

（1）尽量避免提出引导性的问题。不要问带有提问者本人倾向的问题，如以“你一定……”或“你没……”开头的问题。不要让应聘者了解你的倾向、观点和想法，以免应聘者为迎合你而掩盖他真实的想法。

(2) 有意提出一些相互矛盾的问题，并引导应聘者做出可能矛盾的回答，以此来判断应聘者是否在面试中隐瞒了真实情况。

(3) 面试中非常重要的一点是了解应聘者的求职动机，这是一件比较困难的事，因为一些应聘者往往把自己真正的动机掩盖起来。但我们可以通过对他的离职原因、求职目的、个人发展、对应聘岗位的期望等方面加以考察，再与其他的问题联系起来综合加以判断。

(4) 所提问题要直截了当，语言简练，有疑问可马上提出，并及时做好记录。并且，不要轻易打断应聘者的讲话，对方回答完一个问题，再问第二个问题。

(5) 面试中，除了要倾听应聘者回答的问题，还要观察他的非语言行为，如脸部表情、眼神、姿势、讲话的声调语调、举止，这些可以反映出对方是否诚实，是否具有自信心等情况。

第五节　旅游企业员工录用和招聘评估

一、人员录用

人员录用是指依据选拔的结果作出录用决策并进行安置的活动，其中最关键的内容是做好录用决策。录用决策是指依照人员录用的原则，避免主观武断的干扰，把选拔阶段多种考核和测验结果组合起来，进行综合评价，从中择优确定录用名单。值得强调的是，人员选拔环节中的所有方法都可用来选择潜在的雇员，但决定使用哪些选拔方法，一般要综合考虑时间限制、信息与工作的相关性，以及费用等因素，对相对简单或不需要特殊技能的工作采用一种方法即可。例如，招聘打字员，根据应聘者打字测试的成绩一般就足以作出决定了。但是，对大部分岗位来说，通常需要采用多种方法，相互结合，扬长避短，提高录用决策的科学性和正确性。一般来说，人员录用的主要策略如下：

（一）多重淘汰式

多重淘汰式中每种测试方法都是淘汰性的，应聘者必须在每种测试中都达到一定水平，方能合格。该方法是将多种考核与测验项目依次实施，每次淘汰若干低分者。全部通过考核项目者，再按最后面试或测验的实得分数，排出名次，择优确定录用名单。

（二）补偿式

补偿式中不同测试的成绩可以互为补充，最后根据应聘者在所有测试中的总成绩作出录用决策。如分别对应聘者进行笔试与面试选择，再按照规定的笔试与面试的权重比例，综合算出应聘者的总成绩，决定录用人选。值得注意的是，由于权重比例不一样，录用人选也会有差别。

（三）结合式

结合式中，有些测试是淘汰性的，有些是可以互为补偿的，应聘者通过淘汰性的测试后，才能参加其他测试。

【知识链接】

录用决策应注意的几个问题

(1) 尽量使用全面衡量的方法。企业要录用的人员必然是能够满足单位需要，符合应聘岗位素质要求的人才。因此，必须根据单位和岗位的实际需要，针对不同的能力素质要求给予不同的权重，然后录用那些得分最高的应聘者。

(2) 减少作出录用决策的人员。在决定录用人选时，必须坚持少而精的原则，选择那些直接负责考察应聘者工作表现的人，以及那些会与应聘者共事的人进行决策。如果参与的人太多，会增加录用决策的困难，造成争论不休或浪费时间和精力。

(3) 不能求全责备。人没有十全十美的，在录用决策时也不要吹毛求疵。我们必须分辨主要问题以及主要方面，分辨哪些能力对于完成这项工作是不可缺少的，这样才能录用到合适的人选。

二、员工招聘活动的评估

招聘评估是招聘过程中必不可少的一个环节。招聘评估通过成本与效益核算能够使招聘人员清楚地知道费用的支出情况，区分哪些是应支出项目，哪些是不应支出项目，这有利于降低今后的招聘费用，有利于为组织节省开支。招聘评估通过对录用员工的绩效、实际能力、工作潜力的评估，即通过对录用员工质量的评估，检验招聘工作成果与方法的有效性，有利于招聘方法的改进。

（一）成本效益评估

招聘成本效益评估是指对招聘中的费用进行调查、核实，并对照预算进行评价的过程。招聘成本效益评估是鉴定招聘效率的一个重要指标。

1. 招聘成本

招聘成本分为招聘总成本与招聘单位成本。招聘总成本即人力资源的获取成本，它由两个部分组成。一部分是直接成本，它包括：招聘费用、选拔费用、录用员工的家庭安置费用和工作安排费用、其他费用（如招聘人员差旅费、应聘人员招待费等）。另一部分是间接费用，它包括：内部提升费用、工作流动费用。招聘单位成本是招聘总成本与实际录用人数之比。如果招聘实际费用少，录用人数多，意味着招聘单位成本低；反之，则意味着招聘单位成本高。

2. 成本效用评估

成本效用评估是对招聘成本所产生的效果进行的分析。它主要包括：招聘总成本效用分析、招募成本效用分析、人员选拔成本效用分析和人员录用成本效用分析等。计算方法是：

总成本效用=录用人数/招聘总成本

招聘成本效用=应聘人数/招聘期间的费用

人员选拔成本效用=被选中人数/选拔期间的费用

人员录用成本效用=正式录用的人数/录用期间的费用

3. 招聘收益成本比

它既是一项经济评价指标，也是对招聘工作的有效性进行考核的一项指标。

招聘收益成本比=所有新员工为组织创造的总价值/招聘总成本

（二）数量与质量评估

1. 数量评估

录用员工数量评估是对招聘工作有效性检验的一个重要方法。通过数量评估，分析在数量上满足或不满足需求的原因，有利于找出各招聘环节上的薄弱之处，改进招聘工作；同时，通过录用人员数量与招聘计划数量的比较，为人力资源规划的修订提供了依据。

2. 质量评估

录用人员的质量评估实际上是在人员选拔过程中对其能力、潜力、素质等进行的各种测试与考核的延续，也可根据招聘的要求或工作分析中得出的结论，对录用人员进行等级排列来确定其质量，其方法与绩效考核方法相似。当然，录用比和应聘比这两个数据也在一定程度上反映录用人员的质量。

（三）信度与效度评估

信度与效度评估是对招聘过程中所使用的方法的正确性与有效性进行的检验，这无疑会提高招聘工作的质量。信度和效度是对测试方法的基本要求，只有信度和效度达到一定水平的测试，其结果才适于作为录用决策的依据，否则将误导招聘人员，影响其作出正确的决策。

1. 信度评估

信度主要是指测试结果的可靠性或一致性。可靠性是指一次又一次的测试总是得出同样的结论，它或者不产生错误，或者产生同样的错误。通常信度可分为：稳定系数、等值系数、内在一致性系数。

稳定系数是指用同一种测试方法对一组应聘者在两个不同时间进行测试的结果的一致性。一致性可用两次结果之间的相关系数来测定。相关系数高低既与测试方法本身有关，也跟测试因素有关。此法不适用于受熟练程度影响较大的测试，因为被测试者在第一次测试中可能记住某些测试题目的答案从而提高了第二次测试的成绩。

等值系数是指对同一应聘者使用两种对等的、内容相当的测试方法，其结果之间的一致性。

内在一致性系数是指把同一（组）应聘者进行的同一测试分为若干部分加以考察，各部分所得结果之间的一致性。

此外，还有评分者信度，这是指不同评分者对同样对象进行评定时的一致性。例如，如果许多人在面试中使用一种工具给一个求职者打分，他们都给候选人相同或相近的分数，则这种工具具有较高的评分者信度。

2. **效度评估**

效度，即有效性或精确性，是指实际测到应聘者的有关特征与想要测的特征的符合程度。一个测试必须能测出它想要测定的功能才算有效。效度主要有三种：预测效度、内容效度、同侧效度。

预测效度是考虑选拔方法是否有效的一个常用的指标。我们可以把应聘者在选拔中得到的分数与他们被录用后的绩效分数相比较，两者的相关性越大，则说明所选的测试方法、选拔方法越有效，以后可根据此法来评估、预测应聘者的潜力。若相关性很小或不相关，说明此法在预测人员潜力上效果不大。

内容效度，即测试方法能真正测出想测的内容的程度。例如，招聘打字员，测试其打字速度与准确性、手眼协调性与手指灵活度的操作测试的内容效度是较高的。内容效度多应用于知识测试与实际操作测试，而不适用于对能力和潜力的测试。

同侧效度是指对现在员工实施某种测试，然后将测试结果与员工的实际工作绩效考核得分进行比较，若两者的相关系数很大，则说明此测试效度很高。这种测试效度的特点是省时，可以尽快检验某测试方法的效度，但若将其应用到人员选拔测试时，难免会受到其他因素的干扰而无法准确地预测应聘者未来的工作潜力。例如，这种效度是根据现有员工的测试得出的，而现在员工所具备的经验、对组织的了解等，则是应聘者所缺乏的。因此，应聘者有可能因缺乏经验而在测试中得不到高分，从而错误地被认为没有潜力或能力。其实，他们若经过一定的培训或锻炼，是有可能成为称职的员工的。

【复习思考题】

1. 员工招聘渠道有哪些？
2. 简述面试的基本步骤。
3. 简述员工录用策略的分类。

【案例分析】

维也纳酒店的招聘案例

维也纳酒店在人力资源管理中十分注重员工流失的问题，由于近几年维也纳酒店的员工流失率高，除了企业扩张带来的人才稀缺问题外，还面临着同行挖人的风险。面对内忧外患，维也纳酒店做好自身的人员招聘及员工稳定工作极为重要。

在招聘管理方面，维也纳酒店主要通过内联部、招聘管理部来进行招聘工作。内联部主要负责核心的中高层管理人员的招聘，它与行业内核心人才建立常年的联系，进行定向猎取，通过这样长期的跟踪定位，既可以节约成本，又能实现高度的匹配，这些人才加入以后可以更好适应。在引入的中高层人才中，既有来自香格里拉、万豪、汉庭等优秀的酒店人才，也有来自沃尔玛等其他企业的优秀人才。招聘管理部主要负责招聘高层以及中层以下岗位的基层员工，其中最主要的招聘渠道是网络。基层员工主要来源于酒店管理专业学校的毕业生。这些毕业生本身已经具备基本的理论素质，毕业后直接接触维也纳酒店文化，其对维也纳酒店文化的认可度比较高，同时也从根本上解决了归属感的问题。

在主动招聘的同时，维也纳酒店也进行面向全员的内部推荐。内部推荐者以核心员工为主。当被推荐者在维也纳酒店工作一年后，会根据面试得分、岗位职级、任职时间、工作表现等方面给予推荐者一定的奖励。内部推荐的奖励力度较大，奖励金额额度较高。对于基层职位，只要被推荐者一经入职或通过试用期以后就奖励推荐者。人力行政中心每月会向全体发送奖励制度以及当月奖励情况，以此来鼓励员工积极推荐。酒店是一个相对比较窄的行业，在这个行业里内部的推荐作用很大，如维也纳酒店的一名员工，如果他觉得维也纳酒店的工作氛围不错，就会推荐他的朋友或之前的同事前来应聘，通过企业的选拔，就可以留住同行业中优秀的员工，有利于提升员工的归属感以及工作积极性。维也纳酒店还通过微博向外界开展招聘活动，并与参与者在微博上进行互动，同时起到了宣传的作用。

此外，为了扩大招聘的渠道、进行品牌宣传以及树立好的企业形象，还开展一些馈赠活动，如将酒店里的电视机等物资捐赠给贵州等地的偏远贫困地区，那里如果有人要求职也可以同维也纳酒店取得联系。以这种方式招来的员工对企业的忠诚度更高。与此同时，维也纳酒店开展合作办学，如给广东清远的一所职业学校捐赠物资，双方合作开办了酒店管理专业，为酒店有针对性地培养专业人才。

分析题：请根据以上材料谈谈旅游企业员工招聘中存在的问题、招聘过程中应该遵循的原则以及解决员工招聘问题的对策和建议。

第四章

旅游企业员工的培训与发展

导言

本章应围绕“旅游企业员工培训的含义和意义、旅游企业员工培训的特点与规律、旅游企业员工培训的过程和方法”等内容而展开学习。

【学习目标】

1. 掌握旅游企业员工培训需求分析的内容和方法。
2. 运用员工培训的基本规律指导培训实践。
3. 拟订员工培训计划，学会培训的过程评估和效果评估。
4. 熟悉旅游企业员工培训的方法。

【导入案例】

从迪士尼乐园员工培训案例中得到启发：员工比经理重要

世界上有6个很大的迪士尼乐园，经营最成功、生意最好的，是日本东京迪士尼。其最高纪录一年可以达到1700万人参观。看看东京迪士尼是如何吸引顾客的。

1. 从扫地培训做起

到东京迪士尼游玩，人们不大可能碰到迪士尼的经理，门口卖票和剪票的也许只会碰到一次，碰到最多的还是扫地的清洁工。东京迪士尼对清洁员工非常重视，将更多的训练和教育大多集中在他们的身上。

东京迪士尼扫地的员工，有些是暑假工作的学生，他们只工作两个月，但培训他们扫地要花3天时间。

第一天上午要培训如何扫地。扫地有3种扫把：一种是用来扒树叶的，一种是用来刮纸屑的，一种是用来掸灰尘的。这三种扫把的形状都不一样。怎样扫树叶，才不会让树叶飞起来？怎样刮纸屑，才能把纸屑刮得很好？怎样掸灰，才不会让灰尘飘起来？这些看似简单的动作却都有严格培训。而且扫地时还另有规定：开门时、关门时、中午吃饭时、距离客人15米以内等情况下都不能扫。这些规范都要认真培训，严格遵守。

2. 学照相

第一天下午学照相。十几台世界最先进的数码相机摆在一起，各种不同的品牌，每台都要学，因为客人也许会叫员工帮忙照相，可能会带世界上最新的照相机。如果员工不会照相，就不能照顾好顾客。

3. 学包尿布

第二天上午学怎么给小孩子包尿布。孩子的妈妈可能会叫员工帮忙抱一下小孩，如果员工不会抱小孩，动作不规范，不但不能给顾客帮忙，反而添麻烦。抱小孩的正确动作是：右手要扶住臀部，左手要托住背，左手食指要顶住颈椎，以防闪了小孩的腰，或弄伤颈椎。不但要会抱小孩，还要会替小孩换尿布。给小孩换尿布时要注意方向和姿势，应该把手摆在底下，尿布折成十字形，最后在尿布上面别上别针，这些地方都要认真培训，严格规范。

4. 学辨识方向

第二天下午学辨识方向。有人要上洗手间，“右前方，约50米，第三号景点东，那个红色的房子”；有人要喝可乐，“左前方，约150米，第七号景点东，那个灰色的房子”；有人要买邮票，“前面约20米，第十一号景点，那个蓝条相间的房子”……顾客会问各种各样的问题，所以每一名员工要把整个迪士尼的地图都熟记在脑子里，对迪士尼的每一个方向和位置都要非常明确。训练3天后，发给员工3把扫把，他们开始扫地。如果在迪士尼里面，碰到这种员工，人们会觉得很舒服，下次会再来迪士尼，也就是所谓的引客回头，这就是所谓的员工面对顾客。

5. 会计人员也要直接面对顾客

有一种员工是不太接触客户的，就是会计人员。迪士尼规定：会计人员在前两三个月，每天早上上班时，要站在大门口，对所有进来的客人鞠躬、道谢。因为顾客是员工的“衣食父母”，员工的薪水是顾客掏出来的。感受到什么是客户后，再回到会计室中去做会计工作。迪士尼这样做，就是为了让会计人员充分了解客户。

6. 怎样与小孩讲话

游迪士尼有很多小孩，这些小孩要跟大人讲话。迪士尼的员工碰到小孩问话，统统要蹲下，蹲下后员工的眼睛跟小孩的眼睛要保持一个高度，不要让小孩子抬着头去跟员工讲话。因为那个是未来的顾客，将来都会再回来的，所以要特别重视。

7. 怎样送货

迪士尼乐园里面有喝不完的可乐，吃不完的汉堡三明治，买不完的糖果，但从来看不到送货的。因为迪士尼规定在客人游玩的地区是不准送货的，送货统统在围墙外面。迪士尼的地下像一个隧道网一样，一切食物、饮料统统在围墙的外面下地道，在地道中搬运，然后再从地道里面用电梯送上来，所以客人永远有吃不完的东西。

第一节 旅游企业员工培训概述

一、旅游企业员工培训的含义

员工培训就是有计划、有组织地通过讲授、训练和实习等方法，向员工传授目前及未来工作行为所需要的知识和技术，从而保证员工能够按照预期的标准完成所承担或将要承担的工作与任务的活动。从某种意义上说，员工培训是旅游企业人力资源增值的重要途径，是维持整个旅游企业有效运转的必要手段。

对旅游企业员工培训含义的准确理解，需要把握以下四个要点。

（一）培训是一个有计划且系统化的活动

企业培训是在有关组织周详的计划和严密的控制下进行的，包括培训需求分析、培训规划设计、培训实施与管理、培训效果评价等都应有详尽的安排。每一个方面都需要科学的态度和方法；更重要的是要结合旅游企业的实际情况，否则企业培训的效果就无法保证。

（二）员工培训的目的是改善员工的工作绩效

员工培训从形式上看是向员工传授专业知识和技能，改善其工作态度和行为，但是通过培训提高员工素质的根本目的是改进其工作效果，并由此提高员工个人或所属部门，乃至整个旅游企业的效益。如果一种培训不能对旅游企业的经营目标产生积极的影响，就没有理由开展。

（三）员工培训的对象是全体员工

旅游企业的员工培训应该是面向全体员工的，而不只是某一部分。当然，这并不意味着每次培训的对象都必须是全体员工，而是说应该将全体员工都纳入旅游企业培训体系中，不能有排斥在培训体系之外的现象。

（四）员工培训的内容与工作行为紧密相关

员工培训的内容应当全面，与工作行为有关的各个方面都要包括进来，如专业知识、操作技能、服务态度、企业的各种规章制度以及战略规划等。一些旅游企业在进行培训时往往存在片面性，只重视“硬内容”的培训，如服务流程、服务技术等，而忽略了“软内容”，如职业道德、敬业精神和企业文化等。此外，员工培训所涉及的内容不仅要与员工现在从事的工作紧密联系，还应该与未来可能从事的工作相关联。

二、旅游企业员工培训的意义

（一）对旅游企业的意义

1. 员工培训是一种特殊的投资方式和重要的竞争策略

与传统的人事管理不同，现代人力资源开发与管理把员工视为一种资源。旅游企业的培训活动，在增加受训者人力价值的同时，也能够使企业所拥有的人力资本得以增加。美国学者彼得·圣吉在《第五项修炼》中指出，“企业未来持久的优势，是有能力比自己的竞争对手学习得更快”。因此，在未来的竞争中，对人力资本的投资包括员工培训投资，是更有潜力、更有收益的投资方式，是旅游企业保持竞争优势和提高竞争地位的重要手段。

2. 培育和传播企业文化

良好的企业文化对员工具有强大的凝聚、规范、导向和激励作用，这些对旅游企业来说有着非常重要的意义，因此很多旅游企业在重视市场经济规律的同时，也越来越重视企业文化的建设。作为企业成员共有的一种价值观念和道德准则的体现，企业文化必须得到全体员工的认可，这就需要不断地向员工进行宣传教育。员工培训能使员工对企业核心文化、企业的经营目标和服务理念有深刻的体会和理解，能培养和增强员工对企业的认同感。

3. 提高员工工作熟练程度

员工培训能使员工了解职位的工作内容，提高员工的职业素养和专业技术水平，使其能够达到任职资格的要求。通过培训，新员工可以比较快地适应新环境，掌握操作技能；原有员工能够不断补充新知识，及时学到新的服务技能，从而更加适应工作发展的需要。

4. 提高旅游企业的管理效率

员工培训可以帮助员工掌握正确的工作方法，改变错误或不良的工作习惯，提高员工的工作质量，因而可以让管理者从日常琐碎的事务中解脱出来，有更充足的时间从事更重要的管理工作。

（二）对员工的意义

1. 增强员工的就业能力

无论是新员工还是在职员工经过一段时间会掌握所担任工作的最优方法和技能，这就意味着其就业能力的增强。

2. 利于员工的发展

员工培训能够使员工出色地干好本职工作，并可以扩展知识面和工作领域。如果员工确实有能力，则可以晋升到更高一级的职位。

3. 工作更为安全

员工经过严格的培训可以减少事故的发生，使人身安全在工作中得到保证。

4. 增强员工的工作满足感

所谓工作满足感，是指对一个人的工作或工作经验进行正面评价令其产生的一种愉快的或有益的情绪状态。究其根本，员工的工作满足感取决于员工个体对工作及其回报的期望值和实际值的差异情况。正常情况下，员工普遍希望学习新的知识和技能，希望接受具有挑战性的任务，希望晋升，这些都离不开培训。

三、旅游企业员工培训的分类

（一）根据培训对象分类

1. 新员工

旅游企业在招聘录用新员工的时候，虽然运用各种考试、测评等方法，挑选出符合招聘条件、有发展潜力的人员，但是，所录用的新员工并非一开始就具备完成规定工作所必需的知识和技能，也缺乏在特定集体中进行协作的工作意识和行为习惯。为使他们尽快融入组织，尽快掌握必要的知识、技能和应具备的服务意识，必须对他们进行培训。

2. 在职员工

旅游企业在职员工可以分为普通服务人员、专业技术人员、基层管理者、中高层管理者。他们的自身素质、工作职责、工作环境和绩效标准等存在着很大的差异，其培训目标和培训重点也就不尽相同。

（二）根据培训内容分类

1. 文化知识培训

通过这方面培训，员工应该具备完成本职工作所必需的知识，包括基本知识和专业知识。文化知识的培训对员工素质的提高起着潜移默化的作用。例如，一位合格的饭店服务员应该扎实地掌握酒店服务礼仪、本职位基本工作常识，熟悉主要客源国的政治、经济、地理、历史和民俗习惯，了解酒店各项服务措施，懂得顾客消费心理等。

2. 服务技能和工作流程培训

服务技能和工作流程方面的培训是旅游企业员工培训最主要的内容，它直接关系到各项服务工作能否依照标准完成和顾客的满意程度。通过这方面的培训，员工应该全面掌握完成本职工作的基本工作流程、一般技能和特殊技巧。例如，酒店客房部服务员做床培训，餐厅服务员摆台、上菜培训，厨师烹调培训，前台服务员刷卡收银等方面的培训都属于技能培训；而餐厅服务员看台培训、旅行社导游员处理疑难问题等方面的培训则属于服务技巧培训。

3. 服务意识、职业道德和企业文化培训

旅游企业工作的特点决定了员工应有强烈的服务意识、高度的责任心和良好的职业道德。因此，旅游企业员工培训中要时刻注意员工这些方面的思想动态，采用灵活的方式，强化员工的服务意识与职业道德观，弘扬企业文化。此外，服务意识、职业道德和企业文化培训，还应该注意树立旅游企业与员工之间的相互信任，培养员工的团队精神，增强其作为企业一员的归属感和荣誉感。

（三）根据员工培训时间分类

1. 脱产培训

脱产培训是指员工在一定时期内完全离开工作岗位，参加进修学习。它利于员工集中精力，培训时间比较充裕，培训过程连贯，对系统性的学习有比较好的效果。因此，全脱产培训比较适合于旅游企业管理人员的进修培训。

2. 半脱产培训

半脱产培训是安排员工利用部分工作时间参加某种形式的培训学习。半脱产培训应以不影响正常工作为原则，以达到学以致用的效果。例如，礼仪知识讲座、服务案例分析以及顾客投诉分析等培训课程都可以采取这种形式。

3. 在岗培训

在岗培训又称岗位培训，即员工在工作岗位上，直接在培训指导者、师傅或上一级管理者的指导下进行与工作任务一致的实际训练，既完成工作任务又接受了培训。

（四）根据员工培训的性质分类

1. 入职培训

入职培训又称上岗引导，它侧重于企业工作环境的介绍、经营理念和服务宗旨的讲解以及企业基本规章制度的学习。开展入职培训主要有两个目的：一是创造一个有利于新员工能够很快融入工作环境的机会，即社交引导。研究显示，能够真正有效地融入企业的新员工，其工作效率要明显高于不能完全融入的人。二是传递有关工作的必要信息。在一些大中型旅游企业，新员工的入职培训工作一般由人力资源部门统一组织，并承担具体的工作。一些小型的旅游企业则通常由总经理亲自负责，以保证入职培训的效果。

2. 指导性培训

指导性培训是指针对某项具体工作，训练员工如何按规范完成的一种培训方式。它通常需要确定培训需求、制订培训计划、分解培训步骤，并由专人指导各项培训内容。这类培训是旅游企业人力资源开发与管理工作中最常见的。

3. 补救性培训

补救性培训是指当出现员工知识老化、技术钝化、顾客满意度下降、设备更新以及经营状况恶化时，所安排的员工培训。补救性培训既应涉及新知识、新技术，同时还应

该注意针对工作中所出现的问题，反复强调以往培训过的内容。“回顾和提升”是补救性培训的主要特点。

（五）根据员工培训的场所分类

1. 教室课堂培训

有条件的旅游企业会专门安排若干间现代化的培训专用教室，安装多媒体教学设备，专业理论培训以及服务案例讨论都可在此进行。有时候旅游企业的内部会议室也可开展教室课堂培训。

2. 工作现场培训

员工在工作现场参加培训，不仅有强烈的真实感，而且便于培训指导者及时近距离地检查培训效果，特别是一些强调动作规范、操作娴熟的工作，大都适合在工作现场进行培训。

3. 在线培训

旅游企业通过内部局域网，运用电子课件或计算机模拟软件对员工进行培训，使员工培训的场所从现实迈入虚拟。例如，邮轮旅游作为一种独特的旅游方式，对从业人员的专业知识和专业素养有很高的要求，皇家加勒比邮轮国际有限公司就在其面向业界的专业网站（www. cruisingpower. com）上，推出中文在线培训学校，通过见习、专业、专家三个级别的网络课程，生动形象地普及邮轮相关知识，传授邮轮产品的销售及服务内容，介绍精彩的航线和目的地，提供最新图片及新闻等，为业界人士搭建起系统深入了解邮轮旅游的互动平台。

四、旅游企业员工培训的组织形式

员工培训的组织形式是指企业培训部门向员工提供培训时的组织方式。有时在同一家企业，尤其是那些大型的、分权的、多元化的或连锁经营的旅游企业，可能存在着多种不同的培训组织形式。

（一）学院模式

这种模式的培训组织形式就如同一所大学的结构。培训组织由一名主管会同一组对特定课题和在特定的技术领域具有专业知识的专家来共同领导。这些专家负责开发、管理和修改培训项目，因此培训项目是与培训人员的专业技能相一致的。其优点是培训部门的专业水平较高，培训部门的计划容易制订。不足之处在于培训者对旅游企业经营问题不敏感，培训可能不能完全满足企业经营管理的需要。

（二）客户模式

客户模式的培训组织形式，是根据旅游企业的业务职能设置的，培训工作以满足企业内部业务职能部门的需求为目标。以旅行社为例，可能的需求包括市场营销、导游与接待、门市管理、财务、旅游产品采购与开发等。在这种模式下，培训项目与业务部门的特定需要保持一致，而不是与培训人员的专业技能相一致，因此培训能够较好地满足企业经营的需求。但是，培训者需要花费大量时间研究经营部门的业务，投入到自身专业的精力大大减少，同时所设计的培训项目通用性较差。

（三）矩阵模式

这是一种培训者既要向培训部门经理，又要向特定职能部门的经理汇报工作的培训组织形式。培训者兼具培训专家和职能专家两个方面的职责。这种模式有助于将培训与经营需要联系起来，还要求培训者保持自身的专业知识的不断更新与完善。其主要问题是培训者可能面对不同指令之间的冲突，而且培训专家的工作负荷过重。

（四）企业大学模式

企业大学是一个企业中的教育实体，它作为一种战略性工具支持企业完成其使命，通过众多活动来推进个人和集体的学习、知识和智慧的发展。企业大学设立学习项目的出发点通常是由于企业经营问题或者机遇所带来的战略转移，通过学习解决方案来对全员传播企业战略思想，从而帮助企业实现其战略目标。与组织战略目标直接相联带来的最明显结果是员工对企业运作行为的认可度和执行力提高，而非普通培训部门仅实现对员工单一工作技能的提高。

在旅游行业，企业大学的特点主要集中在两个方面：一方面，注重学习和实践的结合，强调员工在行动中学习的能力。另一方面，在教学方法上，除了传统的课堂教学以外，也有模拟实际情况的案例教学，还有为了培养学员解决问题的能力而设立的实习或现场学习。以麦当劳的汉堡大学（Hamburger university）为例，它对于每个麦当劳餐厅的经理或特许经营者的训练，都是从普通店员做起，再经历班次经理、助理经理和餐厅经理的全角色训练，它所推行的学习方法包括传统的课堂教学、在实习餐厅的实际操作、为培养学员解决问题的能力而设立的案例模拟。

（五）虚拟培训模式

虚拟培训模式是企业基于现代信息技术支持，将接受培训的员工视为内部顾客，并以其为中心，侧重于员工学习和培训结果，通过有效利用与整合内外部资源而推出的一种新型培训组织模式。虚拟培训组织注重“自我驱动”，根据企业目标和员工需要进行培训选择，培训方式从“推送”式培训转变为“拉动”式学习。这个过程中，以前的培训场所被虚拟培训组织营造成为持续学习的环境，管理者扮演着“教练”的角色，而员工接受培训成为持续的学习者，培训活动也就成为一种学习的机会。

虚拟培训最重要的是如何获取正确答案的过程，而不仅仅是知道正确答案的结果。教练指导员工使用各种学习和培训工具对自己的虚拟工作行为进行反思，对照特定标准进行自我评价，并对自己“做了什么”“学到什么”进行总结，员工之间相互给予评价和反馈。以旅行社导游培训为例，受训者在教练的指导下使用虚拟现实技术开发的课件，可以随意设计路线，进行场景游览、视点切换、讲解训练、与模拟游客互动等，从而实现足不出户就能真实体验旅游接待操作的实景效果。目前，虚拟培训的发展趋势主要是通过培训业务外包来实现的。

第二节　旅游企业员工培训的特点和规律

一、旅游企业员工培训的特点

（一）全员性

旅游企业员工培训应该是全员性的，凡是在职的旅游企业员工，无论是一般服务员，还是经营管理者，无论是资深的老员工，还是阅历较浅的年轻员工，都有参加培训的权利和接受培训的义务。

（二）持续性

现代旅游企业的培训理念是终身培训。随着经营环境的变化和服务竞争的加剧，以及物质生活水平提高带来的消费档次的提升、消费模式个性化等，即使是那些接受过常规服务培训的基层员工，也必须持续不断地接受再培训，以适应新旧服务内容和形式上的交替。为此，旅游企业对员工的培训不能“一培永逸”，靠一次培训就终身受用是不可能的。知识在更新，科技在进步，社会在发展，为顺应时代的变化与要求，旅游企业必须持续不断地创新员工培训的内容、方式和方法。

（三）实用性

旅游企业员工培训的实用性，一方面要求员工的培训投资应产生一定的回报，培训成果能够比较快地转移或转化成生产力，并能促进企业竞争优势的发挥与保持；另一方面员工培训必须是为提高旅游企业服务效率、顾客满意度和员工队伍素质而进行的，真正做到有的放矢。此外，还要有必要的超前培训，因为只有为顾客提供超值的服务和实现特色化经营，旅游企业才有可能在激烈的市场竞争中取胜，而必要的超前培训则是制胜的有效手段。

（四）差异化

1. 内容上的差异化

培训的目的是改善员工的工作绩效，因此培训的内容必须与员工的工作有关。而在旅游企业中每个职位的工作内容都是不一样的，每个职位的绩效标准也是不同的，因此在培训时应当根据员工的实际水平和所处职位确定不同的培训内容，进行有针对性的培训。

2. **人员上的差异化**

虽然培训要针对全体员工来实施，但这绝不意味着在培训过程中就要平均使用力量。按照“二八原则”的解释——企业中80%的价值是由20%的员工创造的，加之受培训资源所限，旅游企业在员工培训中应适当向关键职位倾斜，特别是中高层管理者和一线员工。

（五）成人性

旅游企业员工培训的对象是成人，针对他们的培训，存在着“年龄可能较大，机械记忆力减退，各种干扰因素较多，容易分散精力”等困难，但是美国著名教育家马尔科姆·诺尔斯（Malcolm Knowles）研究发现：成人需要知道他们为什么要学习，成人有进行自我指导的需求，成人可为学习带来更多的与工作有关的经验，成人是带着一定的问题去参与学习的，成人受到内部和外部的激励而学习。

二、旅游企业员工培训的基本规律

在员工培训中，存在着一定的规律性，充分认识和理解这些规律，并在实践中遵循和利用，有利于旅游企业员工培训的成功。

（一）整体差异性规律

同一旅游企业的员工在工作能力方面存在着比较大的差异，这些差异往往是由员工不同的知识结构、文化程度、性格特征、品质修养、年龄层次以及职位工作环境所导致的。因此，员工在接受培训教育的过程中表现各异。有的员工对理论知识掌握比较快，而技能操作如酒吧调酒、餐厅摆台、客房做床等工作相对比较差，而有的员工又恰恰相反；有的员工各方面能力都优于其他员工，有的员工各方面能力都较低。心理学研究发现，员工学习能力的差异处于一种数学中的正态分布。也就是说，100位参加学习的员工中，50位处于中等水平，各有15位略高于平均值和低于平均值，有10位能力最强，另有10位能力差。

认识这一基本规律，要求培训者因材施教，因人而异。首先，要放弃使所有员工经过培训都达到同等优良水平的幻想，当员工没有达到理想目标时不必过于失望，因为部分员工培训效果不理想是一种正常现象。其次，要区分员工的不同特点如能力差异和心理差异，根据不同水平的表达能力、操作能力、记忆力、理解能力、基本功或基础知识、心理素质等，采用灵活多样的培训方法，以进一步增强培训效果。

（二）学习效果的阶段性变化规律

心理学研究发现，员工在接受培训期间，学习的效果有着明显的阶段性变化：

1. **迅速学习阶段**

员工在接受培训的最初阶段，当学习的积极性被调动起来之后，会对培训内容产生浓厚的兴趣，对新知识的好奇心会驱使员工主动思考，乐于尝试，创造性地采用各种方法来掌握知识和技术。因此，这一阶段学习效果很好，学习进展速度快。但是，这一阶段的时间是比较短暂的，一旦过去则将是一个缓慢的过程。

2. **缓慢学习阶段**

当员工初步掌握了某项工作的培训要求之后，其学习兴趣与积极性会锐减，学习进度变得十分缓慢，达到一个相对稳定的时期。在这一阶段，员工的培训效果始终在提高，但速度较第一阶段相差甚大。当然，不同心理素质的员工在这一阶段的表现是有区别的：意志坚定者会持之以恒，总以创新的方法和较高的热情迎难而上，其学习效果远优于其他员工；个别意志薄弱者会对培训产生厌恶情绪，甚至放弃培训机会。

3. **心理界限阶段**

经过较长时间的缓慢进程，员工对某项工作内容的学习会处于饱和状态，相对达到了心理界限（又称“心理高原”）阶段。如果继续按先期的方法培训，效果将不理想。

尽管由于培训内容不同，这些阶段所占时间和变化程度会有差异，但是，阶段性是比较明显的。只有充分认识这些变化，才能更好地开展培训工作。在培训过程中，应有意识地区分阶段，调整培训内容，改变培训方法将是帮助员工克服学习心理障碍的有效途径。

（三）分散性培训优于集中培训规律

心理学研究证实，人的兴趣和注意力的集中都有一定的时间界限。超过一定的时间限度，学习效果会明显下降。在员工培训过程中，特别是针对在职培训，必须注意培训的时间及节奏安排。将某项培训内容分几个阶段，短时间学习，其效果远远优于集中学习。因为，随着时间的延长，员工参加培训的兴趣会降低，其学习的精力和注意力也会分散。例如，在饭店客房服务员的入门培训中，可以将整个客房服务分为分送行李、梯口迎客、整理房间、洗衣服务、会客服务、送客服务、仪表与行为、客房设备和设施的保养等若干部分，制订培训计划，每天用半小时集中学习某项内容，逐步练习和巩固，经过一个月左右的时间，新员工就能比较扎实地掌握客房服务工作；相反，如果集中一个星期，天天学习这些内容，则效果不会太理想。

（四）以考核促培训规律

培训考核是对一段时期内培训效果的总结和评估。在员工培训中，经常考核员工的学习效果，是激励员工学习和提高学习兴趣的方法和措施。因为，考核会给员工造成一定的心理压力，员工会把培训考核结果同晋升、奖惩、自尊等方面自觉或不自觉地加以联系，从而实现“用外在的环境压力迫使其努力学习”的目的。事实上，任何一项学习的效果都会受到考核的影响。妥善安排考核的内容、时间、次数以及结果的处理会使员工加深对所学知识的理解、掌握和吸收。培训效果的考核还有利于检查员工的工作情况，便于发现不足，强化薄弱环节，终止错误，使员工更加熟练地掌握正确的工作方法。

（五）学习机制制约培训效果的规律

员工掌握知识和技能通常是运用五种基本感觉来实现的，如果员工能同时运用几种感官进行学习，便可以获得较佳的学习效果。例如，在酒吧调酒培训中，如果只是用语言和文字向员工介绍调酒配方，那么员工只能停留在浅显的感性认识阶段，绝不可能立即调制出达到标准的鸡尾酒。如果在介绍鸡尾酒的配方之后，让员工观察调酒示范，结果就会好一些；如果让员工全力投入学习——聆听、观摩、记录、品尝、尝试、辅导，员工的学习便会达到更好的效果，逐步成为合格的调酒师。

（六）自我效能影响学习动机的规律

自我效能是个人对自己完成某方面工作能力的主观评估。评估的结果如何，将直接影响到一个人的行为动机。针对员工培训而言，自我效能是员工对自己能否学会知识或技能的判断。一个自我效能程度高的受训者会全力参加培训项目的学习，即使在环境不利于学习时他们也最有可能坚持下去。相反，一个自我效能程度低的人会对自己能否掌握培训内容产生怀疑，他们最有可能由于心理或身体上的某些因素而退出培训。

针对旅游企业的员工培训，提高受训者自我效能的方法主要包括：

第一，口头说服。通过鼓励性语言使员工相信他们能胜任学习。

第二，逻辑证明。论证新任务和已完成任务之间的联系，当员工学习遇到困难时，培训者可以提醒他们曾经成功地学会了类似的事情。

第三，示范。让那些已掌握了学习成果的员工向受训者展示自己的绩效。这样可以使员工增强信心，受到同事成功的鼓舞。

第四，绩效回顾。让员工建立一个成功绩效的档案。管理者将员工安置到他们可能获得成功的岗位上并提供适当培训，员工就知道他们应该做些什么、怎么去做。

第三节　旅游企业员工培训的过程

旅游企业劳动力比较密集，员工流动性大，决定了许多员工培训项目是循环往复的周期性工作。本节讨论的培训过程以旅游企业中最为常见的在职培训为研究对象。一项员工培训从需求分析开始到效果评估结束，可以分为三个阶段，即计划阶段、实施阶段和评估阶段，这其中还包括了许多具体的工作步骤。

一、分析培训需求

旅游企业员工培训一方面可以根据人力资源工作计划定期举行，另一方面为保证培训有针对性和目的性，在实施员工培训之前，必须对培训的需求做出分析。这是整个员工培训工作的起始点，它决定着培训活动的方向，对培训的质量起着决定性作用。如果前期的培训需求分析判断出现偏差，那么培训工作很难成功。

（一）急需员工培训的表象

旅游企业在经营管理过程中如果出现以下现象，则有必要尽快组织实施有针对性的培训。

1. 顾客抱怨增多

当顾客抱怨员工对待他们的服务方式是明显错误的时候，员工所属部门应该仔细调查每个顾客的投诉，并围绕这些问题研究对策，分析问题产生的原因，讨论是不是培训不够而导致顾客不满。

2. 工作流程混乱

当员工不能和睦相处顺利合作时，有时候是因为没有对他们进行有关团队精神和关于工作衔接方面的培训，使得一些员工不知道如何继续或支持其他员工的工作。

3. 员工士气低落

当员工对自己的工作安排不满意时，就会表现出服务态度差、工作状态低迷、劳动纪律松懈，这些都是士气低落的表现，也象征着组织中职业作风低下。解决这一问题最有效的方法就是培训。员工对自己的工作了解得越全面、越深入，就越能够在工作中表现出自信心和自豪感。自信心和自豪感将有助于提高旅游企业员工的士气。

4. 损耗率上升

员工必须懂得工作中成本与收益、供应和消耗之间的相互关系。例如，饭店员工应该意识到配菜过量、低价出租客房、不小心打碎餐具等都意味着损耗，如果员工知道这些损失将影响饭店的收益，为了增加工资，他们将愿意努力减少工作中的损耗。但是，关于防止浪费和降低损耗的技术，必须通过培训才有可能应用。

5. 工作效率低下

有一些指标可用来评估员工的劳动生产率。例如，酒店餐厅服务员单位时间内盯台数量，或客房服务员单位时间内清扫的客房数。成功的管理人员应该追求员工工作量的满负荷，而分期分批地交叉培训则是提高工作效率的有效途径。

6. 过高的员工流动率

如果员工在组织中能够经常地获得新技能、新知识，他们一方面会感觉到组织对他们的重视程度，另一方面会认为在组织中有比较光明的发展前途；反之，员工会对自己的工作厌倦或失去信心，其结果就是流动率上升。因此，如果员工流失率高于行业平均水平，那就有必要检讨员工培训是否及时和有效。

（二）员工培训需求分析模型

1. 综合分析模型

综合分析模型是指从组织分析、任务分析和人员分析三个方面着手评价员工培训的需求。

在综合分析模型中，组织分析是在给定企业经营战略的条件下，决定相应的培训，即判断组织中哪些部门和哪些员工需要培训，以保证培训计划符合组织的整体目标与战略要求，为培训提供可利用的资源，同时确保管理者和同事对员工参加培训活动给予支持。

任务分析则是要确定具体职位的各项培训任务，精细定义各项任务的重要性、频次和掌握的难度，并揭示成功地完成该项任务所需要的知识、技能和态度等。

人员分析是从员工实际状况出发，分析员工现有工作状况与完成任务的要求之间的差距，鉴别培训因素及非培训因素的影响，确定谁需要培训。

综合分析模型将企业战略、培训资源等作为影响培训需求的重要因素，突出了员工培训的战略导向，展现了战略性人力资源管理的特色。

2. 培训需求差距分析模型

该模型是通过对理想技能水平和现有技能水平之间关系的分析来确认培训需求的。模型表明，只要理想状态形成，现实状态便会与之构成差距——包括现有知识程度与希望达到的知识程度之间的差距，现有能力水平与希望达到的能力水平之间的差距，现有认识、态度水平与希望达到的认识、态度水平之间的差距，现有绩效与预期的绩效之间的差距，已经达到的目标与要求达到的目标之间的差距，现实中的劳动者素质与理想中的劳动者素质之间的差距等。随之，以差距的形成而产生“培训需求”，即“培训需求=理想状态-现实状态”。员工培训的实践证实：任何培训活动都旨在消除或缩小这种差距。

3. 前瞻性培训需求分析模型

随着技术的不断进步和员工在旅游企业中个人成长的需要，即使员工目前的工作绩效是令人满意的，也可能会因为需要为工作调动做准备、为员工的职位晋升做准备或者适应工作要求的变化等存在培训的需求。前瞻性培训需求分析模型为这些情况提供了良好的分析框架。

二、确定培训目标

在确定培训目标时最重要的是做到清晰、具体，像“提高员工满意度”这种很模糊的目标，对培训是毫无意义的；而“减少员工流失率”（员工满意度的一种衡量指标）就是一个具体的目标。一般来说，清晰、具体的培训目标大都是以“描述”“完成”“做到”“认清”和“参加”等词汇开头的语句。旅游企业员工培训的目标一般可以分为结果导向型、学习型、工作行为型和反应型四种。

（一）结果导向型目标

这类培训目标的构成主要是一些可量化的工作标准或工作绩效，最终希望通过员工培训加以改进或提升。如以提高饭店前台登记入住的工作速度、减少餐厅厨房的浪费、控制部门差旅费为目标的培训都属此类。

（二）学习型目标

它是指在培训中通过传授专业知识和专业理论，最终实现受训者职业素养的改善和提高。这类培训目标最常见于管理人员培训和教室课堂培训。讲解主要客源国文化习俗方面的知识、介绍葡萄酒的品鉴知识、安排管理者学习新的管理方法等，这些培训的目标均属于学习型培训目标。

（三）工作行为型目标

工作行为型目标追求的是通过培训员工的工作技能和解决问题的技巧，最终实现员工的工作行为对旅游企业的服务水平和服务质量产生积极的影响。诸如“殷勤待客之道”“顾客投诉解决技巧”和“高效沟通”等课程的培训目标都属此类。

（四）反应型目标

反应型培训目标不会立即对旅游企业的经营管理和服务工作产生影响，而是潜移默化地改变员工对工作的认识和对企业的感情，如教员工练习瑜伽、第二外语培训和开展戒烟减肥讲座等。反应型培训目标的实现往往间接地作用于企业发展，而直接给受训者带来好处。

三、制订培训计划

在对培训需求整理、分析和确定培训目标之后，接下来需要制订一个可执行的员工培训计划，这项工作由以下环节构成：

（一）设计培训内容

设计培训内容首先要确定培训主题和先后次序。关于次序安排一般先由负责员工培训工作的专业人员起草一份提纲，然后征求受训部门主管的意见，加以修订；也可以直接与受训部门主管共同协商确定。有时需要培训的内容太多，在一定的时期内不可能全部满足，或者因为资源（人、财、物、时间、信息）不足，一些培训内容就不得不暂缓或放在次要位置上。这样，在正式制订培训计划时，就应该有一个权衡和筛选的过程，以保证培训有重点、有效果。

具体地讲，设计培训内容就是确定培训的起点，组织培训科目的顺序，规划教材和器材，确定培训时间和地点。

（二）确定培训方式和方法

这需要根据培训内容和培训对象的特点，灵活选择，以保证培训的效果。例如，是采用讲座式还是工作指导式，是对话培训还是情景培训等。一般来讲，培训内容往往决定着培训方式的选择。对于专业知识类培训，如服务礼仪、产品知识、主要客源国风俗习惯等，可以选用讲座式；对于技能性培训，如点菜服务、客房清洁等，则应考虑选用工作指导或情景分析等方式培训。

四、选定培训讲师

培训讲师的选择是决定旅游企业培训效果的关键。在一些职位上表现出色的员工或管理人员，有时候并不一定能胜任培训工作。因为一位优秀的培训讲师，除了自己熟知所要传授的知识和熟练掌握所要传授的技能之外，还应具备培训他人的良好素质和才能。

（一）培训讲师的类型

决定培训讲师水平高低的因素主要有三个方面：知识和经验、培训技巧、个人魅力。根据这三个方面的情况，可以将培训讲师划分为八种类型——卓越型、专业型、技巧型、讲师型、演讲型、肤浅型、感染型、无能型，其培训效果呈递减趋势。旅游企业要选择培训效果优秀的培训讲师来开展培训。

（二）培训讲师的自我要求

无论何种类型的培训讲师，要想获得良好的培训效果，都需要注意以下方面：明确培训的目的和要求，洞察受训者的心态，善于把握日常工作中的培训机会并及时施教，强调完成工作任务中的关键环节，善于观察并发现受训者工作中的薄弱环节，按计划实施培训，有准备地进行指导，善于利用培训器材，严格遵守培训标准，做好培训记录和检查培训效果。

（三）培训讲师的来源

旅游企业的培训讲师，应该以旅游企业内部素养比较高的管理人员或骨干员工为主；此外，专职从事旅游行业培训的外聘讲师，也是旅游企业员工培训的良好人选。这两方面的培训讲师人选各有利弊，通常强调专业性的培训应该从旅游企业内部选择培训讲师，而通用性的培训，如沟通技巧、财务知识和中外饮食习俗等课程，则可以考虑外聘培训讲师。

五、实施培训计划

培训计划的实施，实质是培训计划交由培训讲师采用一定的方法和技巧完成的过程。（其中的方法将在下一节专门介绍。）

六、员工培训评估

旅游企业员工培训的评估工作包括培训计划执行情况和培训效果评估两部分。前者主要是围绕培训时间、培训参加人和培训进度等方面，对比培训计划检查落实情况；后者则主要监控培训是否实现了预期的目标，更主要的是为以后的培训找到可改进和优化之处。

（一）员工培训评估的指标

评估旅游企业员工培训主要可以从知识、技能、反应、绩效和投资回报五个指标的成果进行考量。具体地讲，对员工培训进行评估，需要回答以下一系列问题：培训内容是否按既定计划、既定方式顺利完成？受训者掌握的程度如何？受训者实际接受的程度如何？受训者在培训后有哪些变化？受训者所在职位和部门的工作有何改观？培训投资与收益的分析结果如何？本次培训中成功与失败之处有哪些？

（二）评估员工培训效果的模型和方法

关于员工培训效果的评估，最具有代表性的观点是美国威斯康星大学教授柯克帕特里克（Donald. L. Kirkpatrick）提出的培训效果评估模型，又称“四级培训评估模型”，分别为反应评估、学习评估、行为评估和结果评估。

1. 反应评估

受训者作为培训的参加者，在培训中和培训后必然会对培训活动形成一些感受、态度及意见，他们的反应可以作为评价培训效果的依据。反应评估是在培训刚刚结束后，立即对受训者进行了解，及时掌握他们对培训内容、培训方法、培训讲师和培训地点以及时间等方面的反应，完成关于受训者对具体培训科目综合看法的分析。

反应评估的方法：培训结束之前就所需要了解的问题进行问卷调查。

2. 学习评估

这一级评估的目的是确定技能、技巧和基本概念是否已经有效地传授给受训者，他们是否已达到最低标准的熟练程度。

学习评估的方法：试卷笔试、工作行为测试和工作现场技能评估等。

3. 行为评估

受训者在培训中获得的知识和技能能否应用于实际工作，能否实现由学习成果向工作能力的转化，是评价培训效果的重要标准。经过培训后，员工的实际工作表现是对培训效果最客观的反映。行为评估就是核查受训者在参加培训后对所学内容的吸收程度，特别是在工作中对所学内容的自觉运用水平。受训者的行为评估通常在其回到岗位1~3个月后进行。评估的行为变量包括工作积极性、服务规范性、操作熟练性、分析解决问题的有效性等。在评估中，首先对受训者的工作行为是否发生了变化做出判断，然后分析这种变化是否由培训所引起，分析受训者行为变化的程度。

行为评估的方法：行为观察、培训后对受训者上级主管的问卷调查。

4. 结果评估

利用一系列数字化指标，比较研究员工培训对企业经济效益、服务水平和顾客满意度等方面的影响。培训结果评估的另一个重要内容，是评估培训费用的使用效果，即评估培训对实现组织目标的影响性质和影响程度，如对提高劳动生产率、改进服务质量、提高销售额、降低成本、利润增长等方面的影响。

结果评估主要是采取对比的方法，即培训前后有关经营数据的比较、培训成本和收益比较分析、顾客满意度变化分析。其中，培训收益分为短期收益与长期收益，短期收益体现为通过培训提高的员工工作效率，长期收益体现为员工能力和素质的改善对旅游企业发展的作用。

第四节　旅游企业员工培训的方法

一、基层员工的培训方法

（一）工作指导培训法

工作指导培训法是旅游企业中运用得最多的一种培训方法，它对培训基层员工的操作技能是非常适用的。例如，培训一名新员工如何在饭店客房部做床，或在餐厅摆台、折口布等。在工作指导培训法中，培训讲师主要用工作演示的方式来指导受训者，使受训者在较短的时间内掌握工作要领和实质。以下是工作指导培训法的主要工作程序。

1. 确定培训目标

培训讲师首先要明确培训要达到的目的是什么。培训目标将作为培训工作的“导航灯”，决定培训的整个过程。例如，在饭店客房服务员做床培训中，其目标可定为“让每位客房服务员在10分钟内，按标准流程完成两个床位的整理工作”。

2. 分解培训项目

根据培训目标，培训讲师将培训项目分解为若干步骤，区分重点、难点和一般内容，并按动作的连贯性、系统性以及节奏性安排各个环节。合理分解培训项目是确保培训顺利进行的关键。

3. 确定培训的具体程序

上述工作完成后，培训讲师还要进一步细分每一工作步骤的培训程序，其中包括时间分配、考核要点、场地布置和培训器材等。例如，在饭店客房清理培训中，除了各培训环节的时间安排之外，在场地方面，应该选择一间标准客房，需要的培训工具和物品有清洁车、布巾、玻璃杯、烟灰缸、文具、香皂、卫生纸、小水桶、干抹布、湿抹布、刷子、清洁剂和垃圾筒等。

4. 四步指导性培训

（1）讲解。培训讲师介绍工作概况和要求，了解受训者对该项工作的认识水平，说明工作的目的及重要性，提高受训者对培训的兴趣，使其能够放松自如地开始学习。培训讲师对一些工作关键点和细节要重点强调和重复，并且一次讲述的内容要适当，不要超出受训者可接受的程度。

（2）示范。培训讲师表演、示范该项工作各环节操作，力求缓慢，重点内容反复示范，每一步骤的操作都要严格按照编定的正确方法进行，允许受训者换位观察并可以随时提出问题，要做到解答详尽、耐心。培训讲师每个步骤的示范次数应不少于3次。

（3）尝试。在完成整个讲解和示范过程以后，培训讲师可以指导、监督受训者反复模仿刚才的操作，并及时纠正他们的错误。同时，可以让受训者一边操作，一边解释各步骤的操作要领和关键点，直到受训者完全领会。

（4）跟踪辅导。受训者经过反复练习，操作逐渐规范后，便可独立上岗工作，接受实践的检验。培训讲师此时可以在一旁观察、提示，辅助员工熟练掌握该项工作。这一步需要的时间最长。

（二）讲座培训法

讲座培训法是一种培训讲师以个人语言讲述为主，迅速、简捷地同时向许多受训者传递信息的培训方法。它比较适用于旅游企业基层员工的业务知识培训。采用讲座培训法，需要重点注意以下环节：

1. 培训教案的撰写

培训讲师必须撰写完整、详细的教案。教案中除了要包括培训知识之外，还应该包括开场白、讨论题、作业题等内容，以调动受训者的参与。将培训教案制作成幻灯片形式的电子课件，是讲座培训法突出培训重点、强化受训者记忆的必要手段。

2. 开场白

在正式介绍培训主题内容之前，培训讲师要首先准备一个开场白，通常包括启发兴趣，明确培训的必要性，阐明授课主题、范围以及目标等。

如果开场白组织得不好，以后所传授的知识也很难被受训者接受。开场白的主要目的是激发受训者的学习兴趣和自觉性，并且能密切培训讲师和受训者之间的关系，消除受训者的紧张感。

3. 讲授

讲授是讲座培训法的核心。培训讲师在此环节的任务是将培训的关键内容详细、完整地介绍给受训者，让受训者对所学知识有一个全面的认识、了解和掌握。为此，培训讲师在讲授时不仅要注意层次清楚、语言生动、理论联系实际，还要根据受训者的文化层次，选择容易被对方接受和理解的表达方式。

4. 提问

在讲授专业知识的过程中，培训讲师充分利用提问技巧，对受训者接受新知识是十分有益的。在培训中经常性地提问有以下作用：了解受训者已有的知识水平，检查受训者对业务知识的掌握程度，调动和鼓励受训者思考，调动受训者的学习兴趣，增进受训者之间和受训者与培训讲师之间的相互了解。

培训过程中的提问可分为三类：第一类是测试性提问，目的在于考查受训者掌握专业知识的水平；第二类是启发式提问，主要是激发受训者自行思考，培养其应用专业知识解决具体问题的能力；第三类是讨论性提问，主要是鼓励每个受训者发表自己的意见，大家共同分享培训的心得体会和收获。

（三）角色扮演法

角色扮演法的做法是，培训者将员工日常服务工作中出现的具有代表性的问题进行总结和提炼，编排成剧目，让一些服务员分别扮演客人和当班服务员，将正确与错误的服务方式分别演示，在情景再现中，让受训者深入认识和牢固掌握正确的工作方法。

角色扮演法产生实效的关键在于角色互换和员工讨论。角色互换的作用是让员工从不同的角度体验自身工作的重要性。例如，当服务员扮演客人时，就能更加深刻地体验客人的心理感受，认识到不良工作方法对顾客的伤害。在员工表演的同时，要让受训者积极参与讨论分析，集思广益，总结正确的工作方法。这样，受训者对错误工作方法的认识会更加深刻，对正确工作方法的掌握会更加牢固。

使用角色扮演法进行员工培训，比较先进的做法是将编排的有关服务工作的剧目提前拍摄成录像，将正确和错误的表现分别编辑，形成鲜明的对比。在培训中使用这种录像有许多优点：第一，培训者可以根据受训者的专业水平通过重播、慢放或快放录像内容，灵活地调整培训内容；第二，可以让受训者接触到不易解释说明的难题和事件，如各类顾客投诉；第三，受训者可以受到前后连贯一致的指导，使培训内容不会受到培训讲师个人兴趣变化的影响；第四，有时通过工作现场摄像，让受训者亲眼看见自己的工作表现，而不用培训讲师过多解释。

（四）情景培训法

情景培训是指由培训讲师提供一些工作中有代表性的情节，并假设几种解决问题的方法，这些方法的正误有一定的代表性，让受训者讨论和选择正确答案，并申述理由。最后，培训讲师再做出综合分析。

（五）对话培训法

旅游服务工作有许多是需要通过语言交流来完成的，因此员工的语言表达水平会直接影响到旅游企业的服务质量。对话培训的主要目的，就是教给受训者如何以最好的方式去运用对话处理日常服务中可能遇到的问题。

对话培训法是旅游企业员工培训的一种特有培训方法，在实际运用中应该遵循以下步骤：

第一步，在进行正式的对话培训之前，培训讲师先对培训的目的和要求做简单的说明，并解释对话背景，然后将受训者分成若干个小组以便于讨论、发言。

第二步，如果有条件，使用多媒体设备来放映对话，并把已准备好的资料分发给每个受训者；如果条件不具备，也可以只用文字资料来协助进行。

第三步，让受训者观看视频或文字资料。在观看学习的同时，思考这些对话在哪些地方存在问题，以及如何改进——在头脑中形成一个初步的改进对话的方案。

第四步，学习完既定的对话资料以后，培训讲师便开始向小组提问题，这些问题包括“对话存在哪些缺陷”“你认为这位员工所说的话正确吗”“顾客会满意吗”“与顾客这样的对话会有助于提高销售额吗”“怎样改善对话”等。

第五步，小组成员就如何提高对话质量和效果发表自己的见解。在这一过程中，培训讲师应该要求所有小组成员都参与讨论，如果有人不发言，那么培训者应该指名要求其发表自己的意见，使人人都积极开动脑筋，并感到自己为寻找正确答案贡献了一分力量。

最后，培训讲师对受训者之前的发言和表现进行点评，并就如何在特殊的情况下更好地通过语言沟通提高服务质量，总结小组意见，形成共识。

二、管理人员的培训方法

（一）训练辅导

训练辅导是一种由高级别管理者对直接下级在工作中一对一地进行培训的方法。为了顺利推行这种方法，一些旅游企业设立了经理助理职位，被安排在这种职位上的人将有机会成为其上级的接替者。这些下属除了可以近距离地观察上司的工作外，还会被分配一些需要进行决策的重要任务。作为训练顾问的经理们必须对企业的人力资源战略非常清楚，他们知道“如果不能培养出合格的接班人，自己的晋升将是无望的”，因此非常愿意与助理分享信息，并愿意花时间对下属的管理方法和工作技巧进行耐心、细致的指导。

在训练辅导中，可以适当淡化上下级关系，转而强调建立“教练与学员”的关系。旅游企业人力资源部门必须为这种方法的应用制订必要的计划和评估标准，这样才能保证训练辅导的有效性。

（二）经营游戏

通过模拟企业经营实况的情境及所产生与衍生出的问题，来训练管理人员分析环境信息、处理群体关系以及制订决策的能力，这就是经营游戏，又称管理游戏。

通常，经营游戏的培训对象被分为几个小组，组成一个旅游市场中的两个或两个以上虚拟的竞争企业，并在小组中分配给参与者一定的角色，如总经理、总会计师、营销副总经理、运营总监等。他们以追求企业价值最大化为其持续努力的目标，仔细分析来自企业内外所有可能的数据资料和各种正式、非正式的信息，做出各自的判断，经过不断的讨论磋商、会议协调等反复集体决策的程序，最终获得代表企业现阶段经营方向的一组数字或文字形式的决策值（如旅游产品的价格水平、营销策略、服务模式等），并将各虚拟企业的决策值投入到产业环境。在相互竞争中，市场状况即刻产生变化，各虚拟企业盈亏立现，在力求保持或改善公司现有市场优劣势的期望下，进入下一个决策程序，如此周而复始，最后培训讲师根据胜负决定标准（或期末所有者权益、投资报酬率）判定企业经营绩效。

这种学习方式最佳之处在于，如果一项耗资1000万元的投资决策最终失败，没有人会被解雇，培训课程仍将继续下去。采用经营游戏培训一般需要有比较强大的计算机信息管理系统做支持，且对受训者的个人素质也有比较高的要求。因此，这种培训方法比较适合于大型旅游企业高级管理人员的培训。

（三）案例研究

案例研究是指将某一时期或某一特定环境下，企业经营管理活动中发生的具有代表性的事件，加工整理成文字材料，交给受训者学习、分析，让他们诊断并发表个人意见的培训方法。这种培训方法的目的在于为受训者提供一种判断和分析复杂问题的真实经历。通过对案例进行讨论研究，受训者可以学到许多种分析和解决复杂问题的方法，同时对这些方法的得出途径也有深刻的认识，这种认识对今后的管理实践会有很大帮助。

为了使案例研究更具有针对性，最好使用受训者所在行业的真实案例，这将有助于受训者理解案例的背景，并把所学到的知识和方法用于对实际问题的解决。在运用案例研究进行培训时，培训讲师一般要求受训者先以小组的形式进行讨论，然后集体对案例进行分析，并找出解决的办法。

（四）头脑风暴法

头脑风暴法又称智力激励法，是一种激发创造性思维的集体培训方法。头脑风暴法通过会议的形式，让所有参加者在自由愉快、畅所欲言的气氛中，相互陈述、提问和追问，自由交换想法或点子，不断进行思想碰撞，激发与会者的创意及灵感，以产生更多富有创意的方法。头脑风暴法的培训目标是培养参加人员的创新能力，激发他们的创造性思维，以得到创新性的构想。

通常，采用头脑风暴法时不需要培训讲师，只需要明确讨论小组的负责人。小组负责人的作用是保持讨论正常进行并避免某些人的观点偏离主题。头脑风暴法的培训内容一般根据旅游企业的需要来确定，如促销方案、新产品定价策略等需要大量创新构想的课题。学习和掌握这一方法，不仅能培养管理人员的创新意识，还能提高工作效率，塑造一个富有创新精神的工作环境。

（五）处理文件训练

处理文件训练是指将通常堆满经理办公桌的各种文件，如备忘录、请示、报告和电话记录等交给受训者处理的一种模拟培训方法。所提供的文件没有条理性和规律，所涉及的问题有些需要紧急处理，有些需要常规处理。处理文件训练要求受训者学习如何处理这些文件中包含的各种主要信息。采用这种培训方法，主要目的是培养受训者养成一种工作习惯，即首先要对各种情况安排好处理的先后顺序，然后再对每种情况进行决策。

（六）工作轮换

工作轮换是一种让受训的管理者从一个部门到另一个部门轮换工作，以丰富其工作经验并发现其优势和不足的培训方法。这种方法可以使受训者对整个旅游企业的各部分业务都有充分了解的机会。

为了确保这种培训方法的成功，一般要注意以下几点：

首先，要讲求适用性，要根据受训者的需要和能力来确定合适的培训内容，而不是规定一个职位范围让所有的受训者轮番去尝试。也就是说，安排培训内容时，要在考虑旅游企业工作需要的同时，结合受训者的职业兴趣、工作能力及其职业生涯发展方向。

其次，要注意灵活性，主要是对受训时间的规定要有灵活性。对每位受训者在每一职位上所停留的时间，要根据实际情况做出相对灵活的规定，其所需要时间的长短，主要取决于受训者对相关知识掌握速度的快慢。

最后，一定要跟踪检查受训者的工作情况，并及时向受训者反馈检查结果。采用工作轮换对管理人员进行培训，在任何情况下都不应该使受训者感到被忽视或被遗忘，否则对员工个人的工作信心和培训目标的实现都不利。

【复习思考题】

1. 旅游企业员工培训有什么特点？
2. 员工培训的规律主要有哪些？
3. 如何分析员工的培训需求？
4. 四级培训评估模型中各级评估的重点是什么？
5. 管理人员的培训方法分别适用于旅游企业中哪些具体培训科目？

【案例分析】

国际饭店管理集团的人才培训

万豪国际酒店集团（以下简称“万豪”）的总部设在美国首都华盛顿，曾经连续六年被《财富》杂志评为100家员工最喜欢的公司之一。万豪的员工培训很有特色，公司规定每天每位员工都有15分钟的培训。万豪给旗下各酒店品牌总结出了20个基本习惯，要求员工每天都温习1个习惯。万豪认为，人如果是按照习惯来提供服务，将会更自然、更顺畅。公司规定经理每年必须有40小时的培训时间，并且专门为之设计了核心管理课程，这些课程是由酒店服务业所需的9个主要技能发展出来的，而万豪规定普通员工一般每年也要有20~30小时的培训时间。

2007年万豪和上海师范大学旅游学院、上海旅游高等专科学校达成协议，以加强酒店管理人才培养的教学与实践合作、推进企业管理文化交流、增进相互了解和支持。协议包括学校从每年的入学新生中，选择组建以“万豪班”冠名的酒店管理、财务管理和烹饪专业本、专科教学班。学校将根据自身教学计划，提前制订万豪承担课程的计划和内容，并指定专人负责组织与管理。万豪则制订相关部门的年度实践培训计划供学校参考。万豪的专业管理人员还作为学校的客座讲师，教授专业理念及实践操作知识，为学生们开设企业文化、人才需求、企业发展规划及具有现代酒店培训特色的实践教学课程。在实习合作方面，万豪定期为学生提供酒店服务和管理的体验见习。万豪在举办大型国际活动或者宴会期间，为学生们提供实践的机会。对于实习成绩合格的学生，万豪优先录用并签订就业协议。

希尔顿酒店集团（以下简称“希尔顿”）拥有自己的在线学习平台——希尔顿大学。一项针对希尔顿员工做的调查发现，员工获得在该平台接受培训的机会将有助于他们保持较高的企业忠诚度。调查人员对希尔顿在全球范围内的1500名员工进行了取样。40%被访者表示能够得到培训机会是自己继续留在希尔顿工作的主要因素。49%被访者表示，虽然这不是最主要的原因，但能够有机会接受职业培训对于他们来说非常重要。世界各地的希尔顿员工都能够通过希尔顿大学参加广泛的培训活动。其中包括skill soft公司的550个电子学习课程（涵盖运营技能、专业技能以及IT技能等）、Books24x7公司的电子参考文档（管理、运营以及技术方面的畅销书和参考资料）、在线导师和虚拟课堂。

2005年4月1日起，香格里拉酒店集团（以下简称“香格里拉”）与康奈尔网络学院合作，首次为公司管理层员工提供在线远程培训。这个培训计划在此后的5年中为香格里拉集团提供3000个在线职业发展机会。学员从57门课程中任选并完成规定的五个方面的课程（包括人力资源管理、管理学基础、酒店及食品服务管理、战略管理和财务管理），就可以获得康奈尔网络学院颁发的证书。在完成一系列其他相关课程之后，学员还将获得由康奈尔大学颁发的证书。在线培训计划为员工提供了一个可以高度灵活安排学习时间的拓展自身知识的平台。这项员工职业发展计划对公司在全球范围内的拓展计划来说至关重要。

香格里拉酒店十分重视雇用那些工作态度好、有发展潜力的员工，并为他们提供必要的技能培训。集团每年至少投资员工工资总额的2%用于培训与发展。在中国，香格里拉旗下每个酒店都会给员工进行英语培训，而这种培训会根据公司上下不同级别、不同部门的员工专门制订系统的培训进程。各个部门有不同的英语需求，香格里拉一般会请来几名全职英语教师，让他们先同部门主管沟通，然后根据需求专门制订培训计划。该集团在北京还设有一个香格里拉学院，提供一些证书类学习课程，如英语、前台、餐饮服务、厨政、客房服务等，也有高级人员的培训证书。这些证书将在所有香格里拉饭店内通用。

分析题：

1. 请根据上述材料，比较万豪国际酒店集团、希尔顿酒店集团和香格里拉酒店集团在员工培训方面的相似点和差异点。

2. 三家国际酒店集团在中国开展业务的过程中，其员工培训工作还有什么需要改进的地方？

3. 未来连锁旅游企业员工培训将呈现怎样的发展趋势？

第五章

旅游企业员工的绩效管理

导言

本章应围绕“为什么要进行绩效管理、企业如何进行员工绩效管理、如何解决员工绩效管理中容易产生的问题”展开学习。

【学习目标】

1. 掌握绩效管理的概念，了解绩效管理的内容、目的和作用。
2. 掌握旅游企业绩效考核常用方法。
3. 熟悉绩效考核程序，解决并描述在绩效考核中需要注意避免的一些问题。
4. 能够对绩效考核的结果加以运用和管理，进行一次有效的绩效考核面谈。

【导入案例】

天龙航空食品公司的绩效考评

罗芸在天龙航空食品公司担任地区经理快一年了。她分管的10家供应站，每站有1名主任，负责向一定范围的客户销售和服务。天龙公司不仅服务于航空公司，也向成批订购盒装中、西餐的单位提供所需食品。天龙公司帮助所有有购买需要的厨房工作人员采购全部原料，并按客户要求的规格，烹制订购的食品。供应站主任要负责订计划、编预算、监控分管指定客户的销售服务员等活动。

罗芸上任的第一年，主要是巡视各供应站，了解业务情况，熟悉各站的所有工作人员。通过巡视，她收获不少，也增加了自信。罗芸手下的10名主任中资历最老的是老马。老马只念过一年大专，后来就进了天龙，从厨房带班长干起，三年前当上了如今这个供应站主任。

通过近一年的接触，罗芸了解了老马的长处和缺点。老马很善于和他重视的人包括他的部下和客户们搞好关系。他的客户都是“铁杆”，三年来没一个转向天龙的对手去订货的。他招来的部下，经过他指点培养，有好几位已被提升，当上其他地区的经理了。不过他的不良饮食习惯给他带来严重的健康问题，身体过胖，有心血管病和胆囊结石，使他这一年里请了三个月病假。其实医生早给过他警告，他却置若罔闻。再则，他喜欢表现自己，做了一点小事，也要来电话向罗芸表功。他给罗芸打电话的次数，超过另9位主任的电话数总和。

由于营业扩展，已盛传要给罗芸添一名副手。老马已公开说过，站主任中他资格最老，他觉得这地区副经理非他莫属。但罗芸觉得老马若来当她的副手，真叫她受不了，两人管理风格太悬殊；再说，老马的行为准会激怒地区和公司的工作人员。正好年终考核要到了，公正地讲，老马这一年的工作，总的来说，是干得挺不错的。天龙的年度考核表总体评分是10级制：10分为最优；7~9分为良，只是程度有所不同；5~6分为合格、中等；3~4分为较差；1~2分最差。罗芸不知道该评老马几分。评高了，他就更认为该提升他了；评低了，他准大为光火，会吵着说对他不公平。

老马自我感觉良好，觉得跟别的主任比，他是鹤立鸡群。他性格开放豪迈，爱去造访客户，也爱跟手下人打成一片，他最得意的是指导部下某种新操作方法，卷起袖子亲自下厨，示范手艺。跟罗芸谈过几次后，他就知道罗芸讨厌他事无巨细，老打电话表功，有时一天两三次，不过他还是想让她知道自己干的每项成绩。他也知道罗芸对他不听医生劝告、饮食无节制的看法。他为自己学历不高但成绩斐然而自豪，觉得这副经理就该提他，而这只是他实现更大抱负过程中的又一台阶而已。

考虑再三后，罗芸给老马的考核总体分评了个6分。她觉得这是有充足理由的，因为他不注意卫生，请病假三个来月。她知道这分数远低于老马的期望。但她要用充分理由来坚持自己评的分。然后她开始考虑给老马各考评维度的分项分数，并准备怎样跟老马面谈，向他传达所给的考绩结果。

第一节　员工绩效管理概述

一、绩效与绩效管理

（一）绩效

绩效一般是指完成工作的效率和效能。具体讲是员工在考核期间内的工作表现和业务成果，是其能力在一定环境中表现的程度和效果，是其在实现预定工作任务的过程中所采取的行为及这些行为的成果。绩效可以从以下两个方面来表述：一方面，绩效是员工所做的工作中对达到企业的目标具有效益、具有贡献的部分；另一方面，绩效是个人知识、技能、能力等一切综合因素通过工作而转化为可量化的贡献。

绩效的好坏不仅取决于个体的主观努力，还深受组织文化、战略、时间、评定者与被评定者的关系以及工作环境的影响。作为主观努力和客观限制条件共同作用的结果，绩效具有多重性、多变性、多样性的特征。

（二）绩效考核

绩效考核，简称考绩，又称绩效考评、绩效评价等，它是对员工的工作行为与工作结果全面地、系统地、科学地进行考察、分析、考核与传递的过程。绩效考核在本质上就是考核组织成员对组织的贡献，或者对组织成员的价值进行评价。它是管理者与员工之间为提高员工能力与绩效，实现组织战略目的的一种管理沟通活动。

由于绩效考核本身不是目的，而是手段，因此其概念的外延和内涵应该随经营管理的需要而变化。从内涵上说，就是对人与事的评价：一是对人及其工作状况进行评价；二是对人的工作结果，即人在组织中的相对价值或贡献程度进行评价。

从外延上说，就是有目的、有组织地对日常工作中的人进行观察、记录、分析和评价。有三层含义：

第一，从企业经营目标出发进行评价，并使评价以及评价之后的人事待遇管理有助于企业经营目标的实现；

第二，作为人力资源管理系统的组成部分，运用一套系统的制度性规范、程序和方法进行评价；

第三，对组织成员在日常工作中所显示出来的工作能力、工作态度和工作成绩进行以事实为依据的评价。

但在传统的人事管理中，绩效考核只停留在获取员工的工作绩效的相关信息这一层次上，只注重个人评价和奖励的分配过程，是“立足现在看过去”的一种考核方法。而在现代人力资源管理中，绩效考核中的工作信息收集只是考核过程的一个步骤，关键在于信息如何以企业需求为衡量标准来及时反馈给员工，不断改进绩效。所以现代人力资源管理的绩效考核是“立足于现在看将来”的一种考核方法。现代人力资源管理理论将绩效考核上升为一种重要的管理方法，提出了绩效管理这一概念。

（三）绩效管理

绩效管理就是管理者通过一定的制度与方法，确保组织及其子系统（部门、工作团队和员工个人）的绩效（工作表现和业务成果）能够与组织的战略目标保持一致并促进组织战略目标实现的过程。它的实质是通过持续动态的沟通真正提高绩效、实现组织的目标，同时促进员工发展。绩效管理是企业管理控制系统中的一个子系统。一般包括以下内容：

1. 绩效计划制订

绩效计划是在明确上期绩效的前提下，以企业战略目标为导向，管理者和员工探讨在该绩效考核期内应履行的工作职责、各项任务的轻重缓急、预期达到的工作效果、衡量绩效的标准、员工的自主权限、可能遇到的障碍及解决方法等问题并达成协议。其作用在于帮助员工找准路线，认清目标。绩效计划是整个绩效管理体系中重要的前期控制环节。

2. 绩效实施与监控

计划实施过程中存在诸多变量，员工在工作中可能遇到意料之外的困难。为确保绩效目标的顺利完成，需要监督人员在监控绩效进展情况中及时发现问题，并给予帮助，必要时对绩效计划进行相应调整。

3. 绩效考核

根据绩效计划拟定的指标和标准，采用合理的评价方法，对员工的绩效进行考核。

4. 绩效反馈沟通

绩效反馈沟通在绩效管理系统中是非常必要的，通过与被考核者的沟通，被考核者能够了解绩效管理者对自己的期望，了解自己的业绩完成情况，认识自己有待改进的地方。

5. 绩效结果应用

绩效反馈沟通完成后，便有一个完整的管理者、员工双方都认可的考核结果。绩效结果可以为企业的薪酬调整、员工培训与开发、职位调整提供依据。

6. 绩效改进

确认绩效的不足，制订有针对性的改进计划和策略。

绩效管理流程如图 5.1 所示。

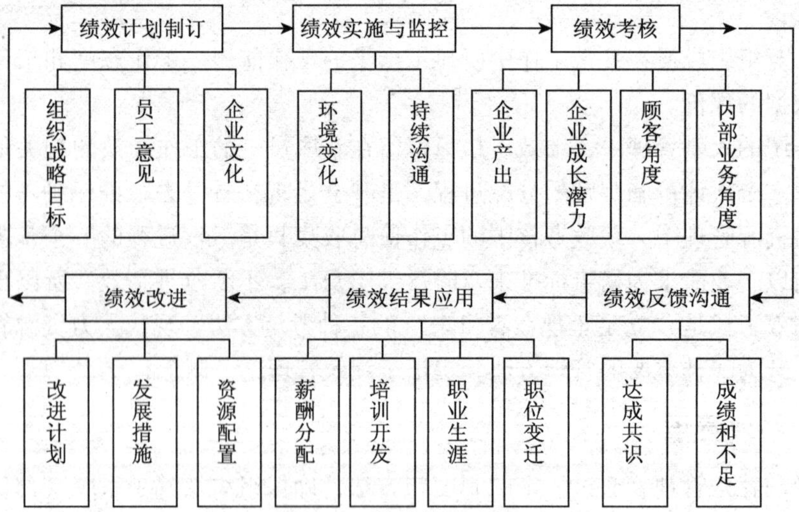

图 5.1 绩效管理流程

二、员工绩效管理的目的与作用

绩效管理要明确指出员工应具有何种能力，应以何种态度完成何种业绩，并为员工个人的全面发展提供信息和依据。绩效管理的目的和作用表现在很多层面。

（一）为人事决策提供依据

1. 培训、发展、招聘

企业可以根据考核结果发现员工的优缺点和潜能，并以此为依据给予员工适当的训练，以强化优势，改善不足，挖掘潜能，还可以确定在招聘员工时应重点考察的知识、能力、品质等。

2. 员工的调迁、升降、淘汰

企业会重点培养并提升表现佳、潜能高的员工；对表现欠佳的员工，企业会找出问题的症结，既改善组织管理方面存在的问题，又改善员工绩效。

3. 薪酬管理

在现代企业管理中，报酬与员工的工作绩效密切挂钩，报酬已经成为对员工进行激励和约束的因素。对员工绩效进行考核，便于根据员工的表现，制订合理的薪酬，既使员工感到公平和满意，又能激发员工的积极性。

（二）促进上下级沟通

在对员工的绩效管理中，上下级之间不仅可以通过对考核结果的交流、申诉和反馈，促进双方的沟通和理解，有利于营造融洽的工作气氛，减少不必要的误会，而且上级在针对员工绩效提升进行的辅导培训过程中，更增强了双方的沟通与交流，增进了彼此的友谊。

（三）强化组织目标与个人目标的联系

绩效管理是将企业的战略目标分解到各个业务单元，并且分解到每个人，因此对每个员工的绩效进行管理、改进和提高，从一开始就保证了员工个人的绩效目标与组织的目标一致。

现代绩效管理理论关注员工发展，绩效管理的主要目的之一便是通过与员工的充分沟通，在实现组织绩效的过程中充分关注员工意愿，根据考核结果对员工将来的发展制订计划，进而达到员工发展的目的。

（四）有利于企业提高科学管理的水平

绩效管理可以检查管理人员的工作成效，以便找出工作中的薄弱环节，从而加强管理以达到部门的目标与要求。绩效考核还可以促使管理层更妥善地安排员工的工作，量才用人，从而改善部门的管理状况，使各项业务得以顺利开展。

（五）减少法律纠纷

绩效考核记录也为企业日后可能遇到的法律纠纷提供可靠的依据。员工的招聘和解聘常常会给企业带来官司。作为企业，必须能够提供证据证明企业不录用及解聘某些员工不是出于歧视，而是由于实际工作的需要。

三、旅游企业员工绩效管理的特点与地位

（一）旅游企业员工绩效管理的特点

旅游行业是人与人密切接触的行业。在饭店住宿过程中，顾客要与服务员密切接触（目前出现的“无人自助型饭店”只是少数）；在旅游过程中，旅游者要与导游、司机、乘务员密切接触；在旅行社里，旅游者要与旅行社工作人员密切接触。加上旅游产品的无形性，旅游者对旅游企业的满意程度不仅取决于其“显性利益”的获得程度，还取决于其“隐性利益”的满足程度。员工的服务态度、主动服务意识、灵活性、及时反应能力等是决定顾客“隐性利益”满足程度的关键因素。了解顾客满意因素中的关键因素，有助于对旅游企业战略目标的进一步分解，对于确定与顾客有着密切接触机会的岗位职责设计以及员工绩效考核有着重要意义。

服务的密切接触性和旅游企业战略目标的特殊性，决定了旅游企业员工特别是直接面对顾客的员工岗位职责的特殊性，具体表现在：服务意识在岗位职责中具有十分重要的地位，服务授权可以给予员工更多服务机会，人际沟通能力十分重要。

对一个职位的任职者进行绩效管理应该设定哪些关键绩效指标，往往是由其关键职责决定的。对旅游企业岗位职责特殊性的理解对绩效管理有着重要意义。

（二）旅游企业员工绩效管理的地位

1. 绩效管理是对旅游企业战略的执行

绩效管理是将企业的战略目标分解到各个业务单元，进而分解到每个人，因此对每个员工的绩效进行管理、改进和提高就是对旅游企业整体绩效的管理、改进和提高，就是对企业战略目标的管理，旅游企业绩效管理的有效程度就是企业战略执行的程度，绩效管理是对旅游企业战略的执行。

2. 绩效管理是旅游企业人力资源管理的核心

从绩效管理在人力资源管理系统中的位置看，旅游企业员工绩效管理和人力资源管理与开发中的工作分析与职位设计、薪酬管理、员工招聘、培训与开发、员工职业计划都有密切关系，在整个系统中居核心位置。

第二节　员工绩效考评的方法与流程

一、绩效考核的方法

绩效考核方法是指对员工绩效考核中使用的技术手段。目前企业使用的方法有很多，每种方法各有优缺点，现介绍一下旅游企业常用的考核方法。

（一）比较法

1. 简单比较法

考核人员按绩效表现从好到坏的顺序依次给员工排序，在全体员工中挑选出最优秀的排在首位，再选出次优的排在第二位，依次类推，直到把最差的排在末位。这种绩效表现既可以是整体绩效，也可以是某项特定工作的绩效。该方法的主要缺点是员工之间差别的程度并无很好的衡量尺度。此外，若参加比较的人太多，其结果往往缺乏真实性。

2. 交替比较法

交替比较法是指根据一种或多种特征要素来对员工进行从绩效最好到绩效最差的排序。一般来说，从员工中挑出绩效最好和绩效最差的人往往比较容易，因此交替比较法是运用最为普遍的绩效考核方法之一。它分以下几个步骤进行：首先，列出所有需要接受评价的下属人员名单，将其中自己并不是很熟悉的因而无法对其做出评价的人的名字剔除。然后在如表 5.1 所示的表格上标注出，在被评价的某一特征方面，表现最好的员工是哪一位，表现最差的又是哪一位。接着，在剩下的员工中挑出表现最好的和最差的，依次类推，直至所有需要接受评价的员工都比较完毕。

表 5.1　交替比较排序评价

交替比较评价表

所依据的特征要素：________________

针对所要评价的每一种特征要素，列出需要加以比较排序的所有员工的姓名。将绩效水平最高的员工的姓名列在第 1 行的位置上；将绩效水平最低的员工的姓名列在第 20 行的位置上。然后，将绩效次最好的员工的姓名列在第 2 行的位置上，将绩效次最差的员工的姓名列在第 19 行的位置上。将这一交替比较排序继续下去，直到所有员工的姓名都被列出。

绩效水平排序最高的员工

1. ________________	11. ________________
2. ________________	12. ________________
3. ________________	13. ________________
4. ________________	14. ________________
5. ________________	15. ________________
6. ________________	16. ________________
7. ________________	17. ________________
8. ________________	18. ________________
9. ________________	19. ________________
10. ________________	20. ________________

绩效水平排序最低的员工

3. **配对比较法**

配对比较法，又称两两比较法，这种方法要求根据每一种特征要素（如工作数量、工作质量或创新性等）将每一位员工与其他所有员工进行配对比较。此法比交替比较法更为精确。

假定需要对5名员工进行绩效考核，那么在运用配对比较法时，首先应当绘制出如表5.2所示的图表，然后针对每一种特征要素，将可能出现的所有员工配对情况都列举出来。接下来，针对每一种特征要素，将一个配对中哪位员工的表现更好、哪位员工的表现更差标注出来（分别用“+”和“-”表示）。最后，再将每一位员工得到的“+”的个数进行加和。该方法的优点是考虑了每一个员工与其他员工绩效的比较，更加客观。缺点是如果需要考核的人数很多，则需要做比较的次数将会非常多，工作量太大。

表5.2　配对比较法评价

“工作质量”特征

被比较对象	被评价员工排位：A	B	C	D	E
A		+	+	—	—
B	—		—	—	—
C	—	+			—
D	+	+	—	+	
E	+	+	+	—	+
		↑			

在这里 B排在最前面

“创造性”特征

被比较对象	被评价员工排位：A	B	C	D	E
A		—	—	—	—
B	+		—	+	+
C	—	+		—	+
D	+	—	+		—
E	+	—	—	+	
	↑				

在这里 A排在最前面

4. **强制分配法**

强制分配法，也称正态分布法，其理论依据是数理统计中的正态分布概念。在使用这种方法时，需要按照一些预定的比例将被评价者划分到几个不同的绩效等级中，每一个绩效等级中的人员百分比并不要求一定是对称的。强制分配法是不尽合理、不通人情的，如高绩效的团队必须裁掉10%的员工，而低绩效的团队却仍然能够保留90%的员工。

正因为如此，企业毫无疑问需要小心谨慎地确保这种评价方法不会被管理者滥用。为避免这种考核方法受到员工的抱怨，管理者需要采取一些措施。例如，指定一个审查委员会对绩效排序靠后的员工进行复核，通过培训让评价者了解怎样才能保持客观性，考虑在运用强制分配法时利用多位评价者来进行评价。此外，强制分配法在实际使用中应引入更多的灵活性。

（二）行为法

1. 关键事件法

员工的某一行为对企业效益产生重大影响时，主管或负责考核的人员应该将之记录下来，该类事件便被称为关键事件。关键事件记录如表 5.3 所示。采用这种考核方法时，必须对从上次考核到本次考核这一整段时间内发生的关键事件及时做好记录，包括正反两方面的事件，然后每半年左右，主管或负责考核的人员和被考核对象在关键事件的基础上，共同讨论后者的工作绩效。

关键事件的收集与记录为管理人员提供了一些关于员工的优良绩效和不良绩效的实例，从而便于管理者向下属人员解释绩效考核的结果。同时，具体的实例可以帮助下属员工更清楚地知道可以通过哪些事情来消除自己的绩效缺陷。

该方法的优点是特别有利于认定员工的优点、缺点和潜能，而且在制订绩效改进计划和培训计划方面也非常有效。缺点是如果考核者不能十分了解并长期观察员工的工作行为，同时又不能做到客观公正，那么考核就会有误差，员工会无法接受。

表 5.3 关键事件记录

姓名：

项目	日期	观察到的事件
遵从上级领导		
工作质量		
提出建议		
……		

主管签名： 日期

说明：根据各项指标填写员工好的和差的事件

2. 等级鉴定法

等级鉴定法应用最广泛、历史最悠久。等级鉴定表通常包括几项有关的考核项目，如对一家旅游企业的中级管理人员的工作绩效进行考核时，一般的考核项目有：政策水平、责任心、决策能力、协调能力、应变能力、社交能力等。对每项设立评分标准，并规定其权重，最后把各项得分加权相加，即得出每个人的绩效评分。需要特别注意的是，每项考核项目都不应是对员工个性的评价，而应是对员工工作的行为方式的评价。等级鉴定表如表 5.4 所示。

表 5.4　等级鉴定

姓名：

考核因素	考核标准					考核结果（优、良、中、可、差）
	优	良	中	可	差	
工作知识	掌握工作的所有知识	掌握工作的几乎所有知识	掌握工作的基本知识	了解工作的一般知识	工作知识很少	
工作质量	非常准确且有条理	很少出差错	工作一般能符合要求	工作经常不符合要求	工作很少达到质量标准	

说明：选择影响员工工作的关键因素作为考核因素

3. 目标管理法

目标管理法的实质就是考核人员与员工一起讨论和制订员工在一定考核期内所需要达到的绩效目标，同时还要确定实现这些目标的方法步骤。这种方法常用来考核经理层，因为该方法能够最大限度地保持个人与组织目标的一致性。目标经过贯彻执行后，到规定的考核期末，由双方共同对照原定目标来测算实际绩效，找出成绩和不足，然后再制订下一个考核期的绩效目标，如此不断地循环下去。目标管理考核表如表 5.5 所示。

表 5.5　目标管理考核

姓名：　　　　　　　　　　　　考核时间段：

考核目标	标准	目标现实状况		实现目标方法
		目标要求	实现状况	
1. 服务质量	顾客赞扬次数	2 次	由 1 次增加到 3 次	提高外语口语水平
2. 团队精神	与同事争执次数	1 次	由 2 次减至不再发生	提高自我控制能力
3. 工作纪律	迟到次数	不再发生	仍然迟到一次	改变交通工具或提早上班出发时间
……	……	……	……	……

考核主管：　　　　　　　　　　　　　　日期：

实施目标管理有四个步骤：

（1）目标设定。管理者分别为组织、组织内各个部门、各个部门的主管人员以及每个员工制定具体的工作目标。这些目标常用营业额、利润、竞争地位或企业内人际关系来表示。个人目标的完成应有助于组织战略目标的实现。

（2）规划。管理者审议每个员工过去的工作，并通过与员工的共同工作来认清达到目标的潜在障碍，进而设计战略克服这些障碍。然后为员工逐一确定考核期的目标，规定员工在限定的时间内要完成的工作绩效。

（3）分段检查。经常进行进度检查，衡量现状与期望的目标之间的差距，找出组织里存在哪些可能影响员工绩效的因素以便帮助员工达到目标。需要强调的是，管理者不要替员工去做属于员工职责范围的事情，这样不仅降低工作效率，影响正常工作的进行，而且压抑了员工的工作积极性。明智的做法是给员工支持，增加其对达到目标的信心。

（4）评价。依据标准来评价员工目标的完成情况，并且弄清如何才能完成没有实现的目标。在此过程中，管理者应该请员工共同参加，并做出应变措施。然后，为下一个阶段的工作制定目标。那些能够出色完成目标的员工应该在下次更多地参与到目标的制订中。

目标管理法是当今世界上较为流行的一种管理方法，它使员工知道期望于他们的是什么，从而把时间和精力投入到能最大程度实现重要的组织目标的行为中去。因此它被普遍地运用于对专业人员和管理人员的考核上。当然，这种方法也存在一些问题，主要有：虽然使员工的注意力集中在目标上，但它没有具体指出达到目标所要求的行为；目标管理倾向于短期目标，即能在每年年底进行测量的目标，这种行为可能损害长期目标的实现；为所有人员建立具有同等难度与足够挑战性的目标是非常难做到的，绩效标准因员工不同而不同；目标管理中目标的实现可能部分地归因于员工不可控制因素，从而很难利用目标的实现与否来考核员工的绩效。

4. 360°绩效考核法

360°绩效考核又称全方位绩效考核，它是从上级、下级、同事、自我、客户全方位收集评价信息，从多个视角对员工进行综合绩效考核并提供反馈的方法。每个考核者站在自己的角度对被考核者进行考核，这种多方位的考核，可以避免一方考核的主观武断，增强绩效考核的信度和效度。

（1）上级考核。这里的上级是指被考核员工的直接主管，通常也是绩效考核中最主要的考核者。好的主管比其他人更了解下属的工作和行为表现，因此也最有发言权。上级考核的优点有：有机会与下级沟通，了解下级的想法，更好地发现下级的潜能；考核可以与奖罚、加薪、升迁等结合。但是上级考核也有弊端：上级的考核常常难以控制方向，有可能沦为说教式的单项沟通；由于考核有可能与奖罚等内容结合，而上级又掌握着这种奖罚权，被考核的下级往往会感受到压力和威胁，心理负担较重；作为考核者的上级，如果缺乏考核的必要训练和技巧，考核的结果就不能反映真实的情况。

（2）下级考核。下级对上级的考核一般不常用，但它对企业民主作风的培养起着重要的作用。下级考核的优点有：能够起到一定的权力制衡的作用；下级能够帮助上级完善其领导方式，发挥其领导才能，使工作更有效。当然这种考核方法也有其弊端：为了避免报复，下级在考核中往往不敢实事求是地表达真实想法，甚至会夸大上级的优点；上级并不真正重视下级对他的考核，考核结果只是一纸空谈。

（3）同事考核。同事是与被考核者朝夕相处的人，对被考核者观察最深入、了解最透彻。因此，同事考核的最大优点是全面而真实，避免直属领导的偏见，当然这是建立在同事采取实事求是的态度进行考核的基础上的。同事考核的缺点是同事往往顾及个人交情而使考核结果脱离实际，此外，同事之间如果出现利益之争也会使结果脱离实际。

（4）自我考核。自我考核是由员工本人对自己的绩效做出的评价，尤其是设立目标时鼓励员工参加，会使员工更加明确目标，在工作中就会更有积极性。它是众多考核法中最轻松的一个，考核双方都不会感到压力；它能增强员工的参与意识。自我考核的弊端也是显而易见的：考核者常常把自己的绩效高估。

（5）客户考核。客户是旅游企业外部人员，因此考核会更加真实公正。但是客户考核很难操作，只适用于考核那些与客户接触较为紧密的员工，如导游员、宾馆服务人员等。其优点有：客户考核较为客观公正；能够使企业强化以顾客满意度为导向的观念；使企业更重视其公众形象。客户考核的弊端在于：难以操作，这是由于不同客户的考核标准不同所造成的；由于客户不属企业管理，所以难以命令其完成考核，只能说服或邀请其配合，这当然是一项费时费力的工作。

360°反馈评价的主要目的，是服务于员工的发展，而不是对员工进行行政管理。实践证明，当它用于不同的目的时，同一评价者对同一被评价者的评价会不一样；反过来，同样的被评价者对于同样的评价结果也会有不同的反应。当360°反馈评价的主要目的是服务于员工的发展时，评价者所做出的评价会更客观和公正，被评价者也更愿意接受评价的结果。当360°反馈评价的主要目的是进行行政管理，服务于员工的提升、工资确定等时，评价者就会考虑到个人利益得失，所做的评价相对来说难以客观、公正，而被评价者也会怀疑评价者评价的准确性和公正性。因此，当旅游企业把360°反馈评价用于对员工的行政管理时，一方面可能会使得评价结果不可靠，甚至不如仅仅由被评价者的上级进行评价，另一方面，被评价者很有可能会质疑评价结果，造成企业人际关系紧张。

当然，把360°反馈评价用于对员工的行政管理也是可以的。但这样做的时候，一定要注意事先向员工解释清楚。不要在开始评价的时候，告诉员工评价结果将用于员工的发展，而在评价过程中或者评价之后再告诉员工评价结果将用于对员工的行政管理，否则就会使员工对管理层的信任大打折扣。同时，要调查了解旅游企业内部员工之间的信任程度。如果企业内部员工的互相信任程度比较低，最好不要引进360°反馈评价对个体员工进行评价，这种方法在那些开放程度高、员工参与气氛浓、职业发展体系完备的组织中效果比较理想。

使用360°绩效考核法收集信息的成本过高，而且从不同渠道获得的信息也需要花费大量的时间去分析，还应该注意的是要衡量好各个方面的权数。

5. 平衡计分卡法

平衡计分卡法最初用于对部门的考核，近年来国内外的一些企业将其用于对员工的考核。平衡计分卡是建立在旅游企业战略目标确定的基础上的，把旅游企业的远景或者发展战略层层分解，转化为一系列的衡量指标，具体到每一个员工，然后根据这些指标建立健全员工绩效评价考核体系，最后形成完善的员工绩效管理系统。其核心思想是通过财务、客户、内部经营过程、学习与成长四个指标之间相互驱动的因果关系展现组织的战略轨迹，实现绩效考核—绩效改进以及战略实施—战略修正的目标。平衡计分卡指标的设计是绩效管理的关键，绩效考核指标和目标确定后，系统科学的绩效考核内容设定体系便形成了。剩下的问题就是计算这些指标分值，然后按照一定的权数将这些指标综合得到一个具体的指标，用以衡量具体员工的绩效（见表 5.6）。

在旅游企业绩效管理过程中，必须结合表 5.6 中的内容，详细地记录员工的关键绩效指标，然后计算出这个数据，并将这个业绩评价指标与企业的考核联系起来，将员工奖金、晋升、教育培训等与员工所完成平衡计分卡的情况直接挂钩，形成有效的管理回路。

表 5.6　旅游企业平衡计分卡指标体系

指标类别	战略目的	关键成功因素	关键绩效指标
财务维度	提供旅游企业利用资金获利的能力	增加收入 降低成本费用 发展能力和潜力	净资产收益率 成本费用率 营业收入增长率 利润平均增长率
顾客维度	以顾客为中心，增加可获利顾客的数量和比重	顾客满意 顾客保留 市场份额 顾客获利能力	顾客投诉次数 顾客保留率 市场占有率 顾客收益性
内部业务维度	提高经营效率，促进经营成效	创新能力 服务质量 售后服务	创新产品数量 服务方式及效率 售后服务质量及成本
学习与成长维度	增强学习能力，保证旅游企业组织的健康成长	员工工作状态，精神状态以及内部的协调与发展 有效激励程度 信息系统完善程度	员工满意度 员工培训支出与质量 员工工作效率 责权利对应程度 信息反馈与处理

旅游企业平衡计分卡中的目标和衡量指标是相互联系的。分析各具体指标，很快就可以找出旅游企业经营环节中的优点，然后对照指标之间的因果关系，寻根溯源，找出影响业绩的关键因素，进行有效的提升和改进。平衡计分卡在旅游企业绩效管理中的作

用是非常有效的，但必须避免“为平衡而平衡”的思想。旅游企业在运用平衡计分卡的同时，必须根据实际情况区分轻重缓急，要根据不同部门的具体情况，结合不同类型顾客的状况进行。这种方法的优点是能把员工个人绩效与组织整体绩效结合起来，企业的主要问题能够得到比较全面的总结。其缺点是在开发上比较复杂，不利于其广泛地利用。

尽管绩效考核方法多种多样，但旅游企业应尽量采用内容具体、定义严密的考核方法，如目标管理法或平衡计分卡法。这些考核方法可以减少考核者的理解偏差，而且有助于员工表现出哪些行为，避免哪些行为。但也可能会限制人们的视野，使员工不愿意承担考核表中未列出的工作。因此，旅游企业要根据自身的情况，综合各种因素来选择合适的方法。此外，还可以用多种方法进行考核，进行相互补充。

二、绩效考核的程序

（一）准备阶段

绩效考核是涉及每一个员工切身利益的复杂、细致的工作，因此，考核前必须做好充分的准备，以保证考核过程及结果的科学、准确和公正。具体来说，要做好以下几个方面的工作：

1. 制订绩效考核的计划

公布绩效考核的信息，向员工宣传绩效考核的目的和意义，使他们端正对绩效考核的态度，克服抵触情绪，做好绩效考核的思想准备和工作准备，积极参与绩效考核活动。

2. 制订绩效考核的标准和程序

为保证绩效考核结果的客观与公正，使被考核员工心悦诚服，绩效考核工作正式开始以前，必须首先制订绩效考核标准和程序，使绩效考核工作严格按照既定的标准和程序进行，以避免主观臆断。考绩标准的制订必须以职务分析中所确定的工作内容和工作规范为依据，并征求各方面特别是被考核员工的意见，以便使各有关方面在考核标准上达成共识，保证考核活动的顺利进行。

3. 培训考核者

如果考核者没有得到适当的培训，考核标准和考核程序再科学，也难以发挥应有的作用。培训可以提前发现考核人员在考核过程中可能发生的错误，并采取有针对性的措施加以预防和克服。此外，考核前必须对考核者进行培训，有助于他们认识到自己的工作对于员工的报酬、晋升和职业机会的重要性，以及他们考核结果的可靠性、有效性对整个组织的管理工作所具有的重要意义。

（二）实施阶段

在此阶段，根据既定的考核程序，由经过培训的考核人员对以上的工作绩效进行考核、测定和记录，并与既定的绩效标准相对照，对被考核员工的工作绩效进行考核。企业绩效考核过程中，一般先对基层员工的工作绩效进行考核，然后考核中层管理者，最后对高层管理者进行考核。

对一线职工和基层管理者的绩效考核的主要内容包括：员工个人及基层单位的工作效果（如产量、废品率、能源和原材料消耗率及出勤率等）、员工在工作过程中表现出来的具体行为（如是否遵守劳动纪律，是否按照规定的操作规程进行工作），以及影响其工作行为的个性品质，如工作态度、团结合作精神等。

在对基层部门考核的基础上，进一步对中层管理人员的绩效进行考核，考核内容主要包括中层管理人员的工作行为的特性，以及本部门的总体工作效果，如任务完成率、劳动生产率、产品合格率和生产事故发生情况等。

最后，由公司主管部门或董事会对公司上层主管人员的工作绩效进行考核，考核内容主要是高层主管的工作行为与特性，以及公司经营效果方面的硬指标，如利润率及市场占有率等。

（三）结果处理阶段

此阶段主要进行绩效考核结果的反馈。绩效考核结束后，如果不及时把考核结果反馈给被考核员工，绩效考核就不能发挥其重要的激励、奖惩及培训的功能，绩效考核结果反馈的主要方法是评价会见即考绩面谈。

考绩面谈是考核者（通常是被考核者的上级主管）通过与被考核者之间的谈话，将考绩结果反馈给被考核者，并征求被考核者的看法、建议和要求的过程。通过考核面谈，考核者可以向员工说明组织的要求、希望和未来的目标，员工也可以向组织提出建议、要求和期望。在双方沟通的基础上，更好地使组织发展目标与个人发展目标相结合。

三、绩效考核中常见问题的处理

员工的晋升、职业发展以及心态平和可能都取决于管理人员对他们绩效给出的评价结果，仅这一点就足以使绩效考核变得非常困难。然而，更引人关注的是，还有很多技术方面的问题可能会导致员工对整个绩效评价过程的公平性产生怀疑。下面对绩效考核过程中这些技术性问题、解决这些问题的方式以及其他一些相关的绩效考核问题进行讨论。

（一）绩效标准模糊不清

表 5.7 描述了绩效考核标准不清的问题。尽管这个表的评价尺度看上去很客观，但它却很可能导致不公正的评价结果。原因是这张表对绩效特征及其好坏程度所做的说明都非常模糊。例如，不同的主管人员可能会对所谓“良好”的绩效和“一般”的绩效等做出非常不同的解释。

表 5.7　一份绩效标准不清的评价尺度

	优秀	良好	一般	较差
工作质量				
工作数量				
创造性				
诚实性				

解决这个问题的最好办法就是用一些陈述性语句对所使用的绩效特征做出较为清晰的界定。

（二）晕轮效应

晕轮效应是指绩效考核主管人员对被评价者某个具体特征的评价结果，会影响对被评价者其他方面的评价。例如，在对那些不能友好对待他人的员工进行绩效考核时，主管人员往往会对这些人在其他所有方面的绩效都给出较低的评价，而不仅仅是对其在"与其他人友好相处"这一绩效特征上的表现给出较低评价。评价者本人要想避免这一问题，首先应能够意识到这一问题的存在。此外，加强对主管人员绩效评价培训以及使用等级评价，也会有助于避免这一问题的出现。

（三）居中趋势

许多管理人员在绩效评价体系尺度上给员工打分的时候，喜欢将评价结果确定在处于中间的位置。例如，如果评价尺度的等级范围是 1~7 级，那么，他们倾向于避开那些较高的等级（6 级和 7 级），同时也避开那些较低的等级（1 级和 2 级），而是把大多数员工都评定在 3~5 级的水平上。居中就意味着把所有员工的绩效都确定在平均水平上。这样做的结果是扭曲绩效评价结果，而这种评价结果对于企业做出晋升和薪资决策或者向员工提供咨询等目的来说就没有什么用处。如果对员工进行排序，就能够在一定程度上避免这种居中趋势的出现，因为排序本身就意味着不能把他们全部排在中间位置。

（四）宽大或严格倾向

还有一些主管人员则存在向来都对下属员工的工作绩效做出较低或较高评价的倾向，就像有些老师向来就喜欢给学生高分，而有些老师却总是给学生低分一样。如果要求主管人员必须对员工加以排序，则他们就不得不在员工中区分出绩效优异者和绩效较差者了。

此外，还有其他一些解决问题的办法。办法之一是企业建议所有的主管人员都应当避免把所有下属员工的绩效都评价得很高或很低。第二种办法是从根本上实施强制分配法。例如，只能有大约 10%的员工被评为"优秀"，20%的员工被评为"良好"。

（五）近因效应

近因效应是指评价者由于受到员工近期表现的蒙蔽，忽略了其在过去整个一年中的绩效表现。解决这种问题的主要办法就是在整个一年中注意收集各种关键事件。

（六）个人偏见

在绩效评价的过程中可能导致个人偏见出现的因素有很多。有一项研究专门考察了评价者的人格。在“责任心”这一人格特征上得分较高的评价者，往往倾向于对他们的同事做出等级较低的评价，换言之，他们是要求很严格的人；而在“宜人性”特征上得分较高的评价者，则倾向于做出等级较高的评价，换言之，他们对人更加宽容。甚至绩效考核的目的本身也会带来有偏见的评价结果。在一项研究中，“与以员工开发为主要目标的绩效考核相比，旨在作为管理决策（如加薪或晋升）依据的绩效考核所得到的评价结果会高出前者1/3”。另外，绩效评价还具有强烈的人际关系性质，被评价者的个人特征（如年龄、种族和性别等）也同样有可能影响他们得到的评价结果。

然而，从本质上说，评价者对于绩效考核所产生的影响要比被评价者产生的影响大得多。正是如此，很多企业才采用这样一些做法：让多位评价者对同一位被评价者进行评价；让员工主管人员的直接上级对评价结果进行审查；召开一些企业所谓的“绩效校正”会议——在这种会议上，各位主管人员相互讨论他们为什么要对自己的每一位下属员工给出某种评价。

四、有效实施员工绩效考核的基本原则

（一）理解绩效考核中可能存在的各种问题

应学习和了解各种潜在的绩效考核问题，对于这些问题的了解和理性预期有助于避免这些问题。

（二）运用正确的绩效考核方法

每一种绩效考核方法都有其优点和不足。例如，虽然排序法能避免出现居中趋势，但是当所有员工的绩效等级确定都应该被评定为“优秀”的时候，这种方法就会给员工带来不良的感觉。表5.8列出了各种绩效考核方法的优点和不足。

表5.8 各种绩效考核方法的主要优缺点

绩效考核方法	优点	缺点
交替比较法	使用简便，能够避免居中趋势	可能会引起员工的不满意见，并且如果所有员工的绩效事实上都很优秀时，这种做法可能是不公平的

续表

绩效考核方法	优点	缺点
强制分配法	按照事先确定的数量或百分比最终将被评价者归入每一个绩效等级中	员工最终得到的评价结果取决于评价者将临界点选择在哪里
关键事件法	可以帮助评价者确认在员工的绩效中什么是“正确的”，什么是“错误的”；它能迫使主管人员对下属员工的绩效进行持续性评价	很难对员工做出评价或者难以对员工的绩效进行排序
等级鉴定法	能够为评价者提供一种“行为依据”，这种方法可能会非常准确	开发设计难度较大
目标管理法	能够把评价者和被评价者的注意力紧紧地吸引到双方都认可的绩效目标上	比较费时

（三）记录工作日志

一项研究考察了 112 名企业的一线主管人员，其中一些人参加过一次与记录工作日志有关的培训项目。这项研究以及一些类似研究得出的结论都表明，在关键事件发生时就对其加以记录的做法有助于减少绩效评价问题。

（四）达成双方认同的绩效改进计划

绩效考核的最主要目标应该是改进令人不满意的绩效以及强化优秀绩效。因此，绩效考核的最终产品应当是与员工需要在哪些领域改进绩效有关的一份行动计划。

（五）公平

公平也许是最重要的一点，就是确保评价者给出的每一份评价都是公平的。一项研究发现，很多举措有助于实现公平的绩效评价，如建立“申诉机制”等。

第三节　员工绩效考评结果的运用与管理

一、绩效考核信息的分析处理

在整个考核过程结束后，旅游企业的人力资源管理部门要继续通过各方面的信息反馈，对员工考核的结果进行检验与考核，这是确保考核工作能取得预期效果的必要步骤。人力资源管理部门可以从被考核员工本人及其所在部门的上司与同事等各方面搜集反馈信息，并认真地分析这些信息，从中获得对考核工作在组织准备、实施过程、效果反映等多方面的意见或要求，便于今后不断改进考核工作，达到更完满的结果。在处理绩效考核结果时要注意以下几点：

（一）考核项目的量化

考核内容与结果包括定量与定性两个方面。对于定量考核内容及结果可以进行分项与综合的评价计算，因而可以进行多方面的比较，尤其是定量考核内容与结果便于采用计算机技术进行编程、考核数据处理、结果储存及统计分析，因此定量考核要优于定性考核，而且量化的结果也便于人力资源管理部门更有效地对员工做出评价。

在量化考核项目时，要对考核项目赋予不同的评价等级，常用的等级划分有三级、五级、七级等。人力资源管理部门可以采用这些方法将考核内容进行量化。

（二）综合同一项目的不同考核结果

有若干人对一名员工的统一考核项目进行评价时，得出的结果往往不一致。为了综合这些意见，可采用算术平均法或加权平均法。

（三）对不同项目的考核结果加以综合

考核的目标、对象不同，需要重点考察的项目也不同。例如，对于组织能力这一因素，用于管理层的考核时其重要性要大于用于对操作层的考核。绩效考核结果用于员工任用、加薪、提升等人事决策时，侧重点也各不相同。例如，晋升时主要看能力，奖励时主要看贡献。因此需要对各个考核项目或指标分配不同的权数。确定各考核项目权数的主要依据是考核目的、被评对象的阶层及具体职务。表 5.9 给出了一个企业员工提薪时有关考评因素权数的范例。

表 5.9　考评因素权数分配

因素		管理层	中间指导层	操作层
成绩	工作数量	25	20	—
	工作质量	25	10	—
	小计	50	30	—
态度	纪律性	—	8	20
	协作性	—	8	20
	积极性	10	12	20
	责任性	10	12	20
	小计	20	40	80

续表

因素		管理层	中间指导层	操作层
能力	知识技能	4	8	10
	判断能力	6	5	10
	筹划能力	5	5	—
	交涉能力	5	5	—
	指挥管理能力	10	7	—
	小计	30	30	20
合计		100	100	100

对考评效果的评价，可通过对下列问题的回答来检验。

（1）通过考评发现员工总体的工作效率和服务质量是否有所提高？每个员工的才能是否都能得到充分发挥？是否做到了人尽其才？员工士气如何？

（2）通过考评，发现哪些问题是值得旅游企业人力资源部门及各有关部门引起注意的？员工的工作差错率是否有所降低？对考评结果较差的员工，考评后的工作表现是否呈现改进趋势，他们的工作热情如何？

（3）通过考评，每个员工对企业的总目标、对本部门的工作目标以及本人的进步方向是否有更进一步的认识与理解？

二、绩效考核结果的反馈

绩效考核结果出来后，通常上级领导要与被评价者进行面谈，这可以说是绩效考核中最为重要的一步。成功的面谈可以促使被评价者进一步改进绩效，失败的面谈则可能导致被评价者失去工作积极性。

（一）不同类型员工的面谈技巧

考核结果面谈通常在领导与被评价者之间进行，他们一般会在回顾评价结果的基础上探讨个人发展计划，以保持优点，改正不足。通常有三种类型：第一，绩效考核的结果是令人满意的，被评价者可得到晋升；第二，绩效考核的结果是令人满意的，被评价者不晋升；第三，绩效考核的结果是不令人满意的，被评价者需要改正。

如果被评价者的绩效是不令人满意的而且已经到了不可改正的地步，那么就无须面谈了。这种情况下企业要么暂时容忍个人的低绩效，要么把他解雇。

当绩效令人满意，被评价者可以得到提升时，这是三种评价面谈中最容易的一种。面谈目标是讨论被评价者的发展计划，并为其进入新的工作制订新的行动计划。

当绩效令人满意，被评价者不提升时，这可能是由于企业没有空缺的职位。有些人本来就不想得到晋升，他们还会高兴地在原有职位上干下去。面谈目标并不是改进和发展被评价者的绩效，而是要保持令人满意的绩效水平。这并不是一件容易的事。最好的做法是找到对被评价者来说是重要的激励因素，使其继续保持原有的绩效水平，诸如多发奖金、多加以表扬等。

当绩效不好，被评价者需要改正，而又没有到无可救药的地步时，就需要为改正不满意的绩效而制订一个行动计划。

（二）反馈面谈的准备

进行反馈面谈前要做好三方面的准备工作。首先，要综合绩效评价结果。要研究被评价者的工作说明，把被评价者的绩效与工作标准相比较，并回顾被评价者以前的绩效评价。其次，要让被评价者有所准备。要至少提前一周通知他们总结工作，阅读工作说明，分析工作中存在的问题。最后，要选择合适的时间和地点进行面谈。要寻求一个双方都认为合适的时间并保证整个面谈有足够的时间。通常与普通工人和具体办事员的面谈时间都在 1 小时以内，而与管理人员的面谈时间需两三个小时。还要注意面谈在私下里进行，不要被电话或来访者打断。

（三）如何进行面谈

按照考核要素（说明具体分值和评分标准）肯定优点和成绩，指出缺点和不足，谈话的重点放在被考核者的工作表现与结果上而不是人格上。首先对无异议之处进行交谈，然后对有异议之处加以讨论。应留些时间让对方表述申辩，并熟练地运用聆听和引导技巧以达到面谈的预期效果。具体面谈时要注意以下几个方面：

1. 着眼于未来

首先明确告知被考核者本次面谈的目的不是追究过去，而是面向未来，要让下属体会到绩效考核对其个人职业生涯发展的益处。绩效反馈面谈是就考核结果进行的，但这并不意味着面谈的目的是就结果谈结果，其重要目的之一是为下一次绩效计划做铺垫，总结问题是为了发现对未来发展有用的东西。

2. 直接并且内容具体

要根据客观的工作资料来面谈，使用诸如缺勤、迟到、质量记录、检查报告、产量记录、材料消耗、控制或节减费用、客户的评论、事故报告等具体例子。

3. 对事不对人

研究表明，对人的直面评判很容易引起强烈反应。对于工作绩效的考核面谈应该就工作绩效本身进行，不应对个人进行攻击。

4. 双向沟通

面谈是双向沟通的过程，切忌将绩效反馈面谈变成主管对下属的训话。要达到双向沟通的目的，主管人员必须学会倾听，要给下属发言及说明的机会，不要制止下属发言。倾听一方面可以鼓励员工表达自己的观点，有利于发现员工的真实想法；另一方面，倾听也可以使主管有机会思考解决问题的办法，有利于有的放矢地回答员工的问题。

5. **突出重点**

绩效面谈切忌不着边际、泛泛而谈，要对照目标、标准逐一讨论，进行绩效考核并说明考核分数的依据，一切以数据说话，不要与他人作比较。要保证面谈结束时，被评价者明确知道什么是正确的做法，什么是错误的做法。要提供具体的例子，要保证对方理解你所说的内容，要在面谈结束前使对方同意要怎样去改进绩效，什么时候去改进绩效。

6. **优缺点并重**

面谈应以鼓励为主，积极肯定下属的优点，同时指出下属目前的不足，客观地向下属提供建设性的改进方法，让下属把重点放在对未来的展望方面，共同制订职业生涯发展规划。

7. **营造彼此信任的氛围**

绩效反馈面谈是个双向沟通的过程，要使沟通顺利进行，达到相互理解和达成共识的目的，必须有一种彼此信任的氛围。管理者在建立这种彼此信任的环境时占据主导地位。面谈环境、面谈时间、面谈中的一些小技巧等都有助于管理者营造令员工产生信任感的氛围。

总而言之，要牢记绩效考核不只是为了进行工资和奖金的发放，更多的是为了员工的绩效得以提高。结果反馈时与被评价者缺乏沟通或者沟通效果不好，会导致被评价者的消极行为。这无论对企业建设还是个人发展，都是不利的。

三、处理考核申诉

（一）考核申诉产生的原因

当发生以下情况时，有可能引发考核申诉：一是被考核员工对考核结果不满，或者认为考核者在评价标准的掌握上不公正；二是员工认为对考核结果运用不当、有失公平。无论问题出现在哪里，组织都应该对员工的考核申诉进行认真的了解分析和正确、合理的处理。这有助于改进组织中存在的一些问题，从而提高组织的绩效。

（二）处理考核申诉的要点

1. **尊重员工的申诉**

在处理考核申诉的过程中，要尊重员工的个人意见，要求考核申诉处理机构认真分析员工所提出的问题，找出问题发生的原因。在处理考核申诉的过程中，应当对员工表现出耐心，如果是员工方面的问题，应当“以事实为依据、以考核标准为准绳”，对员工进行说服和帮助；如果是组织方面的问题，则必须对员工所提出的问题加以改正，并将处理结果告知员工，对其有所交代。

2. **把处理考核申诉作为互动互进过程**

绩效考核是为了用好人力资源，是为了实现组织的经营目标，完善人力资源政策和促进员工的发展，而不是组织用来管制员工的工具，即绩效考核应当是一个互动互进的过程。因此，当员工提出考核申诉时，组织应当把它当作一个完善绩效管理体系、促进员工提高绩效的机会，而不要简单地认为员工申诉是“一些小问题”，甚至认为是员工在“闹意见”。

3. **注重处理结果**

在处理考核申诉的问题上，应当把令申诉者信服的处理结果告诉员工。如果所申诉的问题属于考核体系的问题，应当完善考核体系；如果是考核者方面的问题，应当将有关问题反馈给考核者，以使其改进；如果确实是员工个人的问题，就应该拿出使员工信服的证据，并要注意做出处理结果的合理性。

【复习思考题】

1. 什么是员工绩效管理？它的一般流程是怎样的？
2. 旅游企业常见的绩效考核方法有哪些？各有什么优缺点？
3. 员工绩效考核面谈的目的和重点是什么？

【案例分析】

巴黎酒店

巴黎酒店的竞争战略是：通过卓越的顾客服务将自己与同行区别开来，以吸引顾客延长入住的时间，提高顾客再次入住比率，从而提高酒店的收入和利润水平。酒店人力资源经理莉萨·克鲁兹现在必须制订和实施战略性人力资源管理政策和活动，通过帮助酒店获得战略所需的员工行为和胜任素质来支持酒店的这一竞争战略。

与巴黎酒店其他方面的一些人力资源制度一样，它的薪酬计划缺乏详细的规划，而且过于简单，对每一种职位（前台服务人员、保安等）支付的薪酬区间比较狭窄。每一位酒店经理自己决定新员工的薪酬应当从这个狭窄的薪酬区间中的哪一点开始，而且企业基本没有考虑过将公司总体的或员工个人的薪酬水平和企业的战略目标联系起来。例如，企业的政策仅仅是向员工支付“有竞争力的薪水”，这就意味着酒店支付的薪酬仅仅是当地其他酒店支付给相同职位的平均薪酬水平。莉萨明白，这样的薪酬政策是与企业希望实现的战略目标背道而驰的，企业想要创造一支以服务为导向的员工队伍。如果不能在某种程度上将绩效与薪酬联系起来，你如何才能雇佣和留住最好的员工，并把他们的行为引向高质量的客户服务呢？她和她的团队因此将工作重心转向了对酒店的薪酬计划进行评价和重新设计这项任务。

莉萨和首席财务官知道，公司的薪酬计划并不支持公司新的战略目标。他们知道，如果想让员工在顾客服务方面有更出色的表现，就要向他们支付高于同行竞争者的平均工资。但只要认真考虑一下一些现行的因素（包括酒店的薪酬/竞争性薪酬比率、员工的人均总薪酬成本以及酒店的总薪酬预期达到的百分位），就不难发现，巴黎酒店各类职位的薪酬水平都没有高于同行业的平均水平，甚至在某种程度上更低。

现行的薪酬政策使一些员工滋生了一种被管理者称为“我不在乎”的态度，意思是说，大多数员工很快就明白了，无论他们的绩效如何，他们所得到的薪酬与那些绩效更好或者绩效更差的员工通常都是一样的。所以，公司的这种薪酬计划实际上导致了薪酬与绩效之间的脱节：它没有引导员工朝着公司需要达成的目标努力，在某种程度上，它所起到的作用恰好相反。

莉萨和首席财务官知道，他们必须制订一套新的战略性的薪酬计划。这套计划应该能够提高员工的士气，增强员工的凝集力，减少人员的流动率，奖励（而且）鼓励那些有助于提升顾客满意度的以顾客为导向的行为。在与首席财务官和董事会开会协商之后，首席财务官帮助莉萨重新设计了薪酬计划，这一计划的总体方向就是支持公司的战略目标。

分析题：请为巴黎酒店的非管理类员工（客房清洁人员、门童、前台接待员、电话接线员、场地管理员以及保安等）设计一个职位评价排序体系，并用它来展示各个职位之间的相对价值。

第六章

旅游企业员工的薪酬管理

导言

本章应围绕“如何进行薪酬管理、企业如何通过薪酬管理实现人力资源管理目标、如何解决薪酬管理中容易产生的问题”展开学习。

【学习目标】

1. 理解薪酬的含义、薪酬管理的定义及内容。

2. 掌握旅游企业薪酬的设计制度，熟悉评价方法；熟悉旅游企业薪酬制度的评价方法。

3. 熟悉旅游企业社会保险制内容和福利制度。

【导入案例】

“广州199元泰国五日游，要知道，199元人民币，连起码的泰国签证费都不够，更不用说一路上吃喝住行了，谈何利润？任何一个有理性的人都会明白，这是一个陷阱。”大连带团做全陪的导游小曲正在接受一家媒体的电话采访。

据小曲介绍，上海2380元新马泰十日游、北京1880元香港四日游、重庆800元张家界双飞四日游、江苏660元海南岛六日游、四川500元泰国六日游。“这些报价能有利润吗？扪心自问，机票任你打折，车还得坐吧？饭还得吃吧？觉还得睡吧？可是很多游客对旅游市场所提供的产品的价值失去了理性的判断，这是一种悲哀……”

在交谈中，小曲透露了“零团费”，甚至“负团费”的内幕：“这么便宜的团费，肯定连成本都抵不上，奥秘就在购物这一环节上。旅行社以超低的团费做诱饵，然后和购物商店串通好，在游客购物活动中赚取利润。不管是全陪还是地接，不管是专职还是兼职，导游人员的主要收入，均来自游客购物的‘回佣’，也就是提成。”

“我们也不想带游客购物，但问题是我们导游连自身的基本生存都无法保障，哪还管得了那么多！无基本工资、无三险福利、无最低保障，导游还要另交管理费、社保费、入会费等零零散散的费用。那么导游靠什么去赚钱?”谈到自己的生活，小曲显得很无奈。

据调查，不少小型旅行社不给导游工资、不付带团津贴，导游的收入完全来自小费和回扣，有的还要与司机、全陪、旅行社领队平分，甚至还要上缴旅行社一部分。有业内人士为旅行社辩护：“养”一个签合同的在职导游每年要多支付2万元左右，如果人力成本提高，就很难在低报价的旅行社竞争中抢到客源。一些旅行社一方面以“零团费”甚至“负团费”招揽顾客，另一方面让“小费”和“回扣”作为导游的全部收入来源，这种做法实质上否定了导游的劳动力价值，最终会让旅行社的经营陷入困境。当旅游企业以价格策略作为最有效的竞争手段时，控制成本，特别是控制人力资源成本常常会被摆在首位，而员工的薪酬又是人力资源成本中占比最大的，因此“薪酬管理”在一些旅游企业中被视为“经营战略的重要组成部分”，事实上，薪酬还影响着员工的工作表现和服务态度，甚至员工的流动。

第一节　薪酬管理概述

一、薪酬的概念

薪酬是指员工为企业提供劳动而得到的各种货币与实物报酬的总和。主要包括工资、奖金、津贴、福利等。

（一）工资

工资是根据劳动者所提供的劳动数量和质量，按照事先规定的标准付给劳动者的劳动报酬，也就是劳动的价格。工资可以作如下分类：

1. 基本工资

基本工资是员工定期从企业得到的一个固定数额的劳动报酬。基本工资多以小时工资、月薪、年薪等形式（计时的形式）出现。基本工资又分为基础工资、工龄工资、职位工资等。基础工资一般较低，在一段相当长的时期内都是比较固定的，主要是为员工提供基本的保障；工龄工资又称年功工资，是企业根据员工在组织中工作时间长短支付的一种报酬，工作时间越长，工龄工资越高；职位工资又称岗位工资，是企业对某岗位员工为胜任该岗位所付出的知识、经验、能力的一种回报工资。基本工资是员工劳动收入的主要部分，也是确定其他劳动报酬和福利待遇的基础，一般具有稳定性、常规性、基准性和综合性的特点。

2. 激励工资

激励工资是工资中随着员工工作努力程度和劳动成果的变化而变化的部分。激励工资有类似奖金的性质，可以分为下面两种形式：

（1）投入激励工资，即随着员工工作努力程度变化而变化的工资。

（2）产出激励工资，即随着员工劳动产出的变化而变化的工资。具体形式有计件工资、销售提成等。

3. 成就工资

成就工资是当员工工作卓有成效、为企业做出突出贡献后，企业以提高基本工资的形式付给员工的报酬。成就工资是对员工在过去较长一段时间内所取得成就的“追认”，而激励工资是与员工现在的表现和成就挂钩的。成就工资是工资的永久性增加，而激励工资是一次性的。

（二）奖金

奖金是企业对员工提供的超出正常努力的劳动或劳务所支付的奖励性薪酬。其目的是鼓励员工提高劳动效率和工作质量，促使其继续保持良好的工作势头。与工资相比，它具有非普遍性和浮动性的特点。奖金的发放可以根据个人的工作业绩评定，也可以根据部门和企业的效益来评定。

（三）津贴

津贴也称附加工资或者补助，是指员工在艰苦或特殊条件下进行工作，企业对员工额外的劳动量和额外的生活费用支出所给的补偿。津贴的特点是它只将艰苦或特殊的环境作为衡量的唯一标准，而与员工的工作能力和工作业绩无关。津贴具有很强的针对性，当艰苦或特殊的工作环境消失时，津贴也随即终止。

（四）福利

福利是指企业为员工提供的除金钱之外的一切物质待遇，是企业为吸引员工或维持人员稳定而支付的作为工资或奖金等项目的补充性薪酬。根据我国劳动法的有关规定，员工福利可分为“社会保险福利”和“企业集体福利”两大类。

1. 社会保险福利

社会保险福利是指为了保障员工的合法权利，而由政府统一管理的福利措施。它主要包括社会养老保险、社会失业保险、社会医疗保险、工伤保险、生育保险等。

2. 企业集体福利

企业集体福利是指企业为了吸引人才或稳定员工而自行为员工设置的福利措施，如工作餐、工作服等。企业集体福利根据享受的范围不同，可分全员性福利和特殊群体福利两类。全员性福利是全体员工都可以享受的福利；特殊群体福利指供特殊群体享用的福利，这些特殊群体往往是对企业做出特殊贡献的技术专家、管理专家等企业核心人员。

二、薪酬管理

薪酬管理是指企业分配给员工的直接和间接的货币激励以及非货币激励的过程。对于大多数人来说，工作是生活的核心活动。但是，无论工作对人们来讲有多么重要，一般情况下，人们总是会选择薪酬高的企业。

（一）薪酬管理的作用

1. 吸引人才

与企业招聘和选拔相配合，薪酬管理方案可以确保提供足够的直接与间接激励，在恰当的时候为恰当的职位吸引恰当的人才。

2. 保留优秀员工

在市场竞争十分激烈的今天，薪酬也是导致人才流失的重要原因，成功的薪酬制度（如效益工资、奖励制度等）可以吸引优秀的员工，降低员工的流失率。

3. 激励员工

所有的企业都在寻求高产出率并拥有高责任感和工作热情的员工。有效的薪酬管理可以通过提供一种利益分享（将薪酬与产出率和其他识别员工努力和贡献的主要绩效测量方法紧密联系）来形成这样的劳动力。科学合理的薪酬体系是使每个员工自觉地为实现企业目标而努力工作的有效激励手段。薪酬的高低决定了人们物质生活条件的好坏，同时薪酬的高低也可以代表一个人的社会地位的高低，是全面满足员工多种需要的经济基础。因此，正常合理的薪酬分配，有助于调动员工的积极性；反之，则势必影响员工积极性的发挥，薪酬的激励作用也将丧失。

4. 实现人力资源管理目标

企业可能希望创造一种独特的激励方法和竞争的氛围，或者希望被视为一个“优秀雇主”，从而可以吸引最好的应聘者。薪酬管理方案可以根据这些特殊的目标来制订，也可以根据快速增长、生存或者创新等组织目标来制订。

5. 提高竞争优势

总体薪酬支出会成为一项重要的经营支出。由于旅游企业是劳动密集型企业，薪酬、福利和相关费用支出占整个经营支出的百分比可以从30%浮动到80%，旅游企业可能会基于绩效的战略制订一个幅度来控制这些开销，来提高企业在市场中的竞争优势。

（二）薪酬管理的原则

1. 公平性

薪酬系统要公平，这是最主要的原则。要使员工认识到人人平等，只要在相同岗位上做出相同的业绩，都将获得相同的薪酬。公平性原则包括两个方面的要求：一是外部公平，即企业的薪酬水平与劳动力市场中的薪酬水平相当；二是内部公平，即同一企业中每个人所得到的报酬与其他人所得到报酬相比，应该是公平合理的。

为了保证企业薪酬制度的公平性，企业的高层主管应注意以下几点：第一，企业的薪酬制度要有明确一致的指导原则，并有统一的、可以说明的规范。第二，薪酬制度要有民主性与透明性。当员工能够了解和监督薪酬政策与制度的制订和管理，并能对政策有一定的参与和发言权时，猜疑和误解便易于冰释，不平感也会显著降低。第三，企业主管要为员工创造机会均等、公平竞争的条件并引导员工把注意力从结果均等转到机会均等上来，如果机会不均等，单纯的收入与贡献比相等并不能代表公平。

2. 激励性

激励性是指在内部各类、各级职务的薪酬水准上，根据员工的实际贡献付薪，适当拉开差距，使不同业绩的员工在心理上察觉到这个差距，并产生激励作用，使业绩好的员工认为得到了鼓励，业绩差的员工认为值得去改进绩效，以获得更好的回报。

3. 竞争性

竞争性是指在社会上和人才市场中，企业的薪酬标准要有吸引力，才足以战胜竞争对手，招到企业所需的人才，同时也才能留住人才。企业应确保薪酬水平略高于或等于类似行业、类似企业的薪酬水平，但注意相差不宜太大，薪酬水平太高会提高企业的人力成本，太低则会使企业对人才失去吸引力。

4. 经济性

提高企业的薪酬水准，固然可以提高其竞争性与激励性，但同时不可避免地导致企业人力成本的上升；因此，薪酬水平的高低不能不受经济性的制约，即要考虑企业的实际能力的大小。

5. 合法性

企业的薪酬制度确立必须符合国家的有关政策法规，这是薪酬制订的基本原则。例如，国家规定的工资支付形式、福利制度、加班费、最低保障工资等规范，企业必须执行。

（三）旅游企业薪酬管理的主要内容

1. 工资总额的管理

工资总额管理不仅包括工资总额的计划与控制，还包括工资总额调整的计划与控制。国家统计局对于工资总额的组成有明确的界定，确定工资总额的组成是：

工资总额=计时工资+计件工资+奖金+津贴和补贴+加班加点工资+特殊情况下支付的工资

事实上，对于国家来说，工资总额的准确统计是国家从宏观上了解居民的收入，衡量职工的生活水平，计算离退休金、有关保险金和经济补偿金的重要依据；对于旅游企业来说，工资总额是人工成本的一部分，是企业掌握人工成本的主要信息来源，是企业进行人工成本控制的重要方面。由于工资总额的各项组成均与旅游企业经济效益等因素直接相关，工资总额的调整在所难免，因此，确定工资总额调整的幅度也是十分重要的。

旅游企业工资总额的管理方法，首先考虑确定合理的工资总额需要考虑的因素，如企业支付能力、员工的生活费用、市场薪酬水平以及员工现有薪酬状况等，然后计算合理的工资总额，可以采用工资总额与营业额的方法推算合理的工资总额，或采用盈亏平衡点方法推算合理的工资总额，还可以采用工资总额占附加值比例的方法来推算合理的工资总额。

2. 企业内部各类员工薪酬水平的管理

要明确界定各类员工的薪酬水平，以实现劳动力与企业之间公平的价值交换，这是旅游企业薪酬管理的重要内容。正确的做法是，哪类员工对企业的贡献大，其从薪酬中得到的回报就应当多，哪类员工对企业的贡献小，其从薪酬中得到的回报就应当少，以示公平。

3. 确定企业内部的薪酬制度

旅游企业薪酬制度管理包括工资结构管理，即确定不同员工的薪酬构成项目以及各薪酬项目所占的比例，还包括薪酬支付形式管理，即确定薪酬计算的基础，是按照劳动时间计算还是按照营业额（量）计算。

不同的企业薪酬制度有不同的适用对象和范围，它们有的简单，有的复杂，要选与旅游企业发展战略、实际情况相适应的薪酬制度。

4. 日常薪酬管理工作

旅游企业日常薪酬管理工作具体包括：开展薪酬调查，统计分析调查结果，制订薪酬计划，适时计算、统计员工的薪酬及薪酬调整。

三、旅游企业薪酬管理的基本程序

企业薪酬管理是依据一系列的科学化原则，按照一定的步骤，分成以下六个基本环节完成的，如图 6.1 所示。这六个环节环环相扣，每个环节都将对企业薪酬管理的结果产生直接的影响。

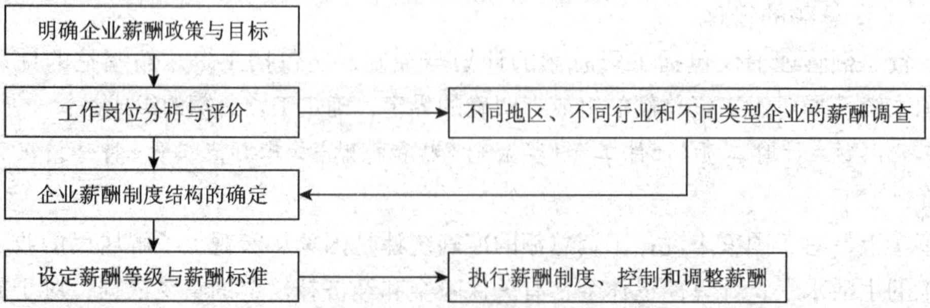

图 6.1 薪酬管理的基本程序

(一) 明确企业薪酬政策与目标

对旅游企业的薪酬管理来说，首先要明确企业薪酬政策与目标，提出企业薪酬策略和薪资制度的基本原则，即应当明确企业是采用高薪资或低薪资政策，还是依照市场上人力资源的平均价位，将本企业员工的薪资控制在一般水平上。企业薪酬政策必须与企业的总体人力资源策略相匹配，保持一致性。

(二) 工作岗位分析与评价

工作岗位分析与评价，是制订科学合理的薪酬制度的前提和依据。进行工作岗位分析与评价，能够明确岗位的工作性质、所承担责任的大小、劳动强度的轻重、工作环境的优劣，以及劳动者所应具备的工作经验、专业技能、学识、身体条件等方面的具体要求。同时，根据工作岗位分析所采集的数据和资料，采用系统科学的方法，对企业内各个层次和职别的工作岗位的相对价值做出客观的评价，并依据岗位评价的结果，按照各个岗位价值的重要性由高至低进行排列，以此作为确定企业基本薪酬制度的依据。

工作岗位评价的目的在于明确每个岗位的相对价值。根据对岗位系统科学的评价，确定各岗位的薪酬等级。表 6.1 显示了某旅游企业工作岗位评价与员工薪酬水平的对比关系。

表 6.1　某旅游企业工作岗位评价与员工薪酬水平的对比

序号	序列等级	年薪酬水平/元
1	A	30000
2	B	27500
3	C	19000
4	D	17500
5	E	16000
6	F	13500

(三) 不同地区、不同行业和不同类型企业的薪酬调查

通过必要的市场调查，充分了解和掌握旅游企业外部的各种薪酬的影响因素，包括旅游劳动力市场人才竞争与供给状况、各行业的薪资水平以及其他企业所设立的薪酬福利保险项目等，以确保企业的薪酬制度对外具有一定的竞争性，对内具有一定的公平

性。企业通常会以三种不同的方式来进行薪酬调查。

第一，运用调查所得到的薪资数据对基准职位定价，然后运用这些职位作为行为锚，根据各个职位对公司的相对价值插入其他职位。

第二，基于正式或非正式调查，了解与自己具有可比性的企业同类职位的薪资状况，企业将直接为本企业中的职位确定一个高于市场平均水平20%左右或者更高的薪资水平（并非相对于本企业中的基准工作而言）。

第三，进行薪酬调查的同时为保险、病假和带薪休假员工福利收集相应的数据，为企业提供针对员工福利决策的依据。

（四）企业薪酬制度结构的确定

根据工作岗位分析评价和薪酬调查的结果，以及旅游企业的实际情况，可以确定本企业各级员工的薪酬结构，规划各个职级的薪酬幅度、起薪点和顶薪点等关键性指标。也就是说，根据工作岗位评价后得到了各岗位之间的相对价值，将其转换成具体的薪酬数额，明确各岗位的相对价值与实付薪酬对应的数值关系，通常这种关系用“工资（薪酬）结构线”来表示。图6.2为某旅游企业的工资结构线。

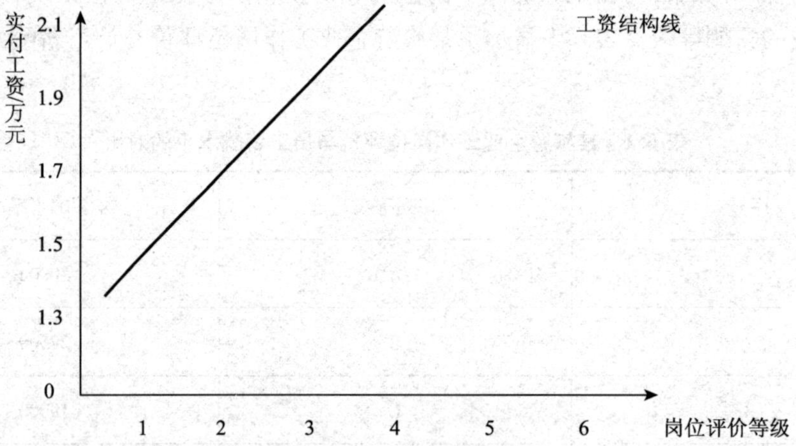

图6.2　某旅游企业的工资结构线

显然，工资结构线越陡，各等级之间薪酬差距越大，表示旅游企业对于贡献价值不同的岗位，采用的是拉大企业薪酬差距的薪酬策略。

（五）设定薪酬等级与薪酬标准

将众多类型的岗位工资归并组合成若干等级，形成一个薪酬等级系列，确定旅游企业内各岗位的具体薪酬范围。从图6.3可知，各薪酬等级的薪酬范围、变化幅度不一定相同，属于不同薪酬等级的岗位其实付薪酬可能相同，属于同一薪酬等级的岗位其实付薪酬可能不同。

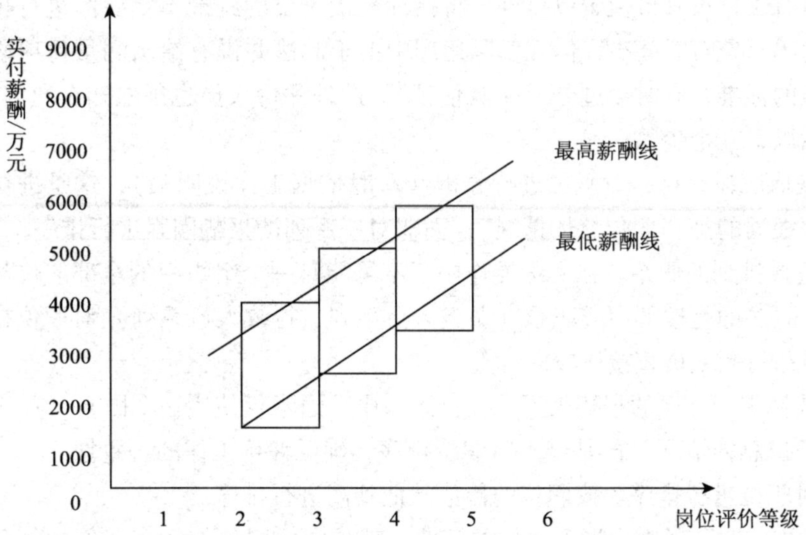

图 6.3　薪酬等级

（六）执行薪酬制度、控制和调整薪酬

一个完善、系统的薪酬方案设计成果只是成功的一步，要取得薪酬制度改革的完全成功，还取决于方案的贯彻执行；否则，薪酬方案将无法落到实处，失去应有的作用。

首先，建立工作标准与薪酬的计算方式。

其次，建立员工绩效管理体系，对全员进行工作业绩的动态考评。

最后，通过有效的激励机制和薪酬福利计划，对表现突出的优秀员工进行必要表彰和物质鼓励，以鞭策员工对企业做出更大的贡献。

第二节　员工薪酬制度的设计及评价

一、薪酬管理制度的选择

（一）基于工作（岗位）的薪酬制度

基于工作的薪酬制度，是以员工从事的工作（岗位）为根据，决定员工基本薪金。这一制度是在工作分析基础上作出工作评价——根据工作分析系统比较及评价各类工作的内容和重要性，强调有系统的理性化的评价过程。以下以饭店为例，介绍四种常用的工作评价方法。

1. **排列法**

排列法是一种最简单的职位评价方法，通常依据员工“工作复杂程度”等总体指标对企业内所有工作按其价值予以排列，将指标从最重要的到最不重要的进行排序。这一方法操作简单，花费时间少，但在实际运用中由于此法并没有给出测量每项职位相对其他职位价值的标准，有时会过分“主观估计”。此外评价人员也须熟知企业内所有工作。该方法包括以下几个步骤：

（1）获取职位信息，对职位进行分析（有时依据工作说明书），这是进行排序的基础。但该法根据的是“职位总体情况”，而非对一系列的报酬因素进行排序。

（2）选择排列的职系。在实际操作中，不可能对一个组织中的全部职位都按单一的标准排序，更多的是按部门或职系（服务人员系列、行政人员系列）对职位排序，避免将服务人员与行政人员直接比较。

（3）选择用于排序的报酬因素。在排序法中，通常仅使用一个因素（如工作复杂程度）在“职位总体情况”的基础上对职位排序，确保评价工作的一致性。

（4）对职位进行排序。按职位的价值从低到高进行排序。

对职位排序时，通常会遇到这样的问题，就是同一职位如经理工作的复杂程度有不同，那只需简单地取其平均值，最后将排序结果分为几个薪金级，排序工作完成。如表6.2所示。

表6.2　某饭店职位序列

序列等级	年薪金水平/元
总经理	160000
副总经理	140000
行政总厨	135000
部门经理	125000
部门助理	120000
部门主管	112000

2. 分类法

分类法即简单地把企业内所有工作按已定的类别分类。这一方法好比管理图书馆的书架，工作人员只需把各图书按已定的类别分类。每一类工作通常都有定义描述工作特性，为了区分同一类工作中其他方面的不同，又分为级（Grade）。工作分类必须清晰，既要概括地把工作分类，又要提供详细资料作为分类索引。分类法应用的程序是：首先选择报酬要素，然后制订与职位报酬要素有关的类或级说明书。旅游企业的行政部门可参考使用分类法，具体的报酬要素有：工作的复杂度、所需要的判断力、要求的创造性、责任、经验、要求的知识水平、直接监督程度等。

3. 因素比较法

因素比较法是一种量化职位评价方法，是使用最广而且较精确和复杂的职位评价方法之一。与排列法相比，此法要选择多个报酬指标，并根据不同的指标排序。

在使用此法时，人力资源部门要注意考察两个方面：一是值得报酬的因素。泛指一些与工作有关，并可作为工作价值比较的因素，如工作技能、责任、工作环境、智力要求、体力要求等。二是在劳务市场上认可的标准职位的薪金。饭店业的标准职位如客房清洁员，中、西餐服务员，打字员，人事部经理，工程部经理等。

因素比较法运用的步骤是：

（1）选择一些值得报酬的因素作为评价标准，如智力因素、体力因素、经验，技术等。

（2）选择关键职位。这些职位是所要分析的职位等级中的典型职位，如服务员系列的客房清洁员、中餐服务员，文职系列的打字员，经理等级中的人事部经理、工程部经理等。

（3）在报酬因素下，以报酬因素在各职位中的重要程度，将各关键职位排序。例如，客房清洁员需要智力因素最少，所以排在最前；中餐服务员次之，列在第二；工程部经理需要智力因素最多，所以排在最后。

（4）将标准职位的薪金（按市场调查和企业薪金水平）分配在各个值得报酬的因素中。如打字员每小时的薪金为 4 元，那么这些薪金是如何分配在各个值得报酬的因素中的呢？经过分析认为，0.8 元是付给智力因素的，0.8 元是付给体力因素的，2 元是付给经验/技能因素的，0.4 元是付给责任因素的。

（5）建立一个薪酬结构表，按值得报酬因素和薪酬资料，把标准职位填入表中。

（6）最后将非标准职位逐一填入表中，如饭店应付多少薪金给客户经理，根据工作描述，将客户经理的工作，按照每一值得报酬的因素，逐一与其他标准职位比较。例如，在客户经理的工作中，智力因素高于打字员，低于工程部经理且低于人事经理，应值 2.80 元。如此类推，逐一比较，可以看出客户经理的小时薪金为 11.40 元，工程部经理小时薪金是 13.60 元。表 6.3 给出了一个因素比较法的范例。

表 6.3　因素比较法的范例

值得报酬的因素 / 小时薪金/元	智力因素	体力因素	经验/技能	监督责任
0.40				打字员、客房清洁员、中餐服务员
0.80	客房清洁员、打字员	打字员		
1.00	中餐服务员	人力资源部经理	客房清洁员	
1.20		工程部经理、客户经理		
1.50		客房清洁员、中餐服务员		

续表

值得报酬的因素 小时薪金/元	智力因素	体力因素	经验/技能	监督责任
2.00			打字员、中餐服务员	人力资源部经理
2.80	客户经理			客户经理、工程部经理
3.20	人力资源部经理			
4.00			人力资源部经理	
4.60	工程部经理		客户经理	
5.00			工程部经理	

运用因素比较法时要注意以下两点：一是为了使评价结果更精确，时薪值间距可以适当减小。二是通常挑选出10个以上25个以下关键职位进行比较。

因素比较法是一种使用广泛的职位评价法。它通过对职位相互比较以确定其相对价值，这种职位评价方法容易向员工解释，可使员工感到公平。

4. 点数法

点数法是一种更复杂的量化职位评价技术。它要求：确定多个报酬要素；按工作的现实情况，每个要素按重要程度分为几个等级；为每个要素分配点值，得出每个职位的总点值。

与因素比较法一样，点数法是按照一些客观标准评价企业的工作。不同的是，点数法不是将旅游企业的工作互相比较（前面人事经理与工程经理比较），而是独立计算每个工作（或称作职族，如行政工作、销售工作等）。

点数法应用步骤是：

（1）确定要评价的职族。例如，作业职族（一般基层员工等）、事务职族（文员、秘书等）、行政职族（主管、经理等）、技术职族（工程部技师、桑拿按摩技师、厨师、司机等）、特殊职族（企业中的特殊岗位）。

（2）列举值得报酬的因素。例如，教育、经验、工作知识、精力、体力、责任、技术等（通常不同的职族有不同的报酬要素）。

（3）确定要素比重。按照各因素对所评价的工作的重要性来确定各因素的权重。例如，人事部主管的智力因素可定为占35%的权重，体力因素可定为占10%的权重等。

（4）确定每一报酬因素等级的数量。等级数量取决于工作要求。如果一特定工作群（服务员）需要高中毕业文凭，那么其比起人事经理（大学文凭），则需要较少的等级数量。

（5）为工作因素的等级评分。如表6.4所示。

表 6.4　工作因素等级评分

工作因素	权重	因素的等级				
		1	2	3	4	5
1. 学历	50%	50	100	150	200	250
2. 责任	30%	30	70	110	150	
3. 体能	12%	12	24	36	48	60
4. 工作条件	8%	8	24	40		

因素 1（学历）有 5 个等级，因素 2（责任）有 4 个等级，因素 3（体能）有 5 个等级，因素 4（工作条件）有 3 个等级。每个因素的最高分可以很容易地通过系统中的总分（由人力资源部规定总分）乘以相应的权重计算出来，如工作所能接受的学历最高分是 250 分（500 分乘以 50%的权重）。如果各因素的间隔是一个固定的数值，最低等级的分值可能是分配给该因素的权重值。例如，学历的百分比权重是 50%，因此最小的分值亦为 50。等级的间隔可以用最高分减去最低分，然后除以所采用的等级数量减 1 来计算。下面以因素 1 说明间隔的计算，见公式 6-1。

$$S = \frac{Y - X}{N - 1} \tag{6-1}$$

式中，S——间隔，Y——因素的最高分，X——因素的最低分，N——等级，当 $Y = 250$，$X = 50$，$N = 5$ 时，间隔 $S = 50$。

从表 6.4 看出，学历的每一个等级的间隔都是 50。

建立职位的点值体系是个耗时的过程，美国的一些组织开发了一种标准点值方案。特别是美国顾问公司 Hay Associates，已根据世界五千多家企业建立了一个相当健全的制度，称为海迪制度（Hay System），受到企业界欢迎并乐于采用。点值法在私人机构中运用得最为普遍。

（二）基于资历的薪酬制度

基于资历的薪酬是根据员工所具备的一些条件（如技术、知识、能力、经验和工龄）决定其薪酬水平。这一制度强调团队合作（家族式文化）和灵活的工作作风（发展式文化）的企业文化。

它的优点是增加了企业工作的灵活性，员工可以从事不同的工作而不影响其薪酬；它鼓励员工不断学习知识和技术（即使有时员工的新知识和技术不能立即应用），满足员工自我发展的需要。随着员工技术增加，企业可灵活调动员工，减少瓶颈情况出现。

这一制度的缺点在于：为员工具有而企业不需要的技能付酬，有时会增加企业的费用。旅游企业较少采用这种制度，但会借鉴资历薪酬的一些参数，如技术和经验等。

（三）不同竞争环境中的薪酬策略

同其他企业一样，旅游企业薪酬制度一旦制定，都具有相对的稳定性，这一稳定性是企业薪酬制度适应企业竞争策略的一个反映。企业在发展阶段的竞争策略是提高竞争力，所以薪酬制度采用吸引策略，即采用低薪金、高奖金、低福利政策。在稳定期，由于竞争激烈时对手众多，如果企业有相当的优势，可以采用高薪金、高福利以稳定员工队伍，低奖金以减少人员成本。但如果企业竞争处于优势，但优势又不很明显，从保存实力角度看，采用有竞争力的薪酬政策还是明智的。

（四）旅游企业薪酬未来发展趋势

现代企业越来越重视员工的灵活性和对他们的授权，所以薪酬有这样一种趋势——依据能力付酬。这种根据胜任工作的能力来付酬的方式能进一步满足员工的需求。它不是根据工作说明书规定的活动和责任为员工付酬，所以测评体系和报酬体系都倾向于引导员工绩效的提高，薪金的发放方式将有助于实现这一方式。

这种根据员工绩效的提高程度支付报酬的方式与传统的薪酬方案不同。传统的薪酬方案以工作说明书为基础，根据薪酬结构表制订薪酬等级，加强层级观念和指导员工行为。付薪流程如图 6.4 所示。

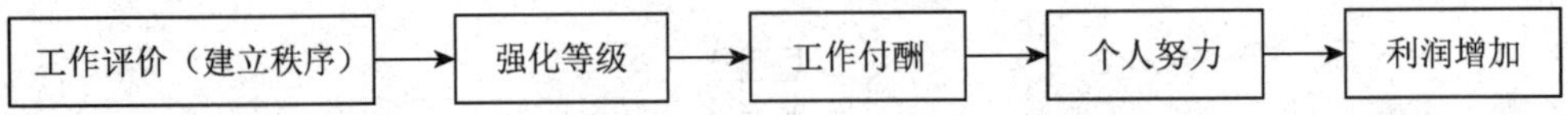

图 6.4　传统的薪酬流程

薪酬制度的一种发展趋势是从根据职位付酬转向根据员工的综合状况付酬。企业的关注点从制订等级和指导员工行为转向了鼓励员工参与企业事务，提高忠诚度，以绩定酬。如图 6.5 所示。

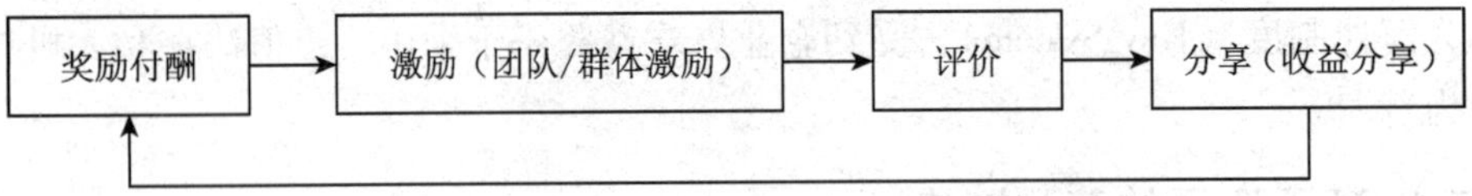

图 6.5　非传统的薪酬流程

通过比较发现，传统的薪酬制度中员工是孤立和被动的，企业的管理强调“等级”和秩序，员工缺少参与。企业与员工的关系是：企业为员工的工作付酬，员工为企业增加利润，企业有可能发展而员工不一定有发展。非传统的薪酬提倡分享企业收益，重视通过奖励付酬发挥员工的参与性与能动性，使企业与员工共同发展。

二、薪酬水平与结构设计

薪酬制度包含了薪酬、支付方式及薪酬的升降政策。其中薪酬又可分为基本薪酬、加班薪酬、节假日薪酬等几种形式。这里重点讨论基本薪酬的薪酬水平及其结构设计。

（一）薪酬水平

基本薪酬是旅游企业员工能定期拿到的固定数额的报酬。薪酬的水平是指企业员工的平均薪酬。企业在确定员工薪酬水平时，可以作出三个选择：超出竞争对手水平，相当于行业平均水平，低于行业平均水平。

1. 超出竞争对手水平

服务是旅游企业的重要产品，它十分重视和依赖员工的才能与热情。采取超出竞争对手水平的薪酬的目的是增加吸引和保留优秀员工的能力，并希望通过这个途径，提高员工对薪金的满意度，发挥员工的积极性。企业相信通过高于竞争对手水平的薪酬，能够选择到优秀的员工，通过员工更有效率的工作，企业又能创造更多的价值。

2. 相当于行业平均水平

企业采用行业平均水平的薪酬吸引称职的员工。有的企业还通过多种优惠的政策、福利及奖励吸引优秀员工。

3. 低于行业平均水平

企业采用低于行业平均水平的薪酬，虽然降低了劳动力成本，但同时降低了企业在劳动力市场的竞争能力。有的企业凭借其他途径，如工作保障、升职机会、工作环境等因素抵消低薪酬水平的不利影响，同时努力利用特色产品、便利的地理位置与竞争对手竞争。

三个政策的选择都会影响到旅游企业招工能力、保留员工能力、劳动力成本、员工对薪酬的满意程度以及企业的服务质量等。

（二）薪酬结构设计

1. 薪酬结构的形式

根据现有旅游企业的发展状况，薪酬结构主要有三种形式：结构式薪酬模式、岗位等级薪酬模式和计件式薪酬模式。企业可根据部门的具体情况选择采用。

（1）结构式薪酬模式。结构式薪酬（又称结构式工资）主要由基础工资、职务工资、工龄工资、效益工资、补贴（津贴）等部分组成。其中基础工资又称固定工资，效益工资又称浮动工资，有时以奖金形式表现。

基础工资是结构式薪酬中相对固定不变的那部分，它具有维持和保障企业员工基本生活的职能；职务工资是旅游企业根据工作分析中有关职务（或岗位）的要求而确定的工资；工龄工资是按企业员工的工龄或工作年限而确定的工资；效益工资又称奖励工资，它以浮动形式根据企业的效益好坏和员工完成工作的产量基数而确定。

结构式薪酬模式操作简单，具有直观、简明的特点，适合中小型、人力资源管理简单的旅游公司、饭店等企业。

（2）岗位等级薪酬模式。岗位等级薪酬模式（又称岗位等级工资制）是按照各个不同的岗位和每一个岗位中不同等级而确定薪酬标准的薪酬制度。企业确定岗位等级的指标至少包括所任岗位规模、职责范围、工作复杂程度、人力资源市场价格四方面的内容。其中：岗位规模是指该岗位对企业影响程度、管理监督人数及下属劳动复杂程度，职责范围指完成工作独立性难度、沟通频率和方式，工作复杂程度指任职资格、解决问题难度、工作环境，人力资源市场价格要考虑人才流向和获取所需人才的难度。这四个因素能描述出各个岗位和岗位内部各个等级之间的劳动差别和工资差别。由旅游企业的人力资源管理部门、业务部门经理、技术人员、基层员工组成专门班子，用点数法对整个企业的各个岗位统一测定岗位的点数，一经测定后的标准，基本保持相对稳定。以后任何一个人担任同一岗位工作都是适用的，而且岗位的点数也应相同。如果一个员工的岗位发生变动，其岗位的点数也要调整。图 6.6 是以某饭店为例说明的薪酬等级。

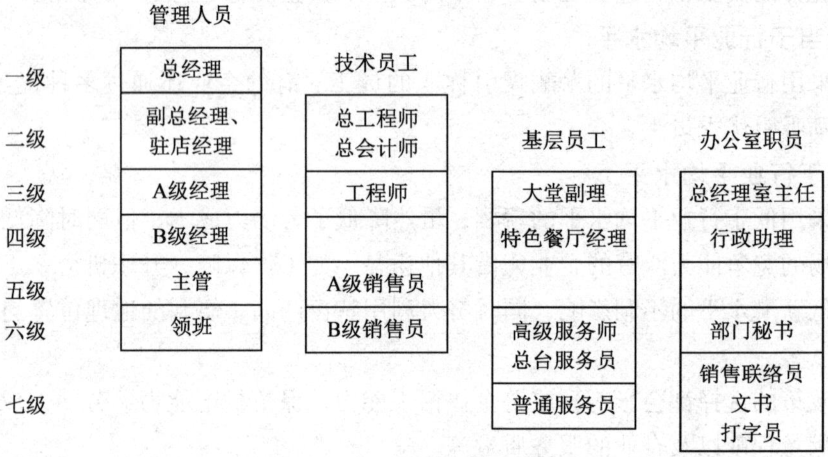

图 6.6　某饭店薪金等级

该饭店共分为七级，除第七级外，一至六级分别与管理层的职位相对应。这一分级方式适合小型的饭店。

如果饭店较大，岗位等级也可如下划分（同时对技术工人另分等级），如表 6.5 所示。

表 6.5　大型饭店岗位等级划分

高级行政级	一、二、三级
行政级	四、五、六级
管理级	七、八级
员工级	九、十、十一级
实习生级	十二级
适用期	十三级

（3）计件式薪酬模式。计件薪酬（又称计件工资）是根据员工所完成的工作的数量、质量和所规定的计价单价核算而支付劳动报酬的一种报酬形式，其数额由工作标准和工作时间决定，体现了按劳分配的原则。计件工资能反映出不同等级员工之间的劳动差异，又能反映出同一级员工之间的实际劳动差别。

2. 薪酬结构差异选择

薪酬结构差异是指企业内不同工作类型间的等级比较。企业从市场调查得到一些薪酬参考水平后，划分等级，确定等级差异和建立企业的薪酬体系。薪酬结构差异概括地分为两类：平坦形（Flat Structure）和高峭形（Steep Structure）。

平坦形的薪酬结构特点是薪酬层数少以及薪酬差异小。这一类的结构较为简单，高级员工与低级员工薪酬差距不大，较适用于一些以平等为主的企业文化，但这一结构对于员工晋升和接受培训的激励不大。高峭形的薪酬结构细微划分了员工的薪酬等级，高层员工与低层员工的薪酬一般相差较大，而员工的薪酬调整次数也较频繁。这一结构的优点是有利于提供员工在晋升和培训方面的动力，也减少员工因激励不足而外流。

三、奖励制度的设计

奖励包括物质奖励和精神奖励两种形式，物质奖励又称作奖金，需要公司支付一定数量的货币。表现形式有发放物品、支付货币、组织旅游等。精神奖励的表现形式可以是表扬、鼓励，还可能是更有利的成长机会（培训、升迁等）。奖励的根本目的是激励员工。

我国旅游企业员工奖励主要有综合奖与单项奖两种。

综合奖是以综合考虑多项指标为依据，确定奖金等级。这种办法多是预先制定考核指标，按员工完成考核指标的得分作为计奖的基础，指标完成得好，得分就高，奖金就多。奖金随企业实现经济效益的大小而上下浮动，如企业分红、员工持股计划等。

单项奖是以员工完成某一项主要指标的情况作为得奖条件，是对员工的劳动贡献和劳动态度方面进行专项考核、单项发奖的奖励形式。

单项奖设立与分配的主要特点是：主攻目标明确单一，考核项目简单，简便易行，机动灵活，有利于促进某一特定工作的开展和改进企业管理的薄弱环节。单项奖往往是一次性奖励，如节约奖、质量标兵奖、合理化建议奖、技术能手奖、绩效奖、满勤奖、特殊贡献奖、销售佣金等。单项奖的项目不宜过多，应集中力量解决重要项目，达到提高服务质量和提高经营效果的目的。同时，也要注意要信守诺言，应该奖的一定及时奖。

四、薪酬制度的评价

（一）薪酬制度与公平原则

公平原则是薪酬制度设计的一个重要原则，对内公平取得满意与激励，对外公平求得竞争优势。薪酬设计时还需要注意的是：不但在薪金、福利、奖励中充分考虑了公平原则，同时组织的其他报酬中也要注意公平。不但注重分配公平，即注重个人可见的报酬的数量的公平，还要关注程序公平，即用来确定薪酬分配程序的公平。程序公平同以下三个部分密切相关。

1. 组织文化

组织文化是否开放，员工是否清楚薪酬组成及重要的薪酬政策，重要信息如何公布、执行，上下级的信任程度等，都对薪酬的程序公平性起到重要作用。

2. 沟通

管理者与员工的地位不同，对制度的理解可能存在差异，所以建立通畅的沟通系统，尤其是上诉系统，能及时处理员工的不满，有助于完善薪酬的公平系统。

3. 员工的地位

企业是否真的重视员工的感受，薪酬决策能否反映员工的意见，将影响员工对薪酬公平感的认可。

程序公平更容易影响员工的组织承诺、对上司的信任和流动，所以要考虑分配的决策过程公开化，遵循一致和无偏见的程序，这样即便员工对薪酬、晋升和其他个人产出有不满时，也能以积极的态度看待上司和组织。

（二）薪酬制度与工作效率

工作效率即一定时期工作产出与投入的比率，与旅游企业的效益正相关。由于薪酬制度的目标之一是企业的效益目标，所以有利于提高工作效率的薪酬制度，将有利于企业效益。薪酬制度与工作效率的关系可从以下几方面探讨。

1. 满意的薪酬制度有可能提高生产率

早期关于满意和绩效的关系可以概括成一句话“快乐的工人是生产率高的工人”。在20世纪30年代至50年代，西方管理者表现出家长式的工作作风，尽量使工人有满意的工作、满意的薪酬，就是为了使工人有更高的工作效率。现在人们发现，有时满意的薪酬却不一定带来高生产率，如有的员工希望有更多的晋升机会、更好的工作条件，而对薪酬的敏感因人而异。在经济尚不发达、员工成长初期、金钱在生活中占有重要地位，尤其是金钱与员工工作量有直接联系时，满意的薪酬很大程度上是能提高生产率的。

2. 不公平的薪酬降低工作效率

根据公平理论，员工常常将自己的薪酬与其他员工所得相比，其积极性既受其绝对收入的影响，又受其相对收入的影响。一旦员工感到不公平，他们会采取行动纠正这种情境，以时间计酬的员工，会通过降低效率或增加浪费求得平衡；以产量计酬的员工，为追求高收入，可能会造成多数量低质量。结果是降低生产率，降低产出质量。不公平薪酬造成的严重后果是缺勤或自动离职，给业务部门生产造成麻烦。

3. 基于工作表现的薪酬增加有利于提高工作效率

员工一般都认为工作表现是决定薪酬高低的最主要因素。因此，企业薪酬增加、福利发放以及奖金分配能及时反映出员工的工作表现，将大大有利于提高工作效率。

4. 执行程序不当降低工作效率

一些研究显示，利益分享制度在60%的企业里起到促进生产力的作用，在有的企业不成功，原因有以下几点：

（1）奖金发放时间过疏。奖金是企业激励员工的重要手段之一，有的旅游企业只在年终发一次红利或双薪，尽管奖金的发放有时也依据员工个人的平时表现，但是由于评定依据过于笼统，而且时间间隔过久，员工没有在有成绩时得到及时奖励，积极性受到伤害，反而影响了工作效率。

（2）缺少沟通。缺少沟通容易使得有些薪酬内容与员工需求关系不大，员工没有兴趣；执行中若绩效评估被认为不公平或有偏差，则薪酬就更不能起到提高产出的目的。

（3）采取方式没有得到员工的认可。有些企业过多地运用消极强化，如多次频繁地采取扣工资方式对员工的不良行为或低效率处罚，容易使员工的感情受到伤害，从而降低员工的工作投入。

（4）奖励制度形同虚设。本来企业设立奖励制度是为了增进效益，但有时企业为节省开支，该奖的时候没有奖而罚款却很及时，造成员工对工作失去热情，效率低下。

（三）薪酬制度与工作满意度

工作满意度指个人对其从事的工作的一般态度。一个人的工作满意度高，对工作就可能持积极的态度，对工作不满意的人就可能对工作持消极态度。

1. 公平的薪酬获得员工的满意

员工希望分配制度能让他们觉得公正、明确，并与他们的期望一致。当薪酬公正地建立在工作要求、个人技能水平、社会工资标准的基础之上时，他们就会对工作满意。需要注意的是：许多人宁愿接受较少的报酬，而在一个自己喜欢的地点工作或选择较少的工作，或选择有更多自主性和自由支配时间的工作。所以薪酬与满意之间的联系关键不是一个人的绝对所得，而是公平的感觉。

2. 有效地运用薪酬制度提高员工的满意度

公平的薪酬制度不见得就是一个有效的薪酬制度，很多企业的员工和管理人员对企业的薪酬制度不了解或不能适时运用，结果不能起到增进员工满意度的效果。

一个好的奖励制度可以带来高满意度。例如，部门对员工好的表现适时增加口头表扬的次数，让员工获得物质奖励或增加晋升的可能性，那么这种正强化就有可能提高员工对工作的满意度。

3. 薪酬制度不是员工满意的唯一因素

现在很多的人力资源部门把薪酬看得太重，认为留住人才的最好办法是加薪。员工也许在一段时间内比较关注薪金，但如果他对工作、对企业、对自己的前景失去了兴趣和信心，他迟早会离开企业。一些留住关键人才、求得员工满意的计划主要包括增薪、奖金、股权和公司提供的特殊福利，但现在有些企业越来越意识到“职业生涯规划”对员工满意度的重要影响。

以下是几个影响工作满意度的因素：

（1）有挑战性的工作。员工更喜欢能表现其能力，有一定自由度和挑战性的工作。但需注意，挑战性低的工作使人感到厌烦，挑战性太强的工作会使人产生挫折和失败感，在中度挑战的条件下，大多数员工将感到愉快和满意。

（2）公平的晋升政策。晋升为员工提供的是个人成长机会、更多的责任和社会地位的提高。因此如果员工觉得晋升决策是以公平和公正为基础的，他们更容易从工作中体验到满意感。

（3）支持性的工作环境。员工对工作环境的关心是为了个人的舒适，也是为了更好地完成工作。研究证明，员工希望工作的物理环境是安全的、舒适的，湿度、噪声和其他环境因素不应太强或太弱。此外，大多数员工希望工作地离家比较近，设备比较现代化，有充足的工具和机械装备。

（4）融洽的同事关系。对于大多数员工来说，工作还满足了他们社交的需要。所以，友好和支持性的同事关系会提高员工对工作的满意度。上司的行为也是一个决定满意度的主要因素。研究发现，当员工的直接主管是善解人意的、友好的，能对好的绩效提供表扬，愿意倾听员工的意见，对员工表现出个人兴趣时，员工的满意度会提高。

（5）人格与工作匹配。员工的人格与职业的高度匹配将给个体带来更多的满意度。即当人们的人格特征与所选择的职业相一致时，人们会发现自己有合适的才能和能力来适应工作的要求，并且在这些工作中更有可能获得成功。同时，由于这些成功，他们更有可能从工作中获得较高的满意度。

第三节　社会保险和福利

社会保险实际上是强制性福利，也称公共福利。它是根据法律要求，所有在中国境内的企业必须向雇员提供的福利。除社会保险外，许多有偿假期也属于强制性福利。旅游企业给员工提供的个人福利则属于自愿性福利范畴，完全由企业自行决定。与雇员的直接报酬不同的是，福利一般不需纳税。因此，相对于等量的现金支付，福利在某种意义上，对雇员具有更大的价值。

一、社会保险

（一）社会保险内容

社会保险包括养老保险、医疗保险、失业保险、工伤保险和生育保险等。

1. 养老保险

养老保险（或养老保险制度）是国家和社会根据一定的法律和法规，为解决劳动者在达到国家规定的解除劳动义务的劳动年龄界限，或因年老丧失劳动能力退出劳动岗位后的基本生活而建立的一种社会保险制度。养老保险是世界各国较普遍实行的一种社会保障制度。一般具有以下几个特点：由国家立法强制实行；企业单位和个人都必须参加，符合养老条件的人，可向社会保险部门领取养老金；养老保险费的来源，一般由国家、单位和个人三方或单位和个人双方共同负担，并实现广泛的社会互济；养老保险具有社会性，影响很大，享受人多且时间较长，费用支出庞大。我国的养老保险由三个部分（或层次）组成：第一部分是基本养老保险，第二部分是企业补充养老保险，第三部分是员工个人储蓄性养老保险。

（1）基本养老保险是按国家统一政策规定强制实施的为保障广大离退休人员基本生活需要的一种养老保险制度。它居于多层次的养老保险体系中的第一层次。我国的基本养老保险制度是社会统筹与个人账户相结合的基本养老保险制度。这个制度在基本养老保险基金的筹集上采用传统型的基本养老保险费用的筹集模式，即由国家、单位和个人共同负担。基本养老保险基金实行社会互济。在基本养老金的计发上采用结构式的计发办法，强调个人账户养老金的激励因素和劳动贡献差别。

（2）企业补充养老保险是指由企业根据自身经济实力，在国家规定的实施政策和实施条件下为本企业职工所建立的一种辅助性的养老保险。它居于多层次的养老保险体系中的第二层次，由国家宏观指导、企业内部决策执行。企业补充养老保险费可由企业完全承担，或由企业和员工双方共同承担，承担比例由劳资双方协议确定。企业内部一般都设有由劳资双方组成的董事会，负责企业补充养老保险事宜。

（3）员工个人储蓄性养老保险是我国多层次养老保险体系的一个组成部分，是由职工自愿参加、自愿选择经办机构的一种补充保险形式。由社会保险机构经办的职工个人储蓄性养老保险，由社会保险主管部门制订具体办法，职工个人根据自己的工资收入情况，按规定缴纳个人储蓄性养老保险费，记入当地社会保险机构在有关银行开设的养老保险个人账户，并应按不低于或高于同期城乡居民储蓄存款利率计息，以提倡和鼓励职工个人参加储蓄性养老保险，所得利息计入个人账户，本息一并归职工个人所有。职工达到法定退休年龄经批准退休后，凭个人账户将储蓄性养老保险金一次总付或分次支付给本人。职工跨地区流动，个人账户的储蓄性养老保险金应随之转移。职工未到退休年龄而死亡，记入个人账户的储蓄性养老保险金应由其指定人或法定继承人继承。

2. 医疗保险

医疗保险是当人们生病或受到伤害后，由国家或社会给予的一种物质帮助，即提供医疗服务或经济补偿的一种社会保障制度。医疗保险制度通常由国家立法强制实施，建立基金制度，费用由用人单位和个人共同缴纳，医疗保险费由医疗保险机构支付，以解决劳动者因患病或受伤害带来的医疗风险。

我国的基本医疗保险费由用人单位和职工共同缴纳。用人单位缴费率一般控制在职工工资总额的6%（各地的缴费标准会有一定的差别），职工缴费率一般为本人工资收入的2%。随着经济的发展，用人单位和职工缴费率会作相应调整。基本医疗保险基金由统筹基金和个人账户构成。职工个人缴纳的基本医疗保险费，全部计入个人账户。用人单位缴纳的基本医疗保险费分为两部分，一部分用于建立统筹基金，一部分划入个人账户。

3. 失业保险

失业保险是指国家通过立法强制实行的，由社会集中建立基金，对因失业而暂时中断生活来源的劳动者提供物质帮助的制度。它是社会保障体系的重要组成部分，是社会保险的主要项目之一。从单位来讲，城镇的国有企业、集体企业、外商投资企业、港澳台投资企业、私营企业等各类企业，以及事业单位都必须参加失业保险并按规定缴纳失业保险费。从个人来讲，上述单位的职工也要按规定缴纳失业保险费，失业后符合条件的可以享受失业保险待遇。

4. 工伤保险

工伤保险是国家为了保障劳动者在工作中遭受事故伤害和患职业病后获得医疗救治、经济补偿和职业康复的权利，分散工伤风险，促进工伤预防的一种社会保障手段。工伤保险要与事故预防、职业病防治相结合。工伤保险实行社会统筹，设立工伤保险基金，对工伤职工提供经济补偿和实行社会化管理服务。工伤保险费由企业按照职工工资总额的一定比例缴纳，职工个人不缴纳工伤保险费。工伤保险费根据各行业的伤亡事故风险和职业危害程度的类别实行差别费率。

与享受养老、医疗、失业等保险待遇要求劳动者具备一定的就业、缴费年限的条件不同，工伤保险要求的是被保险人的伤残必须由工伤事故所致，所患疾病必须被确认为国家法定的职业病，残疾程度必须由医务劳动鉴定机构评定。

5. 生育保险

生育保险是国家通过立法，对怀孕、分娩的女职工给予生活保障和物质帮助的一项社会政策。其宗旨在于通过向职业妇女提供生育津贴、医疗服务和产假，帮助她们恢复劳动能力，重返工作岗位。

（二）社会保险的缴费

企业必须向当地社会保险经办机构办理社会保险登记，参加社会保险。

企业每月按照社会保险经办机构规定的时间，向其送达月报表和有关资料。

社会保险经办机构进行即时审核，对申报资料齐全、缴费基数和费率符合规定，填报数量关系一致的月报表签章核准；对不符合规定的月报表提出审核意见，退回企业修正后再次审核。

企业缴费申报经核准后，可以采取下列方式之一缴纳社会保险费：企业到其开户银行缴纳，企业到社会保险经办机构以支票或现金形式缴纳，企业与社会保险经办机构约定的其他方式。

企业必须在社会保险经办机构核准其缴费申报后的3日内缴纳社会保险费。企业和缴费个人应当以货币形式全额缴纳社会保险费。缴费个人应当缴纳的社会保险费，由企业从其本人工资中代扣代缴。

二、福利制度

（一）福利的含义

广义的福利包括：国家为人民举办的文化、教育、卫生等事业，为城乡居民和员工直接或间接支付的各种补贴，为丧失劳动能力的员工举办的保险事业，为残疾人举办的社会福利设施，等等。即凡是有关改善人民物质和文化生活的事情都可以称为福利。从旅游企业的角度来看，福利只是一种补充性报酬，它往往不以货币形式直接支付给员工，而是以服务或实物的形式支付给员工，如带薪休假、成本价的住房、子女教育津贴等。

福利作为一种具有长远回报效益的投资，对于提高员工工作积极性，增强员工荣誉感，提高工作效率起着十分重要的作用，员工福利管理作为一项有效的管理在旅游企业管理中占有越来越突出的位置。

（二）旅游企业员工福利的形式和内容

1. 经济性福利

经济性福利是指以金钱或实物为形式的员工福利。主要如下：

（1）额外金钱性收入。如年终或特殊节日的加薪、分红、物价津贴、服务小费等。

（2）超时酬金。超时加班费、节假日值班费或加班优待的饮料、膳食之类。

（3）住房性福利。免费单身宿舍、夜班宿舍，廉价公房出租或出售给本企业员工，提供购房低息或无息贷款，发放购房补贴等。

（4）交通性福利。旅游企业接送员工上下班的免费班车服务，市内公共交通费补贴或报销，个人交通工具（如汽车）购买低息、贷款或津贴，保养费或燃料费补助等。铁路、航空等都有对本部门员工提供折价的车票、机票或其他本部门产品服务的福利政策。

（5）饮食性福利。免费或低价工作餐，工间免费饮料，公关应酬饮食报销，食品免费发放、集体折扣代购等。

（6）教育培训性福利。旅游企业内在职或短期脱产培训，旅游企业外公费进修（业余、部分脱产或脱产）、报刊订阅补贴、专业书刊购买补贴、为本企业员工向大学捐助专用奖学金、免费提供计算机或其他学习设施服务等。

（7）医疗保健福利、公费医疗。免费定期体检及防疫注射、药费或滋补营养品报销或补贴、职业病免费防护、免费或优惠疗养等。

（8）意外补偿金。意外工伤补偿费、伤残生活补助、死亡抚恤金等。

（9）离退休福利。包括退休金、公积金及长期服务奖金（工龄达规定年限时发给）等。

（10）有薪节假。除每周末及法定假日和病假、产假外，每月及每年有若干带薪事假或休假日，其长短通常按工龄的不同而做区别性规定。

（11）文体旅游性福利。有组织的集体文体活动（晚会、舞会，郊游、野餐，体育竞赛等），企业自建文体设施（运动场，游泳池，健身房，阅览室，书法、棋、牌、台球等活动室），免费或折扣价电影、戏曲、表演、球赛票券，旅游津贴，优惠车、船、机票，免费订票服务等。

（12）金融性福利。信用储金、存款户头特惠利率、低息贷款、预支薪金、额外困难补助金等。

（13）其他生活性福利。洗澡、理发津贴，降温、取暖津贴，优惠价提供本企业旅游产品或服务等。

这些福利项目不仅给予员工本人，还可全部或部分提供给员工的直系家属。由于每个员工各有不同需要与爱好，福利若不能投其所好，效果就会降低，激励力就会削弱。为提高福利项目的有效性，有不少旅游企业开始采用“自助餐式发放方式”将等值福利项目按不同方式搭配，让员工各取所需，效果更好。

2. 非经济性福利

这是广义的福利，目的与经济性福利一样。这类福利多取服务或环境改善形式，不涉及金钱与实物。

（1）咨询性服务。如员工个人发展设计的免费咨询服务（给予分析、指导和建议，提供参考资料与情况等），员工心理健康咨询（过分的工作负荷与压力导致的高度焦虑或精神崩溃等心理症状的诊治）及免费或优惠价的法律咨询等。

（2）保护性服务。包括平等就业权利（反种族、性别、年龄等歧视）、投诉检举的反报复保护、性骚扰保护、隐私保护等都属新的关注焦点。

（3）工作环境保护。如人机工程原理用于工作环境设计，工作扩大化，工作丰富化，弹性工作时间，缩短工作时间，扩大工作反馈渠道等工作再设计项目，企业内部提升政策（即有高层职位出现空缺时，只从内部已有员工中选拔替补，不到外界去寻觅的规定），员工参与的民主化管理等。

3. 补充性福利

这是新发展起来的一种福利形式。一个竞争性的补充性福利方案有利于吸引并留住雇员。在企业中，如果竞争性的福利开支所占的比重增加，就意味着企业的福利管理水平比较高。与工资不同，在福利上，是雇员所感觉到的福利的竞争性在控制着雇员的流失率。因此，如果旅游企业的确实行了竞争性的福利制度，企业应该大力进行相关的宣传，让雇员能够充分感觉到这一点。

从旅游企业的角度看，推迟福利的分发期是一个有效的控制雇员流失的方法。因为雇员为了不失去他应该得到的福利，会增加在企业的服务期限。但是现在国家对福利分发的有力管理产生了缩短福利分发期的压力，因此，这一策略对企业来说会变成没有用的策略。

从雇员流失的角度来看福利问题，一个基本的问题是福利常常是与工作表现无关的，因为福利是所有的雇员都可以获得的。有时，旅游企业的非正式雇员也可以获得这些福利。因此，旅游企业如果能够从总的福利开支中列出一部分来建立一种与工作业绩相关联的福利分配制度，对于激励那些业绩上佳的雇员并把他们留在企业可谓一箭双雕。

（三）影响旅游企业福利的因素

1. 企业竞争策略

旅游企业竞争策略与福利制度的设计有密切的关系。例如，当某一旅游企业由于处于竞争的劣势，资金不足，需要大量资金开发新产品时，多会取消或暂缓一些福利项目。相反，当一个旅游企业有相当的实力而且在不断成长时，为了保持其在劳动力市场的竞争力，企业就会设置一些有吸引力的福利项目。

2. 企业文化

员工福利反映了旅游企业文化，如我国很多国有饭店、旅行社，企业的家族式文化浓一些，强调对员工的关怀与照顾，尽量为员工提供优厚的生活福利。有些国有的旅行社、饭店至今还保留着幼儿园，一方面照顾了青年员工的需要，另一方面使老职工得以安置。但以市场式文化为特征的外资饭店，多强调业务经营，不希望过多的福利设施占用企业资金和精力，多采用福利社会化的方式。

3. 员工的需要

员工对福利一般持积极的态度，但对福利的表现形式，却有不同的看法。例如，有的员工生活负担较重，希望现金福利多些（实质是希望高薪金、低福利），如果企业将奖励旅游、代金券、实物换成现金，也许会更受欢迎；相反，有些高收入的员工则希望有带薪休假形式的福利，这样可以缓解工作的压力，增加与家人团聚的机会；年纪大的员工多希望有足够的保险金，增加职业安全感，减少自己失业、就医的担心；有些员工未婚，负担少，但由于竞争的压力，他们可能更希望有灵活的工作时间，那么企业可能不必投入一分钱，只要工作时间灵活就能使这些员工满意。因此，福利制度的设计应考虑员工的需要，使员工得到更大的满足。

4. 国家法规与政策

许多国家和地区的政府明文规定，企业员工应该享受哪些福利（如职工保险、法定休假日、有薪假期等）。旅游企业在制订福利计划时，必须遵守国家法律法规和企业所在地政府规定，如劳动法、劳动保险条例等，以免触犯法律，引起法律诉讼。

5. 工会

现代企业中，工会的存在为保护广大劳动者的合法权益起到了重要作用，旅游企业在制订福利计划时，有必要和工会进行协商，以确定福利计划的范围和内容。

【复习思考题】

1. 简述薪酬的构成。
2. 薪酬管理的目的和作用是什么？
3. 薪酬管理的主要内容和基本程序是什么？
4. 如何提高员工对薪酬的满意度？

【案例分析】

马里奥特酒店的薪酬政策

早上5：30第一批上早班的员工来到了位于芝加哥市中心的马里奥特酒店（Marriott）。他们住在离大都市中心区最远的城市边缘，他们的工资是每小时7美元。马里奥特酒店集团所雇用的10万余名客房清洁工、洗衣工、洗碗工以及其他小时工的工资也基本上在此水平。马里奥特酒店集团认为这一工资水平是由劳动力市场决定的："如果我们所支付的工资超过了雇员为我们做出的贡献，那么我们将会使自己失去竞争力。"

低工资雇员的需要是很容易被忽视的。毕竟，如果一位洗碗工辞职，总会有其他的人兴高采烈地跑来接替他的工作。马里奥特酒店集团与其他一些低工资雇主正在把低工资雇员当成一个富于调整性的、越来越重要的群体看待。他们反对用支付更高工资的做法来吸引质量更高的员工。这些公司还常常为反对行业工会介入而进行激烈的斗争。不过，这些公司却采取了许多正式的和非正式的问题解决方式，其中包括员工股票选择权、社会服务求助网、子女日托以及提供自食其力的工作培训课程，这些做法的目的都在于留住员工，同时使得客户满意。一些批评家们一直认为，马里奥特酒店集团实际上在利用那些求职者的脆弱而占他们的便宜，因为他们在别处很难找到工作。

在前所未有的竞争中，马里奥特酒店集团只有通过不断提高服务效率，保持世界一流的服务才能生存下去。而它的人力资源战略成功地使得雇员表现出对企业的忠诚，许多人感到自己在这里有发展的机会。分析家认为，马里奥特酒店集团的员工流动率大大低于其大多数竞争对手。

然而，做到这一步也是需要付出成本的。长期以来都是马里奥特的管理人员和监督人员帮助员工们解决问题，即扮演社会工作者的角色。他们为面临家庭问题的员工提供咨询，精心地调整工作班次以满足员工照看孩子的需要，或者借钱给员工以使他们能够支付必须支付的账单。

马里奥特酒店集团毫无疑问地已经与许多员工建立起了密切的关系。“每天我穿上制服，觉得自己就像是一位NBA球员一样。”李（Lee），这位在西雅图的马里奥特酒店工作已经长达16年的吧台服务员这样自豪地说。李永远不会忘记他刚刚到这家酒店的洗衣房工作才一天的时候，他的老板就在第二天下令洗衣房关上门，让所有的人去参加他母亲的葬礼。这一姿态赢得了李对公司一生的忠诚——尽管在那时候公司为所有员工提供的股票期权还没有实行。李所掌握的所有英语知识都是从马里奥特学到的。现在，他利用自己从马里奥特酒店集团得到的股票和工资已经拥有了几处可供出租的房产。

但是，无论企业还是工会，对于低工资的员工和他们的需求了解得都还比较少。马里奥特酒店集团只是从1993年才开始着手研究领取小时工资的员工的状况，当时该公司意识到，在3年前实行的儿童看护福利仍然无法解决这部分员工的许多实际问题。研究很快发现，有1/4的员工存在某种语言障碍——其中最大的困难是不会说英语。在美国的马里奥特酒店集团中，员工的母语分属于数十种不同的语言。在这样的一种环境中，语言障碍几乎破坏了酒店的正常运转——有时情况会更糟。为此，马里奥特酒店集团开始为员工提供英语学习培训班——这是一种相对便宜但效率很高的措施。此外，马里奥特酒店集团还在美国15个城市的酒店中开发出一种培训，这种培训班专门为接受政府福利救助者提供基本的酒店服务技能培训。此外，公司计划在华盛顿特区以及其他两个地方开始一项新的培训，即教员工如何成为更好的父母和家庭伙伴。

根据马里奥特酒店集团的预测，花费200万美元在控制人员流动、缺勤以及消极怠工等方面所取得的成功，人力资源成本节约可以达到投资额的5倍。不过，对马里奥特酒店集团持批评意见的人仍然在不停地责问：为什么不能简单地支付更多的工资呢？“他们的伪善做得实在是登峰造极了”，饭店工人工会的财务秘书这样评价说。而马里奥特酒店集团则坚持认为，公司一直都在努力实现对工人的公平对待：“我们雇用了以前从来没有找到工作的人，我们给了他们机会。”这种说法在很大程度上是对的。但是，这并非一个完美的利他主义的故事。

分析题：

1. 马里奥特酒店针对普通员工的薪酬政策有什么特点？
2. 马里奥特酒店是如何在低工资水平下招聘和保留员工的？
3. 马里奥特酒店集团在美国取得的成功，是否能够在中国“复制”？为什么？

第七章

旅游企业员工的激励

导言

本章应围绕“旅游企业员工激励的理论和运用”展开学习。

【学习目标】

1. 了解激励的基本原理。
2. 掌握激励的方法和技巧。

【导入案例】

有效的激励

在现代经济环境下，人才已成为企业确立竞争优势，把握发展机遇的关键。企业不但要吸引人才，留住人才，更要激励员工使他们有归属感。良好的激励不仅可以调动企业员工的积极性和工作效率，也有利于企业吸引人才、留住人才，从而使企业不断发展壮大。行为学家通过大量的调查发现，绝大多数的组织在激发工作人员动机方面具有很大潜力。哈佛大学的威廉·詹姆士教授就曾发现，部门员工一般仅需发挥出20%~30%的个人能力，就足以保住饭碗而不被解雇，如果受到充分的激励，其工作能力就能发挥出80%~90%，其中50%~60%的差距就是激励的作用所致。这一定量的分析不能不使人们感到吃惊。企业要得到发展，就必须对员工进行有效的激励。

第一节 旅游企业员工的工作动力

旅游企业激励管理就是要有效激发员工的工作动机、调动员工的积极性与工作热情。而人的积极性是以需求为基础的，是由人的动机而推动的。因此，要想预测旅游企业员工的行为，引导和强化员工的行为，调动员工的积极性，就必须随时了解旅游企业员工的需求、动机及其基本规律。

一、需求

（一）需求的一般概念

需求是个体缺乏某种东西时产生的一种主观状态，它是客观需要的反映。这里所指的客观需要既包括人体内的生理需要，也包括对外部环境的需要。例如，当人体内缺乏热量时，血糖降低，浑身无力，经过神经传至大脑，就会产生进食的需求。但是，需求作为客观需要的反映并不完全是一个消极、被动的过程。在人与客观环境相互作用中，需求是在积极的活动中产生的。

具体来讲，需求是在各种刺激的作用下产生的。刺激是多种多样的，但总的来说可分为两大类：一类是有机体内部的刺激。它是通过内部器官感受到的，如饥渴、情感等，它是人体本能与心理活动的反映。另一类是外部的刺激。它是通过外部感受器官，如眼、鼻、口、皮肤、四肢等感受到的。它是客观环境包括自然和社会的各种事物在人的大脑中的反映。因此，概括地说，人的本能作为内部因素与客观环境作为外部因素共同对人体产生刺激，从而使人体产生需求。

（二）需求的分类

1. 按起源划分

人的需求是多种多样的，按照需求的起源，需求可以分为自然需求和社会需求。

（1）自然需求。自然需求是一个人生来就具有的，它是人类延续和发展其生命所必需的客观条件需求，它的满足是通过利用一定的对象或获得一定的生活状态而达到的。人的自然需求不仅受生物需求的制约，而且受社会生产、社会生活条件的影响。

（2）社会需求。社会需求为人类所特有，是在人类社会历史发展过程中，在自然需求的基础上形成的，如对知识的需求、文艺的需求、道德的需求、实现理想的需求等。它自然受到特定的文化背景、政治制度、风俗习惯等的制约，也可以说是人的自然需求在特有的社会制度和背景下的产物。

2. 按性质划分

按照人们需求的性质来说，需求可以分为物质需求和精神需求。

（1）物质需求。物质需求主要是指人们生理上的需求，包括衣、食、住、行、安全等方面的需求。它是人类生活的基本需求，是推动人们行动的基础力量。只有在物质需求基本得到满足的前提下，人的行为管理才会有效。从这个意义上讲，最大限度地满足员工的物质需求是有效利用人力资源的重要条件。

（2）精神需求。精神需求是指除生理需求以外的各类需求，如文化的、成就的、地位的、归属的需求等。学习、发展和参加社会活动的需求在精神需求中占重要的地位。精神需求主要是满足人的心理感受，如工作内容、工作环境、团队等能带来的快乐和满足感，人际关系融洽，上司的鼓励与表扬多于批评和指责等，这就构成了激发人们动机、支配人们行为的最有普遍意义的动力。

3. 按时间划分

人的需求具有一定的时效性，在一定的时间范围内需求是比较稳定的。由此，可以将需求分为当前需求和长远需求。

（1）当前需求。当前需求，是指显示生活中由某一具体的主客观因素引发的需求。例如，人进入 25 岁以后，对个人问题考虑最多的通常是婚姻，“住房”就成为处于这一年龄段年轻人的当前需求。由于人的当前需求生成原因一般比较显露，只要对症下药，解决起来就相对容易。解决员工当前需求问题，应该努力做到及时、准确。

（2）长远需求。长远需求，是指个人根据社会经济、文化条件和工作环境的变化、发展趋势，所做出的着眼于未来的需求判断。长远需求是经过个人思想加工形成的，它对人的行为影响是渐进式的。因此，组织应该对员工的长远需求进行引导，使其个人理想和信念能够随着组织的发展逐步实现。个人长远需求的内涵要比当前需求复杂得多，同时也不容易准确把握，但是它对稳定员工队伍和人力资源开发、建设的影响是不容忽视的。

在实际工作中，对当前需求和长远需求不能偏废任何一方。如果只顾当前需求而不顾长远需求，就很容易使人力资源管理工作陷入日常琐事，形成低水平徘徊，达不到“树人”目的。如果只顾长远需求，忽视当前，该眼下解决的思想问题放任不管，到头来势必积重难返，既不利于当前，也无益于长远。

二、动机

（一）动机的含义

动机是指推动人去从事某种活动的意图、愿望、信念等。动机是行为的直接原因。

动机与需求虽然具有相似的含义，但是二者之间的区别是明显的。需求是人的积极性的基础和源泉，动机则是推动人们互动的直接原因。也就是说，当人的需求具有某种特定的目标时，需求才能转化为动机。例如，人在长途跋涉中饥饿难耐，从而具有强烈的饮食需求，如果周围没有可能会找到的就餐地点，那么他只有按原计划前进，一旦发现了理想的就餐条件，就会促使其调整计划向目标就餐地点走去。

动机的表现形式是多种多样的，它可以表现为感受、兴趣、意图、信念、理想等各种形式。动机虽说是行为的直接原因，但应指出，推动人的行为的往往不是一种动机，而是几种动机的综合。这种动机的综合成为“动机系统”。当然，在某一动机系统中有占主导地位的动机。研究人的动机系统及主导动机有助于预测和引导人们的行为活动。

（二）动机的功能

动机作为行为的直接驱动力，具有三种功能：

一是始发功能，即行为的内驱力，这是指由人体基本需求所驱使而产生行为的功能。

二是导向功能，又称为选择功能，即动机选择与指导行为的功能。

三是强化功能，即动机使人的行为进一步强化的功能。动机会因为良好的行为结果而进一步重复出现，并得到加强；动机也会因不良的行为结果而受到削弱，使其减少或不再出现。

（三）动机的分类

人的动机倾向于逐渐发展成一定的驱动力。这些驱动力会影响人们看待工作和处理生活的方式。根据美国学者麦克利兰（David C. McClelland）和纽斯特罗姆（John W. Newstorm）等人的有关理论，以驱动力为研究对象对动机进行分类，人的动机可以分为成就动机、亲和动机、权力动机和能力动机四种。员工在工作中的表现能够反映出其当时的动机，管理者应该仔细观察和分析，并采取相应的管理措施（见表 7.1）。

表 7.1　员工动机管理分类

动机分类	工作中的表现	管理措施
成就动机	把解决问题视为自身的责任； 以目标为中心，并制订现实的、可以实现的目标； 寻求独立、挑战和卓越； 愿意进行有意义的、适当的冒险； 渴望获得工作绩效的具体反馈。	安排超常的、具有挑战性的但通过努力可以完成的工作任务； 重点对其工作绩效的量进行反馈。
亲和动机	非常注重和同事之间的关系，希望被他人接受； 热衷于参加社会活动，同时寻找归属； 喜欢关心和帮助他人。	及时对其良好的工作态度和合作精神进行表扬； 过分强调社会维度会干扰完成工作的正常秩序，应特别注意； 安排从事培训、招聘等强调关心他人的工作。
权力动机	希望控制局势； 希望能影响和控制其他人； 喜欢参加能获胜的竞争； 极力寻求具有权力和地位的职位。	让其领导和控制团队工作； 安排参与决策的制定，尤其是与之有关的、影响重大的决策的制定； 尽量把一个完整的工作任务交给他们去完成，而不是承担其中的一部分。

续表

动机分类	工作中的表现	管理措施
能力动机	追求工作熟练，以发展和运用解决问题的能力为荣耀； 对工作中所遇到的困难努力创新解决； 从过去的工作经验中收益，持续提高个人能力； 因高质量完成工作而感到内心满足，从注意到他们工作的人（如同事、客户和经理）那里获得自尊。	安排从事与其过去工作经验类似的工作； 重点对其工作绩效的质进行反馈； 从培养能力的角度让其承担具有探索性的工作。

三、需求、动机和积极性的关系

根据心理学理论，当人产生了某种需求而又没有得到满足时，就会产生一种紧张和不安的心理状态。为了缓和这种心理紧张，人就产生了动机，动机推动着人们去寻找、选择目标。在遇到能够满足需要的目标时，这种紧张的心理状态所转化的动机就会推动人们去从事某种活动，向目标前进。当人们顺利达到目标时，紧张的心理状态就会消除，需求得到满足，这时人又会产生新的需求、新的动机，引发新的行为，这样周而复始，往复循环，使人不断向新的目标前进。如果人们在达到目标的过程中受阻，心理紧张会加重，进而产生新的动机，并调整自己的行为，再一次尝试满足自己的需求。

第二节　旅游企业员工激励的概念与功能

一、激励的概念

在现代管理学中，激励是指为使员工的需求得到满足，而激发其个人动机，使之有一股内在的动力，朝着一定的组织目标行动的心理活动过程。从激励的定义可以看出，尽管每个员工都可能朝着组织的目标而努力工作，但他们之所以愿意这样做，是因为工作的同时也能够满足他们个人的需求。对管理者而言，在清楚地了解员工个人的需求和动机之后，就有机会引导员工的行为方向，使之与组织的目标相一致，并通过有效的激励措施，帮助员工通过努力工作实现这一目标。

（一）行为动因

在研究激励时首先要意识到，每个人的行为举止和实践活动都含有一种深层次的动因，使人按照某一特定方向或方式行动或思考，在与外界环境动力相结合后，产生某种行为。

（二）行为方向或目标

每个人的行为都具有方向性，但是个人行为目标是否清晰，是否与组织目标相一致，是选择激励措施所必须考虑的。要实现组织的有效激励，不仅要清楚地认识组织的整体目标，还要想方设法将组织的整体目标分解成对每一位组织成员都具有诱惑力的、个人努力工作的目标。

（三）行为保持

每个人的行为从启动到发展，直至终结，都会受到内在动因与外界环境力量的影响，通过调整由内在动因与外界环境力量所构成的行为导向系统，可以使行为保持或中止。在实际工作中，组织的管理水平是影响员工工作行为最主要的外界环境力量。因此，现代管理理论一致认为，有效激励员工是企业使员工保持良好绩效的一项非常重要的管理任务。

二、激励管理的模式

不论采取什么样的激励模式，其前提条件都是基于管理者对员工的一种基本认识，即员工是如何看待从事的工作以及员工在工作中行为表现的目标。人性假设理论为激励管理的模式选择提供了一定的理论依据，著名的 X 理论、Y 理论、Z 理论对划分激励的管理模式具有重要价值。以激励为核心的管理模式可以划分为三类，即传统模式、人际关系模式和人力资源模式。

（一）传统模式

激励管理的传统模式的主要形式是对员工进行身体上、经济上或社会性的惩罚。美国学者道格拉斯·麦格雷戈（Douglas McGregor）首先提出 X 理论。

X 理论从经济和生产的角度来看待员工，把员工视为“经济人”，提倡对员工实施强硬式的管理，从理论上支持了激励管理传统的模式。

1. X 理论对员工的基本判断

（1）人天生是懒惰的，大多数员工厌恶工作，并总是尽可能逃避工作。

（2）个人工作收入比工作性质更加重要。

（3）很少有员工能够完成那些需要创造性的工作。

（4）人有天生抵抗变革的本能，喜欢一成不变的工作状态。

（5）人天性自私，总是把个人利益凌驾于集体利益之上。

（6）只有少数人能够克制自己，这部分人应该担当起管理的责任。

2. 激励方针

（1）管理者的主要工作是严格监督和控制下属。

（2）管理者必须将工作简化和分解，以利于员工学习和掌握。

（3）管理者必须建立详细的工作程序并让员工严格遵守。

（4）管理者要根据员工的现场表现进行物质惩罚和金钱奖励。

3. 激励目标

（1）如果收入可观、管理者公平的话，那么员工就能忍受工作的压力。

（2）如果工作极为简单，员工又受到严格的监督，那么就能达到工作标准。

（3）如果企业强调员工必须迎合企业的劳动要求和管理，忽略员工的尊重需求以及自我实现与发展的需求，就会限制员工谋求与企业共同发展的愿望。

（二）人际关系模式

随着人力资源管理理论的实践与发展及人际关系学的崛起，越来越多的管理者摒弃了严厉无情的管理模式，对员工的管理趋于“人性化”。以麦格雷戈为代表的一批管理学者创立了 Y 理论。他认为要想使企业运转和谐，提高效率，就不能以 X 理论作为员工激励的指导思想，管理必须重视人们在原有管理模式下失去工作积极性的原因，从而要重视工作中的人际关系，重视人们的社会需求心理，使员工在工作中感到自身存在的价值。

1. Y 理论对人性的基本判断

（1）人并非天生厌恶工作，员工会把工作看成生活的一个必要的组成部分，很愿意去从事。

（2）在一定的情况下，一般人不仅愿意承担责任，而且会设法去寻求责任。逃避责任往往是后天的工作经历所致。

（3）抵制企业的目标并非人的天性，产生这种情况大都是管理者强迫的结果。

（4）一般人对企业目标的承诺程度，取决于在目标实现之后个人所得到的报酬的多少。

（5）大多数人具有想象力、创造力以及解决工作中具体问题的能力，而这种能力通常只发挥了一小部分。

2. 激励方针

（1）把员工视为“社会人”，强调管理者要引导员工自觉工作，尊重个人意志，管理者的主要工作是调动员工的工作积极性。

（2）建立和谐的人际关系，通过加强沟通，听取员工对工作计划和安排的不同意见。

（3）管理者有责任创造一个有助于员工发挥才华的良好氛围，为他们提供更富有挑战性的工作。

3. 激励目标

（1）让员工参与日常决策，满足员工的基本归属需求，并感到自身价值的重要性。

（2）提高团队士气，减少员工对各级组织的抵触。

（三）人力资源模式

激励管理的人力资源模式通常认为人是被一系列复杂的因素，如金钱、归属感、成就欲、有意义的工作等激励的。不同的人具有不同的工作目标和不同的才能。管理者的主要职能则是将员工看成潜在资源并设法最大程度利用这些资源。在此基础上形成的Z理论，重点指出对人的管理应该是整体统一的，应该将个人价值观基本的文化承诺和集体性很强的非人性化人际关系进行整合，形成的组织文化特征：信任、微妙性和人与人之间的亲密性。

1. 对员工的基本判断

（1）工作并不是先天就让人厌恶，人们愿意去完成那些自己帮助建立起来的工作。

（2）人与人之间的关系既复杂又微妙，只有长期相处才能准确了解每个人的个性。

（3）信任员工可以使其坦率和诚实地对待工作和他人，忠实于企业，关心企业劳动生产率的提高。

2. 激励方针

（1）管理者的主要工作是利用潜在的人力资源，创造一个能够人尽其才的环境。

（2）人是能够互相信任的，管理员工需要人与人之间的信任。

（3）人与人既可以达成理解与共识，也可以让彼此的沟通处于隔膜状态，统一思想的主要方法是让员工参与管理，并且心情愉快地工作。

（4）强迫命令不会有工作关系的微妙性，微妙性一旦丧失，劳动生产率就会下降。

（5）管理者与员工相互关心，相互支持来自密切的社会关系。亲密性一旦瓦解，人们就会失去对企业的信任，最终导致劳动生产率水平的降低。

3. 激励目标

（1）建立具有亲和性的企业文化。

（2）工作满意度成为员工充分利用自身资源的副产品。

三、激励的功能

（一）有利于发掘员工的潜能

人的潜能是蕴藏于人体内潜在的能力，一经发掘便会释放出巨大的能量。美国哈佛大学教授威廉·詹姆士研究发现，在缺乏激励的环境中，人的潜能只发挥出一小部分，即20%~30%。如果受到充分的激励，他们的能力可以发挥80%~90%。这就是说，一个人平常的工作能力水平与激发后可达到的工作能力水平之间存在着约60%的差距。可见，人的潜能是一个储量巨大的“人力资源库”。挖掘人的潜力，在生产过程和管理过程中具有极为重要的意义。激励是发掘人的潜力的重要途径。

（二）提高工作效率与业绩

工作效率的高低和工作绩效的大小，通常取决于两个基本因素：一是能不能；二是为不为，即干不干。前者指胜任还是不胜任某项工作，是否具有承担该工作的能力和资格；后者是指从事某项工作的意愿、干劲，即工作积极性的问题。激励可以激发员工的创造性与革新精神，使之提高努力程度，从而取得更大业绩。

（三）提高人力资源的质量

提高人力资源质量的途径主要是教育和培训，而保证教育和培训取得积极效果的一个关键条件和重要前提，就是提高教育和培训对象的学习积极性和刻苦钻研精神。在这方面，激励水平的提高和激励手段的巧妙运用，就具有特别重要的意义。

在教育和培训方面的激励主要是对才能优异、成绩卓著、刻苦顽强的优秀人才给予优越的物质待遇、崇高的荣誉，及令人羡慕的社会地位，大力进行表彰和奖励。这样，不仅会激励受奖者以更大的积极性继续努力，使自身的才能提高到新的高度，而且会产生巨大的激励效应，形成勤奋学习的良好氛围。这样，其他员工受到榜样的鼓励，也会提高教育和培训的积极性，努力学习和刻苦钻研业务。许多企业的经验证明，这种激励方式是提高人力资源质量的有效途径。

第三节　旅游企业员工激励的理论及运用

一、内容型激励理论

内容型激励理论研究的重点是工作动机的构成因素。由于该理论的内容大都围绕如何满足需求进行，故又称为需求理论。它主要包括马斯洛的需求层次理论，赫茨伯格的双因素理论，奥德弗的生存、关系、成长理论（ERG 理论），麦克利兰的成就需求理论等。

（一）马斯洛的需求层次理论

美国人本主义心理学家马斯洛提出：人有一系列复杂的需求，按其优先次序可以排成梯式的层次。马斯洛把需求分成生理需求、安全需求、社交需求、尊重需求和自我实现需求五类，依次由较低层次到较高层次。

1. 生理需求

对食物、水、空气和住房等需求都是生理需求，这种需求的级别最低，人们在转向较高层次需求之前，总是尽力满足这类需求。一个人在饥饿时不会对其他任何事物感兴趣，他的主要动力是得到食物，即使在今天，还有许多人不能满足这些基本的需求。管理人员应该明白，如果员工还在为生理需求而忙碌时，他们所真正关心的问题与他们所做的工作无关。当努力用满足这类需求来激励下属时，我们是基于这种假设，即人们为报酬而工作，主要关心收入、舒适等。所以激励时，可尝试利用增加工资、改善劳动条件、给予更多的业余时间和工间休息、提高福利待遇等来激励员工。

2. 安全需求

安全需求包括对人身安全、生活稳定以及免遭痛苦、威胁或疾病等的要求。和生理需求一样，在安全需求没有得到满足之前，人们唯一关心的就是这种需求。对许多员工而言，安全需求表现为安全而稳定以及有医疗保险、失业保险和退休福利等。需要实施安全需求激励的对象，其在评估职业时，把“职业”看作不致失去基本需求满足的保障。如果管理人员认为对员工来说安全需求最重要，那么就在管理中着重利用这种需要，强调规章制度、职业保障、福利待遇，并保护员工不致失业。如果员工对安全需求非常强烈，管理者在处理问题时就不应标新立异，而应该避免或反对冒险，而员工们将循规蹈矩地完成工作。

3. 社交需求（爱和归属的需要）

社交需求包括对友谊、爱情以及隶属关系的需求。当生理需求和安全需求得到满足后，社交需求就会凸显出来，进而产生激励作用。在马斯洛需求层次中，这一层次是与前两层次截然不同的另一层次。这些需求如果得不到满足就会影响员工的精神，导致高缺勤率、低生产率，对工作不满及情绪低落。管理者必须意识到，当社交需求成为主要的激励源时，工作被人们视为寻找和建立温馨和谐人际关系的机会，能够提供同事间社交往来机会的职业会受到重视。管理者感到下属努力追求满足这类需求时，通常会采取支持与赞许的态度。

4. 尊重需求

尊重需求既包括对成就或自我价值的个人感觉，也包括他人对自己的认可与尊重。有尊重需求的人希望别人按照他们的实际形象来接受他们，并认为他们有能力胜任工作。他们关心的是成就、名声、地位和晋升的机会。当他们得到这些时，他们就赢得了人们的尊重，其内心充满自信。不能满足这类需求他们就会感到沮丧。如果别人给予的荣誉不是根据其真才实学，也会对他们的心理构成威胁。在激励员工时应特别注意有尊重需求的管理人员，应采取各种奖励和表扬的方式。布置工作要特别强调工作的艰巨性以及成功所需要的高超技巧等。颁发荣誉奖章、在公司的刊物上发表表扬文章、公布优秀员工光荣榜等手段都可以提高人们对自己工作的自豪感。

5. 自我实现需求

自我实现需求的目标是自我实现或是发挥潜能。达到自我实现境界的人，接受自己也接受他人。解决问题能力增强，自觉性提高，善于独立处事，要求不受打扰。要满足这种尽量发挥自己才能的需求，他应该在某个时刻部分地满足了其他的需求。当然自我实现的人可能过分关注这种最高层次需求的满足，以至自觉或不自觉地放弃满足较低层次的需求。自我实现需求占支配地位的人，会受到很强的激励，从而在工作中运用最富于创造性和建设性的工作技巧。

（二）赫茨伯格的双因素理论

双因素理论是美国心理学家赫茨伯格于1959年提出来的，全名叫“激励、保健因素理论”。

通过在匹兹堡地区11个工商业机构对200多位工程师、会计师调查征询，赫茨伯格发现，受访人员举出的不满的事项，大多同他们的工作环境无关，而感到满意的因素，则一般都与工作本身有关。据此，他提出了双因素理论。

传统理论认为，满意的对立面是不满意。而双因素理论认为：满意的对立面是没有满意，不满意的对立面是没有不满意。因此，影响职工工作积极性的因素可分为两类：保健因素和激励因素。这两种因素是彼此对立的，并且以不同的方式影响人们的工作行为。

所谓保健因素，就是那些造成职工不满意的因素，如将其改善能够解除职工的不满，但不能使职工感到满意并激发起职工的积极性。保健因素主要指企业的政策、行政管理、工资发放、劳动保护、工作监督以及各种人事关系处理等。由于保健因素只带有预防性，只起维持工作现状的作用，因此也被称为“维持因素”。

所谓激励因素，就是那些使员工感到满意的因素，唯有其改善才能让职工感到满意，才能给职工以较高的激励，才能调动积极性，提高劳动生产率。激励因素包括：有工作表现机会、工作本身的乐趣、工作上的成就感、对未来发展的期望、职务上的责任感等。

双因素理论与马斯洛的需求层次理论是相吻合的。马斯洛理论中最低层次的需要，相当于保健因素，而高层次的需要相似于激励因素。

（三）奥德弗的生存、关系、成长理论（ERG理论）

奥德弗认为，人的核心需求有三种，即生存的需求、相互关系的需求和成长的需求。

生存需求是指人全部的生理需求和物质需求，也是最基本的需求。组织中的报酬、对工作环境和条件的基本需求等，也包括在生存需求中。这一类需求大体上和马斯洛需求层次中的生理需求和安全需求相对应。

相互关系的需求是指在工作环境中对人与人的相互关系和交往的需求。这一类需求类似于马斯洛需求层次中部分安全需求、全部社交需求以及部分尊重需求。

成长的需求是指人要求得到提高和发展的内在欲望，表现在人不仅要求充分发挥个人潜能，有所作为和成就，还有开发新能力的需求。这一类需求可与马斯洛的需求层次中部分尊重需求和整个自我实现需求相对应。

奥德弗认为，各个层次的需求得到的满足越少，则这种需求越为人们所渴望；较低层次的需求越是能够得到较多的满足，对较高层次的需求就越渴望得到满足；如果较高层次的需求一再遭受挫折而得不到满足，人们就会重新追求较低层次需求的满足。例如，成长需求长期受挫，有时也会导致人际关系需求，甚至生存需求的急剧上升。因此，奥德弗的这一理论不仅提出了需求层次的“满足—上升”趋势，还提出了“挫折—回归”的趋势。这一原理更贴近现实中人们行为的特点，也为心理学研究所证实，在管理实践中很有启发意义。

（四）麦克利兰的成就需求理论

20 世纪 50 年代初，美国心理学家戴维·麦克利兰从另一角度提出了他的工作激励理论——成就需求理论。他认为，在人的生存需求得到基本满足的前提下，最主要的需求有三种：权力需求、合群需求和成就需求。

1. **权力需求**

它是指影响和控制别人的一种欲望内驱力。权力需求较强的人喜欢“负责”什么事，喜欢竞争并且能取得较高社会地位的工作，常常追求影响和控制别人。他们一般健谈、善辩，喜欢提出建议甚至教训人等。麦克利兰认为，相对于其他两类需求，权力需求是决定管理者取得成功的最重要因素。有许多研究表明，在一定的组织环境中，尤其在规模较大的企业或组织机构中，领导人的权力欲是有效管理的必要条件。

2. **合群需求**

它是指人们寻求他人的接纳和友谊的需求。合群需求强烈的人一般渴望获得他人的赞同，高度服从群体规范、忠实可靠。员工的合群需求对生产效率会产生间接影响。在一个要求与人协作甚至密切配合的工作职位上安排一位具有高度合群需求的人，将会大大提高工作效率；而在一个相对独立的工作职位上安排一位合群需要较低的人，则可更加合适。

3. **成就需求**

它是指一个人追求卓越、争取成功的内驱力。成就需求强烈的人会经常考虑个人事业及发展问题，经常揣摩如何把事情做好并超过他人，经常想干一些与众不同而又独特的事。他们喜欢那些能发挥其独立解决问题能力的工作环境。他们既敢于冒险，又能以现实的态度对待冒险。麦克利兰认为，一个人成就需求的高和希望的影响有关。

麦克利兰认为，成就需求强烈的人往往具有高度的内在动机，事业心特别强，把个人成就看得比金钱更为重要，从成就中得到的鼓励超过物质鼓励的作用。只要能为他们提供合适的工作环境，使他们充分发挥自己的能力，他们就会感到莫大的幸福。因此，这种人对企业和国家具有重要的作用。一个企业拥有这样的人越多，其发展就越快，获利也就越多。一个国家拥有这样的人越多，就会越兴旺发达。与马斯洛等研究需求的学说不同，麦克利兰明确指出，成就需求不是先天的，而是后天的，可以通过培训和教育造就出具有高成就需求的人。这一观点对管理者极有启发性。作为管理者，固然要尊重员工的目前需求，并设法予以满足，但更重要的是要按照组织目标重塑职工需要，注重成就教育、强化成就动机、培养更多有高成就需求的人，是管理者的一项重要任务。

二、过程型激励理论

过程型激励理论着重研究的是从个体动机产生到采取具体行为的心理过程。这类理论试图弄清人们对付出努力、取得绩效和奖酬价值的认识，以达到激励的目的。这种理论主要包括弗鲁姆的期望理论、洛克的目标理论和斯金纳的强化理论等。

（一）弗鲁姆的期望理论

美国心理学家弗鲁姆认为：人们只有在预期行为有助于达到某种目标的情况下，才会被充分激励起来，产生内在的激发力量，从而产生真正的力量，这种激发力量的大小等于该目标对人的效价与人对能达到该目标的主观估计（期望值）的乘积。其表示公式是：激发力量=效价×期望值。

激发力量是指一个人的积极性，激发出人的内在潜力的强度。它表明人们为达到设置的目标而努力的程度；效价是指达到目标后对于满足个人需要其价值的大小，是个体对这一目标之有用性的主观估计；期望值是指个人根据以往的主观经验进行的主观判断，达到目标并能导致某种结果的概率，即个人根据其经验对自己所采取的行为将会导致某种预期成果之可能性的主观估计。

为了激发力量达到最佳值，弗鲁姆提出了人的期望模式，如图 7.1 所示。弗鲁姆认为，根据人的期望模式，为了有效激发人的动机，需要正确处理好努力与成绩的关系、成绩与奖励的关系、激励与个人需求的关系。具体来说，管理者一方面应当使组织目标的重要性为员工所充分认识、自觉认同，并将员工的个人目标与组织目标紧密联系起来；另一方面，管理者应当积极地为员工完成组织目标创造条件，同时组织目标的高低要恰当确定。

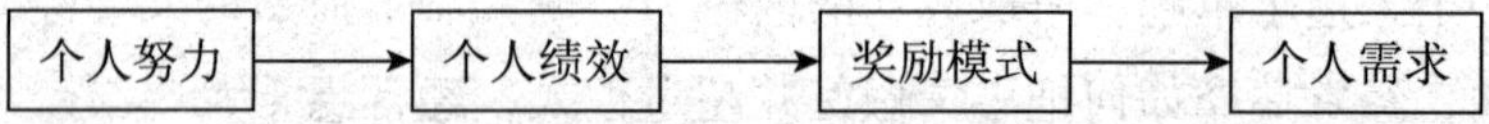

图 7.1　人的期望模式

（二）洛克的目标理论

埃德温·洛克是美国马里兰大学心理学教授，在一系列调查和实验的基础上，于 1968 年提出了目标设置的理论。

目标设置理论认为，目标是行为的最直接的动机，设置合适的目标会使人产生希望达到该目标的成就需求，因而对人有强烈的激励作用。

目标设置理论认为，任何目标都可以从三个维度来进行分析。第一，目标的具体性，即目标能够精确观察和测量的程度；第二，目标的难度，即目标实现的难易程度；第三，目标的可接受性，即人们接受承诺目标和任务指标的程度。研究表明，从激励的效果出发，有目标比没有目标好，有具体的目标比空泛的好，能被执行者接受而又有较高难度的目标比唾手可得的目标更好。此外，给予员工工作情况的及时反馈，使得员工对自己工作的完成情况有更清楚的认识，将有助于目标的实现。

目标设置理论是组织行为学中较新的一种激励理论，也是组织行为学中较重要的激励理论，它认为合适目标的设置是管理过程中最直接和最有效的激励方法和技术，对人力资源管理具有重大的意义和价值。

其一，目标是一种外在的可以观察并且可以测量的标准，管理者可以直接设置、调整和控制目标，作为激励员工的重要手段和技术。

其二，管理者在为员工设置目标的过程中，首先应该尽量使员工参与目标设置，了解并且认同组织目标，其次帮助员工设立具体的，并且有相当难度的目标，最后对目标的实现应该采取各种形式的激励和肯定，以强化和调动员工完成目标的积极性。

其三，积极做好目标的反馈。信息的反馈可以增强员工实现目标的积极性，并且使员工及时发现问题，调整方向，从而更好地实现目标。

其四，促进目标管理的实现。目标设置理论认为管理中采用的目标管理技术提供了心理学的理论依据，促进了目标管理的实现。

（三）斯金纳的强化理论

斯金纳所倡导的强化理论是以强化原则为基础的关于理解和修正人的行为的一种学说。所谓强化从其最基本的形式来讲，指的是对一种行为的肯定或否定的后果（报酬或惩罚），它至少在一定程度上会决定这种行为在今后是否会重复发生。根据强化的性质和目的强化可分为正强化和负强化。在管理上，正强化就是奖励那些组织上需要的行为；负强化就是惩罚那些与组织不相容的行为，从而削弱这种行为。正强化的行为包括奖金、对成绩的认可、表扬、改善工作环境和人际关系、提升、安排担任挑战性的工作、给予学习和成长的机会等。负强化的方法包括批评、处分、降级等，有时不给予奖励也是一种负强化。

强化理论具体运用的一些原则如下：

1. 经过强化的行为趋向于重复发生

经过强化，某种行为在将来重复发生的可能性增加。例如，当某种行为的后果是受人称赞时就增加了这种行为重复发生的可能性。

2. 要依照不同对象采取不同的强化措施

人们的年龄、性别、职业、学历、经历不同，强化方式也应该不一样。例如，有的人更重视物质奖励，有的人更重视精神奖励，就应区分情况采用不同的强化措施。

3. 小步子前进

分阶段设立目标，并对目标予以明确规定和表述。对于人的激励首先要设立一个明确的、鼓舞人心而又切实可行的目标，只有目标明确而又具体时，才能进行衡量和采取适当的强化措施。同时还要将目标进行分解，分成许多小目标，完成每个小目标都及时给予强化。这样不仅有利于目标的实现，而且通过不断激励可以增强信心。如果目标一次定得太高，会使人感到不易达到或者说能够达到的希望很小，这就很难充分调动人们为达到目标而做出努力的积极性。

4. 及时反馈

所谓及时反馈就是通过某种形式和途径，及时将工作结果告诉行动者。要取得最好的激励效果就应该在行为发生以后尽快采取适当的强化方法。一个人在实施了某种行为以后，即使是领导者表示“已注意到这种行为”这样简单的反馈也能起到正强化的作用。如果领导者对这种行为不予注意，这种行为重复发生的可能性就会减小以至消失。所以，必须利用及时反馈作为一种强化手段。

5. 正强化比负强化更有效

在强化手段的运用上，应以正强化为主。同时必要时也要对坏的行为给予惩罚，做到奖惩结合。

强化理论只讨论了外部因素或环境刺激对行为的影响，忽略了人的内在因素和主观能动性对环境的反作用，具有机械论的色彩。但是许多行为学家认为，强化理论有助于对人们行为的理解和引导。因为一种行为必然会有后果，而这些后果在一定程度上会决定这种行为在将来是否重复发生。那么，与其对这种行为和后果的关系采取一种碰运气的态度，还不如加以分析和控制，使大家都知道最好的后果应该有什么。这并不是对职工进行操纵而是使职工有一个最好的机会在各种明确规定的备选方案中进行选择。因而，强化理论已被广泛地运用在激励人的行为的改造上。

第四节　旅游企业员工激励管理的措施

一、挖掘员工自身的激励因素

激励的效果决定于激励的手段和激励的对象这两个基本要素。因此，研究和寻找有效的激励手段之前，首先要真正了解被激励的员工。

（一）认识员工

管理者很容易将认识员工的工作简单化，认为在休息时间谈上两句，午餐时到员工的身边问上两句就可以了，而且认为员工之所以来本企业工作的原因不外乎养家糊口而已。管理者如此认识员工，则很难发现员工的内在要求，也就无法恰当地使用激励手段，使员工的工作热情得到极大的激发。认识员工的最佳方法是观察员工，如观察其工作情况、对管理者的态度、对同事的态度、对顾客的态度、在讲话及听讲时的表情、什么事情使其高兴、什么事情使其沮丧等。根据以上观察，管理者要发掘员工的真正需求、欲望、动机和目前的状况。同样，员工的工作能力、兴趣、爱好都是要观察的内容。

（二）建立对员工的信任

信任是对员工进行管理和建立一个高效组织的基本要素。信任是建立所有其他关系的基础。如果员工感觉上级并不相信他们能够很好地完成自己的工作任务，那么只要没有获得批准，他们就不愿意额外做任何事情。相反，如果员工感觉到上级信任他们能把工作做好，他们就会主动和自然地把工作做好来回报对他们的信任。

（三）重视员工的需求

管理者通过观察和了解员工，不难发现不同员工的需求分别是什么。在此基础上，则要采取有针对性的措施考虑和处理员工的需求。例如，有些员工的安全需求尚未满足，其表现往往是焦虑不安，对待这类员工，管理者要给予帮助，告诉员工其工作表现及你的期望，用表扬奖励加以鼓励，反馈工作成绩的信息等，这些行为都能很快消除员工的不安全感。如果员工的社交需求尚未得到满足，管理者则要考虑三个方面的情况：一是满足员工的被接受要求。这是指每一位员工都希望受到管理者的重视和尊重。因此，管理者要与每一位员工建立起一种特殊的关系。尽管每一次的交往方式可能不一样，但原则与标准却应是一致的，绝不应该厚此薄彼。二是尊重员工的归属需求。为了强化员工的归属感，管理者首先要使员工在本职工作上取得成绩。同时与员工之间建立起开放式的信息沟通网络，员工能与管理者畅所欲言，从而加强对工作情况的了解。三是要尊重员工的非正式团体。只要这些非正式团体对旅游企业的目标实现无不利影响，就应该尊重员工的选择，信任员工，别介入其团体之中。

（四）针对年龄区别对待

年龄通常意味着员工的心智和能力。旅游企业是年轻人的天下，青年员工精力充沛，充满朝气，显示出旅游企业的勃勃生机，青年人在工作中具有求知欲、冒险性、情绪性等特点。管理者有效激励青年员工的方法是设置振奋人心的目标，选择具有新鲜感和挑战性的工作，强化奖励手段、必要的关心与帮助。30岁的员工更加成熟，并需要获得稳定的职业，取得工作成绩，自我实现的需求更加强烈。管理者的激励手段则应为加大工作责任、晋升职位、加薪以及提高其身份地位等。四五十岁的员工则希望获得稳定的工作并受到同行的尊重。旅游企业管理者通常应安排他们完成管理性、后勤和员工培训工作。

（五）罚不迁列，赏不逾时

“罚不迁列，赏不逾时”出自《司马法·天子之义第二》：“罚不迁列，欲民速睹为不善之害也。赏不逾时，欲民速得为善之利也。”意思是说行罚要当场，让百姓迅速看到为非作歹的害处；行赏要及时，让百姓及时得到为善的好处。赏和罚是古今中外将帅治军的一个重要手段，也是现代管理者的用人之道。在现代旅游管理中，惩罚和奖赏都是行之有效的激励手段。惩罚的形式和内容是多种多样的，有以剥夺或削减人的收入为主的物质惩罚；也有如降职、公开处分等形式的剥夺或削减高级需求的精神惩罚。惩罚的关键在于客观、适度。奖励的效果决定于奖励的时间性和奖励形式的有效性。奖励并不一定是多花钱才有效果，管理者的口头表扬、对下属工作的认可，以及证书、福利、有薪度假等都能激发员工的动机。

（六）让员工觉得自己是股东

如果旅游企业希望员工尽其所能地把服务做得让所有的客人都满意，旅游企业希望员工成为最有价值的资产，那么，旅游企业就应该让员工感觉并实实在在成为旅游企业的所有者，让每一个员工都觉得自己是旅游企业的股东。人们一旦感觉某个东西属于自己，就会悉心照料它、保护它，并心甘情愿将自己的心血倾注其中。

二、企业文化激励

（一）企业文化的内涵

企业文化是指一个企业在长期发展过程中，把企业内部全体成员结合在一起的行为方式、价值观念和道德规范，反映和代表了该企业员工的整体精神、共同的价值标准、合乎时代的道德水准和追求发展的文化素质，是增强企业凝聚力、向心力和持久力，保证组织行为的先进性，推动企业成长和发展的意识形态之总和。企业文化具有导向、聚合、激励、教化和规范的功能。企业文化主要包括三个层次：表层、中层、深层。表层的企业文化指可见之于行、闻之于声的文化形象，即所谓外显部分，如店貌、店旗、店歌、服务形象、员工风貌等；中层文化是居于表层、深层之间的那部分文化，如旅游企业的规章制度、组织机构等；深层的企业文化是指沉淀于企业及其员工心灵中的意识形态，如理想信念、道德规范、价值取向、行为准则等，即所谓内隐部分。上述三个层次中，最为重要的是深层文化，它是支配旅游企业及其员工行为趋向，决定中层文化、表层文化的内核所在。

（二）企业文化激励的心理机制

企业实现持续经营，其关键在于企业的持续发展力与核心竞争力。企业的力量来自于三种力量的整合：一是员工的竞争力，二是团队的凝聚力，三是领导的影响力。

员工的竞争力取决于员工的能力与努力的大小及其发挥，而员工的能力靠培训，努力靠激励。但是，员工个人的积极性调动起来了，整个企业却不一定就有强大的竞争力。个体组成团体，有一个从“无序”状态向“有序”状态的转变过程。许多个“无序”的个体凑合在一起，缺乏统一的价值观念，没有严格的规章制度，那就是一盘散沙。团队要产生凝聚力，依靠组织建设和心理建设。组织建设就是法治，通过权威、刚性的规章制度把人有序地组织起来，分工合作，进行专业化的生产；心理建设就是德治，通过鼓舞士气、民主管理、爱心工程道德教育、职业生涯设计等，员工统一认识、目标、行动，形成强大的凝聚力并产生巨大的行为力。不论是员工的竞争力还是团队的凝聚力，关键靠的是领导者的影响力。领导者一靠权力威信，通过权力统一组织，建立权威，有效地发挥组织的作用；二靠非权力威信，即领导者的品德、才能、专长和员工的情感，让员工心服口服，从服从到认同，最后达到管理的内化境界。企业的这些“力”形成了“力场”，这个力场就是文化。企业文化把三力融合为一体，形成了企业的价值观、企业精神、企业道德和企业形象，对个体和企业产生深刻的影响。

（三）企业文化的激励功能

现代企业文化把组织中的个体看成“全面发展的文化自由人”。从深层意义讲，它比“经济人”“社会人”的人性假设更为全面而深刻，强调在破除了“人身依附”概念的现代企业中，由“契约”关系所形成的雇佣观念还不足以调动人的积极性。员工所需要的是一种真正的、全面的人与人之间的信任与平等关系。只有在这样一种工作氛围中，员工的积极性、主动性才能得到最大程度的发挥。

研究激励理论的学者认为，最有力的激励手段是让被激励者觉得自己确实干得不错、发挥出了自己的特长和潜能。至于用什么样的标准去衡量他们是否真干得不错，那倒是次要的。在一种“人人受尊重，个个被尊重”的文化氛围中，每个人的贡献都会及时得到肯定、赞赏和褒奖，而不会被埋没。这样，员工就能够时时受到鼓舞，处处感到满意，有了极大的荣誉感和责任心，自觉地为获得新的、更大的成功而瞄准下一个目标。企业文化的激励是着眼于整体的文化建设和人的不断完善，应将之提升到员工创造文化，文化塑造员工的因果循环的高度来看待。

三、标杆激励

（一）标杆激励与标杆管理

标杆管理已经成为现代企业经营管理活动中支持企业不断改进和获得竞争优势的最重要的管理方式之一。简单地讲，标杆管理就是一个确立具体的先进榜样，解剖其各项指标，不断地向其学习发展并解决旅游企业自身问题，最终赶上和超过它的这样一个持续渐进的学习、变革和创新过程。

标杆管理的基本环节是以最强的竞争企业或那些行业中领先和最有名望的企业在产品、服务或流程方面的绩效及实践措施为基准，树立学习和追赶的目标，通过资料收集、比较分析、跟踪学习、重新设计并付诸实施等一系列规范化的程序，将本企业的实际状况与这些基准进行定量化评价和比较，分析这些基准企业达到优秀绩效水平的原因，并在此基础上选取改进本企业绩效的最佳策略，争取赶上和超过对手，成为强中之强。标杆管理方法蕴含科学管理规律的深刻内涵，较好地体现了现代企业管理中追求竞争优势本质的特性。因此，具有巨大的时效性和广泛的适用性。

标杆管理为企业提供了一种可行、可信的奋斗目标以及追求不断改进的思路，是发现新目标以及寻求如何实现这一目标的一种手段和工具。因此，可以看出标杆管理的积极意义还在于能够有效地激励员工不断进取。

(二) 标杆激励的主要类型

1. 内部标杆激励

内部标杆激励是简单且易操作的标杆激励方式之一。通过辨识内部绩效标杆的标准，即在旅游企业内部确立主要标杆目标，做到内部信息共享；通过辨识旅游企业内部最佳职能或流程及其实践，然后推广到组织的其他部门，它是为旅游企业绩效提高最便捷的方法之一。

2. 竞争标杆激励

竞争标杆激励的目标是与有着相同市场的旅游企业在服务和工作流程等方面的绩效与实践进行比较，直接面对竞争者。这类标杆激励的实施较困难，其原因在于除了公共领域的信息容易接近外，其他关于竞争企业的信息不易获得。

3. 智能标杆激励

职能标杆激励是以行业领先者或某些优秀的职能操作为基准进行的标杆管理。这类标杆管理的合作者常常能相互分享一些技术和市场信息，标杆的基准是外部企业（但非竞争者）及其职能或业务的实践。由于不是直接的竞争者，因此合作者往往较愿意提供和分享技术与市场信息。

四、工作激励

工作环境不仅是指工作的物理环境，如卫生、气温、噪声、照明、设备、休息室等，更重要的是指工作的社会环境，如管理者和其他员工之间的关系、工作时间、工资待遇、福利以及旅游企业的规章制度等。这些都是赫茨伯格双因素理论中所指的保健因素。无论保健因素是否具有激励作用，作为管理者来说，创造一个良好的工作环境是激励员工的首要工作。在社会环境方面，管理者要重视开放的信息沟通系统的建立，与员工之间建立相互信任的人际关系，尊重每位员工的贡献以及将工资和福利待遇提高到竞争对手的水平。

员工在完成工作的同时，满足了其兴趣和自我实现的成就欲，即高层次的需求。因此，工作本身具有激励作用。为了发挥工作激励的效果，在管理中要注意以下几个方面：

(一) 人尽其才

这是指人与工作之间达到最佳组合，人在适当的工作岗位上，发挥自己的能力与才干。这就要求管理者深入了解每位员工，根据其兴趣、特点、能力等方面来安排工作岗位。人尽其才往往是最大的工作动力。

（二）工作丰富化

即在特定的工作条件下，改换工作方式，增加工作责任，简化工作，重新组合，以便有助于调动员工的积极性。例如，旅游企业的很多工作枯燥、单调、重复性强，每位员工都有剩余的能量，也无必要再继续挖掘工作本身所需要的潜力，这就可以考虑采取诸如缩短工时、调换工作岗位等措施来增加工作的兴趣。工作丰富化在实施初期可能会导致工作效率下降，但在经过一段时间的培训和工作适应后，工作效率则会明显提高。

（三）工作目标激励

在目标管理中，我们已经讨论了工作目标的设置以及使其发挥作用的条件。旅游企业有了正确而又有吸引力的目标，就能够激发员工的工作热情。应用目标激励方法应该注意目标效价与期望值，目标过高或过低都会降低员工的积极性。目标的制订要多层次、多方位，但最重要的是制订员工工作目标、晋升目标、嘉奖目标、业务进修目标、业余文化活动目标等。

（四）角色激励

这是指旅游企业的每位从业人员认识并担负起应负的责任，在强烈的责任感的驱使下，员工自觉或主动地去工作。工作参与和授权是进行角色激励的主要手段。

五、领导行为激励

（一）情绪激励

管理者自身的心境和情绪具有传递性和感染力，管理者的情绪能对下属产生影响。管理者高昂的情绪、十足的信心和奋发的斗志往往能极大地调动员工的积极性。因此，管理者在要求员工具有积极性时，自己首先要情绪饱满，斗志高昂。

（二）期望激励

管理者充分信任员工并对员工抱有较高的期望，员工就会充满信心。如果你对工作只有25%的努力，你的下属就只会付出5%的努力；如果你付出100%的努力，下属可能会付出110%的努力。如果管理者仅要求员工较好地完成工作，员工可能会一般通过；如果管理者要求员工严格按照标准，一点不差地完成工作，员工就会绝对达到工作标准。管理者的期望直接左右员工的动力。研究表明，在一个组织中，管理者对下属的期望高低与劳动效率、利润率，尤其是与工作动机有着直接的联系。如果管理者对下级员工抱有很高的期望，那么就掌握了一个提高组织绩效和动力的强有力的工具。

工作绩效是期望激励的另一种形式。“你期望我做什么？”“我在旅游企业服务中扮演什么角色？”“什么叫顾客满意？”“我怎样才能达到你所规定的绩效标准？”每一位管理者都必须能够准确地回答员工提出的这些问题。而且，答案应当清楚明确。对员工的期望越具体、越明确，员工实现和超越这些期望的可能性就越大。因此，管理者要注意到对下属的期望也是激励手段。当然，如果对下属期望值过高，员工可望而不可即，仍然无法激发员工的工作热情。

六、榜样激励

领导者的行为本身就具有榜样模仿作用。我国自古就有“上行下效”之说。因而，领导者自身无时不产生着一种影响力。为了引导下属，领导者必须树立起榜样。领导者的好恶，绝不仅仅是领导者个人的事，必将影响下属的行为。要想有效地激发员工，管理者就不要忘记树立良好的榜样。

七、员工行为矫正

（一）行为矫正的含义

行为矫正是指在旅游企业严密的规章制度的基础上，调整与矫正员工的行为，时刻遵章守纪，完成旅游企业的工作目标。严格地讲，员工行为矫正是一种员工被动激励的措施。

行为矫正包括三个方面的内容：一是旅游企业必须制定一套每位员工熟知的完整的规章制度。其中要包括旅游企业的经营总则、员工守则、福利制度、服务准则、劳动管理、工作程序及其要求。完整的规章制度是保证旅游企业经营目标实现和矫正员工行为的前提。二是纪律处分的明确规定。这是指员工行为违反了旅游企业规章后的处理措施必须层次清楚，尺度合理。三是要及时、一致而且严格地执行规章制度强化员工的行为。例如，迟到一次扣奖金50元。当一位员工迟到后，管理者视而不见，无动于衷，那么其他员工很快会出现迟到早退的现象，这项规定就等同于虚设。

（二）行为矫正的手段

行为矫正的手段通常可以归为两类：一类是惩罚手段，即消极矫正；另一类是指导性培训，即积极矫正。

1. 消极矫正

很多管理者认为，当员工违反了旅游企业的规章制度时，就必须加以惩处。这样，该员工不仅不会再犯错误，而且能达到“杀一儆百”的作用。这种通过惩罚而进行的消极矫正的效果被绝大多数旅游企业管理者所肯定。他们认为旅游企业的工作性质和员工的心态决定了使用严格规章、严格惩罚的良好效果，这是实现高质量服务的唯一手段。

但是，消极矫正，即惩罚，它本身存在一些弊病。首先，消极矫正只是达到了惩前毖后的目的，却没有从根本上解决员工的问题，即没有治病救人，当员工因为畏惧和被操纵而受到激发时，他们并不会尽力去实现什么壮志宏图，他们更关心的是如何避免被解雇。其次，惩罚经常会引起员工的尴尬、逆反、愤怒、敌对情绪，从而导致员工集体与管理者之间的心理对抗，破坏彼此之间的沟通和合作。最后，消极的矫正导致消极的结果，这就可能使惩罚无终止地进行，造成一种恶性循环。

消极矫正通常采用的模式归纳为四个步骤：

（1）口头警告。警告员工不要再犯。

（2）书面警告。告诉员工已两次违反，下次违反必将付出代价。

（3）惩罚。采用物质性惩罚，如扣奖金、扣工资；或采取精神性惩罚，如当众批评、记过、降职等。

（4）开除。如果员工屡教不改或严重违反规章制度，给旅游企业带来巨大的经济损失，则考虑给予开除处分。

这种消极的模式尽管在旅游企业对于保证服务工作的完成具有一定的现实意义，但却影响了管理者与员工之间的关系，破坏了良好的工作环境。

2. 积极矫正

在旅游企业运转中，员工出现的违纪现象也有两类不同的性质：一类是明知故犯，一类是非故意和由于无知导致的违纪。如果不看问题的性质，一律采用消极矫正手段，确实会导致不良后果。因此，积极矫正正在被很多旅游企业管理者所重视。

积极矫正通常采用的模式归纳如下：

（1）口头提示。友好地指出员工的工作失误，解释这种错误的不利后果，让员工制订改进工作的措施。

（2）书面提示。当该员工再次违纪时，应找到员工，态度严肃地与其单独谈话，找出再次违纪的原因。最后，以书面形式将该员工的违纪情况做记录，放入员工档案。此外，要与员工达成一份改进工作的计划。

（3）停职反省。当员工第三次违纪时，管理者要严肃地指出员工的错误，再次强调规章制度，表示不愿失去这位员工，但要么必须改正错误，以后不犯，要么离职。为了使员工反省，旅游企业可停止该员工的工作，但依然发放工资，在几天内等待该员工的回答。许多员工当其在该旅游企业工作时，并没有感到有什么值得留恋的，一旦失业回家，则很快发现原来的工作难得。停职的时间就是让员工反悔，自己来决定未来。一旦员工返回工作岗位，可谓“浪子回头金不换”，很有可能成为一个合格的员工。

（4）开除。如果停职反省的员工最后决定不上班，那就是自己开除了自己而不是旅游企业开除了他。即使员工离开了这家旅游企业，该员工也依然感到旅游企业的宽容与大度。管理实践发现，70%的员工会自动返回工作岗位，愿意遵守规章制度，并接受规章适度所做出的处罚。

积极矫正的最大益处莫过于建立起了管理者与员工之间良好的合作关系，削弱了双方的敌对冲突，降低了员工的流动率，提高了领导者的威望。因此，现代旅游企业管理者应注意积极矫正方法的运用，这是旅游企业管理发展的新趋势。

（三）行为矫正中应避免的失误

管理者在对下属进行行为矫正时，往往容易出现以下的一些失误。

1. 行为矫正简单化

特别是一些新上任的管理者，往往对行为矫正缺乏经验，对员工的违纪行为要么要求过严，小题大做，要么采取宽容的态度，对违纪行为视而不见。这两种倾向都会给今后的工作带来极为不利的影响。特别是后一种宽容态度，当管理者无可容忍时，则要采取严厉的措施，管理者态度的转化会招致下属的反感。因此，作为管理者来说，要想强化规章制度，就要态度始终如一。

2. 矫正态度没有保持冷静

管理者大发雷霆，其结果容易激化问题，招致员工的反抗，而且管理者也会说出过头的话，或出现过头的行为。该项失误容易降低管理者的威信。

3. 威胁而不采取行动

"雷声大，雨点小"，是一些管理者常采取的行为。如果管理者总喊"狼来了"，但"狼没来"，人们也就不再相信了。

4. 越级越权处理违纪员工

越级越权处理违纪员工是错误的。例如，某一部门经理下令开除某一违纪员工，最后这一员工并没有被开除，因为在该旅游企业开除员工是总经理的权力，那么这位经理的威信就会降低。

5. 逃避问题会失信于民

一些管理人员在发现问题后，自己不去处理，唯恐得罪该员工，或者将问题上交，或者交给下属去处理。这种方法往往容易失去员工的尊重和信任。

6. 迫使员工辞职离职

迫使员工辞职离职不一定是明智之举。之前，一些旅游企业管理者既想开除员工，又唯恐员工恨自己或带来一些其他麻烦，所以采取了"空职法"，即解除员工的一切职务，让其终日无所适从，迫使其另谋高就。在人际关系极为复杂的企业，这种方法会给管理者带来一种"保护"。但是，在完全自主经营的企业，这种方法由于对该员工失控、照发工资等会给企业造成负面影响。

总之，激励是现代旅游企业管理的重要手段，旅游企业工作性质在很大程度上决定了激励的作用。旅游企业管理者要针对自身的特点，广泛吸收现代化激励理论的精华，采取行之有效的手段，有效激发员工的积极性与创造性，创造良好的经济效益。

【复习思考题】

1. 什么是员工工作动力？简述工作动力的形式。
2. 讨论如何综合运用激励理论激励员工。

【案例分析】

张敏的辞职

张敏是某大学酒店管理专业的毕业生，在当地一家有名的国有饭店的公关销售部任职，尽管从普通销售员做起，但落个城市户口，而且单位提供免费的住宿，她感到非常满意。

2014年，饭店为晋升四星级而扩建的新楼落成，张敏作为饭店培养对象被提拔担任桑拿部主管。桑拿部是饭店三大重要部门之一，有30多间套房，150多名员工及当地首屈一指的超豪华设备。饭店为了适应四星级管理的需要，请来全国各地世界知名管理集团高级管理人员进行为期一个月的饭店管理培训，包括张敏在内的饭店各层管理人员都参加了培训。能够参加培训张敏非常高兴。但是工作以后，张敏有些失望，国有饭店人际关系复杂而且工资低，已经是不争的事实，张敏有了跳槽的想法。

2016年年底，附近一家香港投资并管理的超豪华五星级饭店开业，张敏跳槽了，又当起了普通的销售员，月薪比当桑拿主管多了1500元，但是没有了免费的住房。每天接触的客人多了些蓝眼睛的，同事间交谈也时不时夹些洋文，尤其是那个从新加坡来的销售总监每天都让大家用英语交谈，这对张敏来说是个极大的挑战，她每天练习英语口语。此外，一直让她担心的人际关系却出乎意料地友好。工作顺利展开了，每天访问客户，学习英语，她感到很充实。

但是，一年后，五星级饭店出现财务危机，张敏感觉到饭店管理很松散。由于结婚后与婆婆一起生活，张敏很想多挣些钱买个属于自己的房子，工资现在对她来说已经非常重要，她想找一个能多挣些钱的工作。

正巧，一家国际著名联号饭店管理集团管理的五星级饭店即将开业，于是她去了那个几乎在城市另一侧，离她家足有一个小时公车路程的饭店作了销售员。销售总监看好张敏在内资和外资饭店多年的工作经验以及良好的个人素质，将客源较好的市中心、北京、广州、大连等区域交由她负责，级别为A级经理，月薪是11800元（这个工资比她原来工作的那个国有饭店的部门经理的工资要多出1300元），福利优厚，张敏非常满意。从此，她几乎每天都是7点不到就从家出门，乘一个小时的公共汽车去城市的另一侧上班，晚上，夜幕降临，她乘最后一班车回家，周六、周日很少休息。勤奋努力也给她带来了丰厚的回报，她的销售业绩始终在部门位于前茅。

一年来，张敏觉得自己成熟了很多，以前的同事常来找她咨询业务，也经常有人夸奖她变得时髦漂亮了。但张敏这些天的心情却不很愉快：一是饭店没有年功序列一说，也就是说自己的工资将不随工龄的增长而增长，这与自己的期望有些不符；二是自己的销售额领先，但是却没有任何奖励，不公平；三是工作压力很大，虽说自己非常努力，牺牲了很多休息日，放弃了学习的时间，但部门其他员工认为她负责了最好的客源区，销售额高是正常现象，如果销售额一般反而不正常，而市场变化很快，销售额保持领先实在不易；四是工作内容单调，原来写起来还很费劲的报告，现在也轻车熟路，原来说起来还有些晦涩的英语，现在马马虎虎也能过去，而原来对她那么有吸引力的访问客户，现在却变成一种负担，这些客户实在太熟悉，打个电话就知道对方的情况，而自己却要上门问一问。

张敏希望在饭店或集团内获得晋升，但是现在看来希望渺茫，因为集团很少从销售部培养人，被派往外地做经理的人多是客房餐饮部的人。难道自己一辈子做销售员？张敏想起饭店培训部的一位员工去了相邻的一家内资饭店做培训经理，工资比自己多很多，工作压力也不大，张敏有些动心。内资饭店压力毕竟小一些，自己一直想学个专升本，如果能去内资饭店管理层，不但工资有所长进，而且也有更多的个人时间，自己也该为以后换个行业考虑了。

分析题：

1. 张敏两次辞职的原因是什么？

2. 请结合需求理论、双因素理论谈一谈哪些因素令张敏工作满意，哪些因素导致其工作不满意。

3. 现在饭店竞争十分激烈，内资饭店多年培养的员工面临流失，请结合自身工作经历列举导致员工不满意而辞职的因素。哪些因素是饭店可以控制的？

4. 张敏现在的需求是什么？这家饭店如何做才能避免张敏辞职？

5. 结合文中案例谈如何利用压力激励员工。

第八章

旅游企业劳动关系管理

导言

本章应围绕“为什么要建立劳动合同、如何进行劳动合同管理以及碰到劳动争议应如何处理等问题”展开学习。

【学习目标】

1. 掌握旅游企业劳动合同的管理流程。
2. 了解旅游企业内部劳动保护的基本任务、意义、具体内容和管理制度。
3. 学会劳动争议的处理途径和方法。

【导入案例】

南园假日饭店劳动争议案

中美合资南园假日饭店成立后，为加强管理，饭店高薪聘请了几名美国高级管理人员。此举增加了饭店的管理费用，而且产生许多文化上的隔阂，饭店双方的管理人员经常为此发生争执。为改变这种状况，南园饭店去年初选派鲁某等五名中方管理人员到美国参加培训，以便将来顶替在本饭店进行管理的美国专家，从而达到自我管理的目的。

临行前，南园饭店与鲁某等五人签订了出国培训协议。协议中规定，此次去美国的培训费用由南园饭店支出，但鲁某等五人自培训结束之日起5年内，不得擅自离开南园饭店到其他单位去工作；否则，应向南园饭店赔偿此次培训费用，赔偿比例为：工作不满一年，赔偿全部培训费用；工作每满一年，递减20%。

鲁某等五人在美国学习期间，饭店为每人支付了培训费6.3万元。培训结束前夕，鲁某等人结识了正在美国访问的京兰饭店的赵总经理。赵总表示，愿用优厚的待遇聘用鲁某等五人。五人经过考虑，答应了赵总的要求。

鲁某等五人培训结束后，回到南园饭店顶替了美国专家的工作岗位，饭店为此节约了大量的管理成本。但两个月后，鲁某等五人向饭店提出辞职。南园饭店认为五人应履行培训协议，5年后才能调走，因此拒绝了他们的要求。于是五人向饭店递交了一份书面辞职报告，从此不再来饭店上班，而去了京兰饭店。

南园饭店领导对五人的行为非常气愤，向劳动争议仲裁委员会提出了仲裁申请，要求五人赔偿出国培训费以及饭店经济损失100万元。

第一节　劳动关系概述

随着旅游企业改革的深入发展，我国原来单一的产权关系正逐步向多元的产权关系转化，形成多层次、多元化、多种形式共存的所有制结构。企业所有制的多元化意味着企业中劳动关系的复杂化，企业人力资源管理部门正面临前所未有的挑战。

一、劳动关系的含义

1995年1月1日，我国开始实施《中华人民共和国劳动法》（以下简称《劳动法》），对劳动关系做出了明确的界定。

《劳动法》中的劳动关系（labor relations）不是泛指一切劳动者在社会劳动时形成的所有的劳动关系，而是指劳动者与所在单位（包括各类企业、个体工商户、事业单位等）在实现劳动过程中发生的社会经济关系。

2011年3月《劳动合同法》中关于劳动关系的基本内容包括劳动者与用人单位之间的工作时间和休息时间、劳动报酬、劳动安全卫生、规章制度劳动保险、职业培训等。

劳动法律关系的一方（劳动者）必须加入某一个用人单位，成为该单位的一员，并参加单位的生产劳动，遵守单位内部的劳动规则；而另一方（用人单位）则必须按照劳动者的劳动数量或质量给付其报酬，提供工作条件，并不断改进劳动者的物质文化生活。依据劳动法律、法规形成和调整的劳动关系是劳动法律关系，其由三个要素构成：主体、内容、客体。劳动法律关系的参与者为劳动关系的主体，包括劳动者、劳动者的组织（工会、职代会）和用人单位。

二、劳动关系的特征

《劳动法》所规范的劳动关系的特征主要包括：

第一，劳动机会是用人单位给予的，劳动者对外以用人单位人员的名义从事劳动。

第二，双方存在劳动法所规定的权利义务关系，劳动者以劳动换取用人单位的报酬。

第三，用人单位行使管理权，劳动者需按用人单位的要求或安排及单方制定的规章制度进行劳动。

这些特征也常用来规范旅游企业与其员工尤其是导游员与旅行社存在的劳动关系。1999 年 5 月由国务院发布并于 10 月 1 日起开始施行的《导游员管理条例》规定：“导游员是接受旅行社的委派，以委派的旅行社名义为游客提供向导、讲解及相关旅游服务的人员。”由此可见：

第一，导游员是为旅行社工作，在游客及政府部门看来导游员无疑是旅行社的导游，他的行为是职务行为，对外代表旅行社。

第二，导游员的劳动报酬表面看不是旅行社给的，是从游客身上获取的，但实质上，没有得到旅行社的同意，导游员的这种收入是不能实现的。

第三，导游必须按旅行社单方制定的行程服务，在带团中导游无权更改。因此，尽管很多导游员没有明确的书面劳动合同，符合这些法律特征就应该被视为与旅行社存在着事实劳动关系。

三、劳动关系的主要内容

劳动关系包括劳动者与用人单位之间在工作时间、休息时间、劳动报酬、劳动安全卫生、劳动纪律与奖惩、劳动保险、职业培训等方面形成的体系。此外，与劳动关系密不可分的关系还包括：劳动行政部门与用人单位、劳动者在劳动就业、劳动争议和社会保险等方面的关系，工会与用人单位、员工之间因履行工会的职责和职权及代表和维护员工合法权益而发生的关系等。

四、劳动关系的主要类型

按照不同的角度，劳动关系可以有多种分类方法。

（一）按实现劳动过程的方式来划分

1. 直接实现劳动过程的劳动关系

即用人单位与劳动者建立劳动关系后，由用人单位直接组织劳动者进行生产劳动的形式，当前这一类劳动关系居绝大多数。

2. 间接实现劳动过程的劳动关系

即劳动关系建立后，通过劳务输出或借调等方式由劳动者为其他单位服务实现劳动过程的形式。这一类劳动关系在很多旅游企业如旅行社、旅游车船公司等今后还会逐年增多。

（二）按劳动者是否在编分类

可分为用人单位与正式工之间的劳动关系和用人单位与临时工之间的劳动关系。

（三）按生产资料所有制不同分类

可分为全民所有制企业劳动关系、集体所有制企业劳动关系、个体经济组织劳动关系、外商投资企业劳动关系、私营企业劳动关系等。

（四）按劳动关系的具体形态来划分

可分为正常情况下的劳动关系、停薪留职形式、放长假的形式、待岗形式、下岗形式、提前退养形式、应征入伍形式等。

（五）按劳动关系规范程度划分

可分为规范的劳动关系（即依法通过订立劳动合同建立的劳动关系）、事实劳动关系（未订立劳动合同，但劳动者事实上已成为企业、个体经济组织的成员，并为其提供有偿劳动）、非法劳动关系（如招用童工和无合法证件人员，无合法证、照的用人单位招用劳动者等）。

随着社会主义市场经济体制的建立和改革的不断深入，旅游企业的劳动关系日益呈现出市场化、多元化的发展趋势。

第二节　旅游企业劳动合同管理

一、劳动合同的概念

劳动合同又称劳动契约或劳动协议，是指员工与企业之间确立劳动关系，明确双方权利和义务的协议。通过劳动合同的签订、履行、终止以及变更、解除，调节劳动力的供求关系，既能使员工有一定的择业和流动自由，又能制约员工在合同期履行劳动义务和完成应尽职责，从而使员工有相对的稳定性和合理的流动性。

二、劳动合同的订立

（一）劳动合同的订立的原则

1. 合法原则

即签订和变更的劳动合同不得与企业所在地现行的法律、法规和政府政策相冲突，否则无效。

2. 平等自愿原则

即签订和变更劳动合同的双方在法律地位上是平等的，并完全出于双方当事人自己的真实想法。

3. 协商一致原则

即签订和变更劳动合同的双方就合同的所有条款进行充分协商，达成双方意见一致。

（二）劳动合同的形式

劳动合同可以分为口头形式和书面形式两种。其中，书面形式的劳动合同是最正规的形式，而且也便于管理和解决日后发生的劳动争议。书面形式的劳动合同通常又有主件和附件之分。主件一般是指在确立劳动关系时所订立的书面劳动合同。附件一般是指法定或约定作为劳动合同主件的补充，进一步明确当事人双方权利义务的书面文件。

（三）劳动合同的内容

劳动合同的内容即劳动合同条款，分为一般法定必备条款、特殊法定必备条款和约定必备条款。

1. 一般法定必备条款

一般法定必备条款是法律要求各种劳动合同都必须具备的条款，即必须包括：

（1）合同期限。除依法允许订立不定期合同的情况以外，都应当规定合同有效期限，其中应包括合同的生效日期和终止日期，或者决定合同有效期限的工作项目。

（2）工作内容。即关于员工的劳动岗位、劳动任务条款。

（3）劳动保护和劳动条件。即关于企业应当为员工提供劳动安全卫生条件和生产资料条件的条款。

（4）劳动报酬。即关于劳动报酬的形式、构成、标准等条款。

（5）劳动纪律。即关于员工应当遵守的劳动纪律的条款，它一般不全部罗列劳动纪律的内容，只是表明员工同意接受企业依法制定的劳动纪律。

（6）合同终止条件。即关于劳动合同在法定终止条件之外的哪些情况下可以或应当终止的条款。

（7）违约责任。即关于违反劳动合同的员工和企业各应如何承担责任的条款，不仅包括关于依法承担违约责任的抽象规定，而且含有关于在合法范围内承担或免除违约责任的具体约定。

2. 特殊法定必备条款

特殊法定必备条款是法律要求某种或某几种劳动合同必须具备的条款。有的劳动合同由于自身的特殊性，立法特别要求其除一般法定必备条款外，还必须规定一定的特有条款。例如，外商投资企业劳动合同和私营企业劳动合同中应包括工时和休假条款，实习员工的劳动合同中应当有培训目标、实习期限、生活待遇等条款。

3. 约定必备条款

约定必备条款是劳动关系当事人或其代表约定劳动合同必须具备的条款。它是法定必备条款的必要补充，其具备与否，对劳动合同可否依法成立，在一定程度上有决定性意义。此类条款通常有试用期条款、保密条款和禁止同业竞争条款等。

（四）劳动合同的订立程序

1. 提出劳动合同草案

企业向员工提出拟订的劳动合同草案，并说明各条款的具体内容和依据。

2. 介绍内部劳动规则

在提出合同草案的同时，企业还必须向员工详细介绍本单位内部劳动规则。

3. 商定劳动合同内容

企业与员工在劳动合同草案和内部劳动规则了解的基础上，对合同条款逐条协商一致后，以书面形式确定其具体内容。对劳动合同草案，员工可提出修改或补充意见，并就此与企业协商确定。对内部劳动规则，员工一般只需表示接受与否即可，而不能与企业协商修改或补充其内容。但是，双方可以在劳动合同中做出不同于内部劳动规则某项内容或者指明不受内部劳动规则某项内容约束而对员工更有利的约定。

4. 签名盖章

员工和企业应当在经协商一致所形成的劳动合同文本中签名盖章，以此标志双方意思表示一致的完成。凡属不需要鉴证的劳动合同，在双方当事人签名盖章后即告成立。

5. 鉴证

按照国家规定或当事人要求而需要鉴证的劳动合同，应当将其文本送交合同签订地或履行地的合同鉴证机构进行鉴证。凡需要鉴证的劳动合同，经鉴证后方可生效。

上述各阶段是紧密相连、不可分割的连续过程，企业招聘合同制员工，必须依次确定合同当事人、确定合同内容，才能在当事人之间确立劳动法律关系。

（五）劳动合同的法律效力

1. 劳动合同的有效性

劳动合同依法成立，从合同成立之日或者合同约定生效之日起就具有法律效力。其具体表现主要是：

（1）当事人双方必须亲自全面履行合同所规定的义务。

（2）合同的变更和解除都必须遵循法定的条件和程序，任何一方当事人都不得擅自变更和解除合同。

（3）当事人违反合同必须依法承担违约责任。

（4）当事人双方在合同履行过程中发生争议，必须以法定方式处理。

2. 劳动合同的法律效力

劳动合同具有法律效力，必须以完全具备法定有效要件为前提。劳动合同有效要件一般包括：

（1）合同主体必须合格。双方当事人都必须具备法定的主体资格，即一方必须是具有劳动权利能力和劳动行为能力的公民，另一方必须是具有用人权利能力和用人行为能力的企业。

（2）合同内容必须合法。劳动合同必须完全具备法定必备条款，并且所载各项条款都必须符合合同履行地的劳动法规、劳动政策和集体合同的要求。

（3）意思表示必须真实。签订劳动合同的双方当事人的意思表示都出于自愿，并且与自己内在意志相符。

（4）合同形式必须合法。要约式劳动合同必须采用法定的书面合同或标准合同形式，非要约式劳动合同应当采用当事人所要求的书面或口头合同形式。

（5）订立程序必须合法。劳动合同的订立必须完成各项法定必要程序，并且，在订立程序中必须严格遵循法定规则，尤其应当遵循平等自愿和协商一致的原则。

3. 劳动合同的无效

劳动合同无效是指劳动合同由于缺少有效要件而全部或部分不具有法律效力。其中，全部无效的劳动合同，它所确立的劳动关系应予以消灭；部分无效的劳动合同，它所确立的劳动关系可依法存续，只是部分合同条款无效，如果不影响其余部分的效力，其余部分仍然有效。

“违反法律、行政法规的劳动合同”“采取欺诈、威胁等手段订立的劳动合同”一般确定为无效合同。无效的劳动合同从订立的时候起就没有法律约束力。此外，“员工被迫签订的劳动合同或未经协商一致签订的劳动合同为无效劳动合同”。所谓“员工被迫签订的劳动合同”，是指有证据表明员工在受到胁迫或对方乘己之危的情况下，违背自己真实意思而签订的劳动合同；所谓“未经协商一致签订的劳动合同”，是指有证据表明企业和员工不是在双方充分表达自己意思的基础上，经平等协商、取得一致意见的情况下签订的劳动合同。劳动合同的无效由劳动争议仲裁委员会或者法院确认。

（六）订立劳动合同时应注意的问题

1. 衡量本身是否具备招工和应聘条件

（1）企业要衡量是否具备对新招员工提供工作以及生活等方面的物质条件，培养新员工的能力等；应聘人员则要对照企业的招工简章，衡量自己是否符合招工企业的招聘条件。

（2）双方在确认自己具备招工和应聘条件的基础上，要了解对方是否确有招工或应招的条件。即招工企业要了解应聘人员的基本状况，包括验看应聘人员提供的户籍、学历、技术级别等证明；应招人员也可以通过招工简章、劳动中介机构或上级主管机关等途径去了解招工企业的基本状况。

2. 根据法律并结合实际订立合同

如果双方当事人在订立合同时抛开国家的法律、法规和政策，完全由当事人双方商订，那么有可能产生无效合同。但是，如果不结合实际做出具体规定，也会给履行合同带来困难，所以，合同不能千篇一律。

3. 合同内容要繁简得当

对国家法律、法规和政策规定较细致、具体的内容，可写明按照某项规定执行即可（当然，必须把这些规定作为劳动合同的附件与劳动合同文本一并提交给合同制员工）。对于国家法律、法规和政策未做具体规定的内容，特别是容易产生劳动争议之处，则应该尽量做出详细的规定。例如，劳动合同的具体条款，如工种、岗位或者报酬等，就需要订得比较详细。此外，对具有行业特点的涉及双方切身利益的事项应做出明确规定，有些易误解的事项更要做详细说明或解释，否则容易产生劳动争议。

4. 语言表达要力求准确

劳动合同中的语言表达要力求准确、明白，避免使用易产生误解或歧义的词句。

5. 责任规定要明确

劳动合同责任是合同的核心，也是劳动合同法律效力的集中体现。如果责任规定得不明确，一旦发生争议追究责任时，可能互相推诿，使争议迟迟不能得到妥善解决。

6. 合同签订日期和生效日期要明确

合同日期是劳动合同的法定内容之一，如果在合同中不注明起止日期，也容易产生争议。

三、劳动合同的履行

劳动合同的履行是指合同当事人双方履行劳动合同所规定义务的法律行为，即员工和企业按照劳动合同的要求，共同实现劳动过程和各自的合法权益。劳动合同依法订立就必须履行。

（一）劳动合同的履行原则

1. 亲自履行原则

劳动合同的履行只能在签订合同的特定主体之间进行。员工一方的主体变更一般视为合同解除，企业一方对员工提供劳动义务的请求权也不应转让给第三人。劳动法律关系确立后，员工不允许请他人代为劳动，企业未经员工同意也不能擅自将员工调动转移到其他单位。

2. 全面履行原则

劳动合同当事人双方都必须履行合同的全部条款和各自承担的全部义务，既要按照合同约定的标准及其种类、数量和质量履行，又要按照合同约定的时间、地点和方式履行。

3. 协作履行原则

（1）当事人双方首先应按照劳动合同和劳动纪律的规定履行自己应尽的义务，并为对方履行义务创造条件。

（2）当事人双方应互相关心，通过生产经营管理和民主管理，互相督促，发现问题及时协商解决。

（3）无论是企业还是员工遇到困难时，双方都应在法律允许的范围内尽力给予帮助。

（4）员工违纪，企业应依法进行教育，帮助员工改正；企业违约，员工也要及时反映问题，尽快协助企业纠正，并设法防止和减少损失。

（5）在合同履行过程中发生了劳动争议，当事人双方都应从大局出发，根据《劳动法》和劳动合同的有关规定，结合实际情况，及时协商解决，从而建立起和谐的劳动关系。

（二）劳动合同的特殊规则

1. 履行不明确条款的规则

对于劳动合同中内容不明确的条款，应当先依法确定其具体内容，然后予以履行。一般认为，企业内部劳动规则有明确规定的，按照该规定履行；企业内部劳动规则未做明确规定的，按照集体合同的规定履行；集体合同未做明确规定的，按照有关劳动法律、法规和政策的规定履行；劳动法律、法规和政策未做明确规定的，按照通行的习惯履行；没有可供遵循的习惯的，由当事人双方协商确定如何履行。

2. 向第三人履行的规则

劳动合同的任何一方当事人，一般都只向对方当事人履行义务，并且要求对方当事人履行义务的请求权一般不得转让给第三人。换言之，只有在法律允许的特殊情况下，员工或企业才应当向第三人履行义务。

3. 履行约定之外劳动给付的规则

员工履行劳动给付义务，原则上以劳动合同约定的范围为限，在劳动合同未变更时，企业一般不得指示员工从事劳动合同约定之外的劳动。但是遇有紧急情况时，如为了避免发生危险事故或者进行事故抢救和善后工作，企业可指示员工临时从事劳动合同约定之外的劳动，员工应当服从这种指示。

四、劳动合同的变更

劳动合同的变更是指合同当事人双方或单方依法修改或补充劳动合同内容的法律行为。它发生于劳动合同生效后尚未履行或尚未完全履行期间，是对劳动合同所约定的权利和义务的完善和发展，是确保劳动合同全面履行和劳动过程顺利实现的重要手段。劳动合同变更一般为协议变更。

（一）变更原因

1. 企业方面的原因

企业调整主营业务或经营项目、重新进行劳动组合、修订劳动定额、调整劳动报酬或员工福利分配方案、发生严重亏损、防止泄露商业秘密等。

2. 员工方面的原因

员工身体健康状况发生变化、劳动能力部分丧失、所在岗位与其职业技能不相适应、职业技能提高到一定等级等。

3. 客观方面的原因

国家的法律、法规和政策发生变化，物价水平大幅度变化，国民经济调整，社会动乱，自然灾害等。

（二）变更条件

根据规定，劳动合同的变更应具备三个条件：

1. 当事人双方原来已经存在劳动合同关系

所谓变更是对原订合同的修改和增删。

2. 订立合同时所依据的情况发生变化

劳动合同依法订立后就具有法律的约束力，当事人双方都必须严格按照劳动合同规定的条款履行自己应尽的义务。只有出现情况变化时，才允许变更劳动合同。

3. 劳动合同变更必须经双方当事人同意

劳动合同在签订时要贯彻平等自愿、协商一致的原则，这种当事人之间通过协商一致形成的法律关系，一般也应通过协商一致才能予以变更。

（三）变更程序

1. 预告变更要求

需要变更合同的一方当事人应当按照规定时间提前向对方当事人提出变更合同的要求，说明变更理由、条款、条件以及请求对方当事人答复的期限。

2. 按期做出答复

得知对方当事人提出变更合同的要求后，通常应当在对方当事人要求的期限内做出答复，可以表示同意，也可以提出不同意见而要求另行协商。如果不属于法定应当变更合同的情况，还可以表示不同意。

3. 签订书面协议

当事人双方均同意变更合同的，应当就合同变更达成书面协议，并签名盖章。协议书中应当指明变更的条款，并约定所变更条款的生效日期。

4. 鉴证或备案

凡在订立时经过鉴证或备案的合同，变更合同的协议签订后也要办理鉴证或备案手续。

五、劳动合同的解除

（一）劳动合同解除的含义和种类

劳动合同解除是指劳动合同生效以后，尚未全部履行以前，当事人一方或双方依法提前消灭劳动关系的法律行为。劳动合同的解除主要包括以下几种：

1. 以解除方式为标准分类

（1）协议解除。即劳动合同经当事人双方协商一致而解除。

（2）单方解除。即享有单方解除权的当事人以单方意思表示解除劳动合同。员工可以无条件地预告辞职，但即时辞职则要受一定条件的限制。就辞退而言，企业在符合法定或约定条件的情况下方可辞退员工。

2. 以解除条件的依据为标准分类

（1）法定解除。即员工或企业在符合《劳动法》规定的合同解除条件的情况下，单方解除劳动合同。

（2）约定解除。即员工或企业在符合集体合同或劳动合同依法约定的合同解除条件的情况下，单方解除劳动合同。

3. 以解除原因中有无过错为标准分类

（1）有过错解除。由于对方当事人的过错行为而导致的劳动合同解除，属于有过错解除。解除合同的主动权在无过错方，由其提出的解除要求对有过错方具有强制性，并可不经预告就行使单方解除权。企业如果是有过错方，就应当赔偿员工因辞职所受的损失；员工如果是有过错方，就无权要求企业因辞退而给予经济补偿，或应赔偿企业所受的损失。

（2）无过错解除。在对方当事人无过错行为或者其过错行为轻微的情况下单方解除劳动合同，属于无过错解除。为了避免或减少合同解除可能给对方当事人造成的损失，员工或企业在解除合同前均应向对方当事人预告。尤其是企业辞退员工要严格按照规定的条件执行，还应对辞退或辞职的员工给予一定经济补偿。

（二）劳动合同解除的条件

劳动合同的解除分为双方协商解除和单方依法解除两大类。

1. 双方协商解除

双方协商解除是指劳动合同的双方当事人经协商达成一致解除劳动合同。

2. 单方依法解除

单方依法解除是指劳动合同的一方当事人不需对方同意即可单方面行使劳动合同解除权。按权利主体分类，可以分为企业解除劳动合同和员工解除劳动合同。

（1）企业解除劳动合同。企业单方行使劳动合同解除权，又可分为因员工的问题行使解除权以及因企业的问题行使解除权。

因员工的问题解除劳动合同时，企业还必须根据员工的情况区别为主观过错或客观原因，相应地分为解除合同前不需提前预告和需提前预告两种情况。

员工主观过错包括：①在试用期间被证明不符合录用条件（简称试用不合格）。②严重违反劳动纪律或者企业规章制度（简称严重违纪）。③严重失职，营私舞弊，对用人单位利益造成重大损害。④被依法追究刑事责任。即员工在劳动合同存续期间，因严重违法构成犯罪，被法院依法判处刑罚或者裁定免予刑事处分。

从解除合同的程序看，符合以上情况之一的，企业一经证实，就可以解除劳动合同，无须提前通知，也不必给予经济补偿。

员工客观原因包括：①员工患病或非因工负伤，医疗期满后，不能从事原工作也不能从事由企业另行安排的工作。这里的医疗期，是指员工根据其工龄等条件，依法可以享受的停工医疗并发给病假工资的期间，而不是员工病伤治愈所实际需要的医疗期。员工在规定的医疗期届满后，其病伤尚未医疗终结或者医疗终结但其劳动能力受损，经劳动鉴定机构证明，缺乏或丧失从事原工作或者企业在现有条件下为其所安排新工作的劳动能力，因而无法继续履行劳动合同。②员工不能胜任工作，经过培训或者调整工作岗位，仍不能胜任工作。③劳动合同订立时所依据的客观情况发生重大变化，致使原劳动合同无法履行，经当事人协商不能就变更劳动合同达成协议。这里的客观情况，是指履行原劳动合同所必要的客观条件，如自然条件、原材料或能源供给条件、生产设备条件、产品销售条件、劳动安全卫生条件等。

从解除合同的程序上看，符合以上情况之一的，企业必须履行预告义务，即应当提前30日以书面形式通知员工本人方可解除劳动合同，同时还应依法给予经济补偿。

（2）员工解除劳动合同。员工单方行使劳动合同解除权，也可以企业是否有过错为主要依据，分为需提前预告和不需提前预告两种情况。

（三）关于辞退员工的禁止性条件

我国的《劳动法》关于辞退的禁止性条件规定，以下情形之一不得解除劳动合同：

第一，患职业病或者因工负伤并被确认为丧失或者部分丧失劳动能力。劳动能力丧失的程度，须由法定机构（劳动鉴定委员会）鉴定和证明。

第二，患病或负伤并在规定的医疗期内。员工患普通疾病或者非因工负伤，企业应依法给予一定的医疗期，并在此期限内负有保障其医疗和生活的义务。

第三，女职工在孕期、产期、哺乳期内。以此作为禁止性条件，旨在保护妇女和儿童的特殊权益。孕期、产期和哺乳期为一个连续的过程，其中，产期长度应当以生育顺产、难产或流产的法定产假期为准；哺乳期长度也应当与法定界限相符，一般限于婴儿周岁。

第四，法律、行政法规规定的其他情形，企业均不得解除劳动合同。例如，在法定年休假、法定节假日和其他合法假期间，在劳动争议处理期间，员工不得被辞退。员工因实施工会行为或员工代表行为，也受特别保护，不得被辞退。

（四）劳动合同解除的程序

劳动合同解除的程序，因解除的方式、条件等差异而有所不同，一般包括以下环节：

1. 辞退通知前的环节

即企业在发出辞退通知以前，必须经过对员工批评教育、纪律处分或辞退警告无效。

2. 解约的协议或通知

（1）劳动合同的协议解除，应当由合同当事人双方就合同解除的日期和法律后果依法签订书面协议。

（2）劳动合同的单方解除，应当由企业或员工提前或即时以书面形式将解除劳动合同的决定通知对方。在实践中允许企业以向被辞退者支付与预告期间劳动报酬额相等的补偿的方式取代预告期，即企业在支付此项补偿费的前提下即可辞退员工。

3. 解约协议或通知后的环节

在劳动合同当事人就劳动合同解除签订协议或发出通知以后，依法还必须或可能经过一些特定环节。其中主要是：

（1）工会干预。工会认为辞退不适当的，有权提出意见，企业对工会意见应当认真研究。如果辞退违法或违约，工会有权要求企业重新处理。

（2）争议处理。因劳动合同解除发生争议的，应当依法遵循调解、仲裁、诉讼的程序处理。

（3）备案。

六、劳动合同的终止

（一）劳动合同终止的概念

劳动合同的终止是指劳动合同的法律效力依法被消灭，劳动合同所确立的劳动关系由于一定法律事实的出现而终结，员工与企业之间原有的权利和义务不复存在。

（二）劳动合同终止的原因

引起劳动合同终止的原因主要有以下几种：合同期限届满，约定终止条件成立，合同目的实现，员工死亡，员工退休，企业消灭，合同解除，企业依法被宣告破产、解散、关闭或撤销。

（三）劳动合同终止的法律后果

劳动合同终止的法律后果指在终止劳动关系并消灭当事人双方权利义务的同时，对当事人双方随之产生新的权利义务。

1. 企业的义务

（1）支付经济补偿金。劳动合同经协议解除，或者由企业解除（因试用不合格或员工有过错行为而解除者除外）的，按员工在本单位工龄，每满 1 年给相当于 1 个月工资的经济补偿金。但是，经协议解除或者因员工不胜任工作被企业解除的，最多给予不超过 12 个月工资的金额。

（2）支付失业补偿费。企业因破产或歇业而解除劳动合同的，合同未满的时间每年发给员工相当于 1 个月工资的失业补偿费，但最高不超过 12 个月工资的金额。

（3）支付禁止同业竞争补偿费。约定员工为保守企业商业秘密而在劳动合同终止后一定期间不与该企业进行同业竞争的，企业应当给予该员工一定数额的经济补偿。

（4）支付医疗补助费。劳动合同因员工患病或非因工负伤而由企业解除的，在发给经济补偿金的同时，还应发给不低于 6 个月工资的医疗补助费。对患重病或绝症者要增加医疗补助费。其中，患重病的增加部分不低于医疗补助费的 50%，患绝症的增加部分不低于医疗补助费的 100%。

（5）向社会保险经办机构缴纳有关费用。凡是依法应当由企业为员工缴纳的社会保险费用，在劳动合同终止时企业应当负责全部缴足。

（6）出具劳动关系终止证明书。企业应当在劳动合同终止的当时或者应员工事后请求，免费向员工出具终止劳动合同的证明书，以证实原劳动关系已经消灭。

（7）为被裁减人员提供一定就业保障。企业有条件的，应当为被裁减人员提供培训或就业帮助。

（8）返还员工寄存财产。在劳动关系存续期间员工寄存于企业的各项财产，当劳动合同终止时，企业应当返还给员工。

（9）继续提供住房。劳动关系存续期间由企业提供住房的员工，在劳动合同终止后一定时间内，企业应当让其继续居住。

在上述各项经济补偿中，以月工资作为计算基准的企业来说，月工资是指在正常生产经营情况下，劳动合同解除前 12 个月员工本人的月平均工资。另外，经济补偿金在企业成本中列支，不得占用企业按规定比例应提取的福利费用。

2. 员工的义务

（1）赔偿损失。员工对劳动合同解除有过错的，应当按照法定或约定的要求，向企业赔偿因此所受的损失。

（2）结束并移交事务。劳动合同终止后，员工应当依企业对其忠实义务的要求，结束其正在进行中的事务，对紧急事务做应急处理；同时，向企业办理事务移交手续；对原归其保管的物品，在交接前负责继续保管。

（3）继续保守商业秘密。员工对其在劳动关系存续期间得知的商业秘密，在劳动合同终止后一定期限内应当继续保密。

【知识链接】

首次专门针对导游劳动权益保障出台指导意见

为贯彻落实旅游法，切实保障导游劳动权益，优化旅游市场环境，2015 年 7 月 29 日，国家旅游局、人力资源社会保障部、中华全国总工会共同发布《关于进一步加强导游劳动权益保障的指导意见》（以下简称《指导意见》）。这是三部门首次专门针对导游劳动权益保障出台的指导意见，将对导游劳动权益保障和旅游市场秩序整治起到实质性的推动作用。

《指导意见》指出，导游劳动权益保障工作关系到旅游企业、从业者的切身利益。切实保障导游的合法劳动权益，是旅行社应尽的法定义务，旅行社的健康有序发展也将为导游提供更多的就业机会和发展前景。要构建法律关系清晰、管理责任明确、权利义务对等、收入与服务质量挂钩、基本保障健全的导游劳动权益保障体系；营造良好的就业环境，实现导游体面劳动，促进劳动关系和谐。

《指导意见》强调，加强导游劳动权益保障的主要工作有：理顺旅行社与导游的关系；依法保障导游合法劳动报酬和社会保险权益；加强导游执业的劳动保护和职业培训；开展导游劳动报酬集体协商和指导性标准制定工作。

《指导意见》要求，旅行社应当与其聘用的未与其他用人单位建立劳动关系或人事关系的导游签订劳动合同，且劳动合同期限应在1个月以上。旅行社应建立和完善劳动报酬分配办法，合理确定基本工资、带团补贴、奖金等，按照旅游法、劳动合同法等相关法律法规规定及劳动合同约定，按月足额向导游支付劳动报酬。旅行社要尽快建立健全针对导游的职业技能、专业素质、游客评价、从业贡献为主要测评内容的导游绩效奖励制度，探索建立基于游客自愿支付的对导游优质服务的奖励机制。旅行社应依法参加各项社会保险，按规定为与其签订劳动合同的导游办理相关社会保险手续，足额缴纳各项社会保险费。各地要依法开展以协商确定导游劳动报酬为重点的集体协商试点工作。试点城市应按照相关规定，建立协商对话机制，确定协商主体，按程序选派代表进行集体协商；签订的集体合同经当地人力资源社会保障部门审查后生效。

第三节　旅游企业内部劳动的规则管理

旅游企业员工的劳动保护是现代旅游企业管理的重要组成部分。在旅游企业的安全管理中，它和旅游企业的资产安全、客人的财物和人身安全同等重要，它关系到旅游企业的经营成败。

一、旅游企业劳动保护的基本任务

（一）保证安全生产

在企业生产过程采取各种有效措施，减少和消除劳动中的不安全、不卫生因素，改善员工的工作条件，满足其安全需要。

（二）实现劳逸结合

在企业生产过程中采取各种必要措施，使员工有劳有逸，有张有弛，既紧张地工作，又保证他们的休息和娱乐。这是员工维持再生产的需要，也是提高员工生活质量的需要。

（三）对女工实行特殊保护

女员工由于其生理特点，特别是在经、孕、产、哺乳期，应受到特殊的照顾，而且女员工的健康关系到下一代的人口素质，因此，对女员工的保护意义更大。

（四）工作时间限制

规定员工的工作时间和休假制度，限制超时加班，保证员工有适当的休息时间和休假期，使他们能保持旺盛的精力。

（五）组织工伤救护

保证员工一旦发生工伤事故，应立即受到良好的治疗。做好职业中毒和职业病的预防救治工作。

二、旅游企业劳动保护的意义

（一）旅游企业员工发生事故不仅给当事人带来痛苦和灾难，而且会导致员工士气低落

人们通常认为旅游企业比较安全，然而恰恰相反，旅游企业是最易发生事故和火灾的地方。在美国，据有关资料统计，旅游服务行业有记录的工伤事故平均每年大约有59万例，其中包括平均550例死亡事故。

（二）旅游企业形象受到损害

一旦发生事故，特别是火灾和各种工伤事故，旅游企业的公众形象会受到严重损害，旅游企业的声誉会大大降低，直接威胁到旅游企业的经营。

（三）事故的代价是高昂的

尽管赔偿金、医药费等直接成本可以用货币计算出来，但员工受伤所造成的工时损失、与之有关的员工停工造成的损失、管理人员处理工伤事故造成的时间和精力上的损失，以及文书工作费用、设备损坏和原材料浪费等损失远比直接损失多得多。事故所带来的成本损失，其结果是对旅游企业经营利润产生严重的影响。

三、旅游企业劳动保护的具体内容

（一）工作时间管理

对于旅游企业人力资源管理来讲，工作时间管理的主要任务是建立工作班制，组织好工作轮班以及合理安排工时制度。旅游企业的工作班制有单班制和多班制两种。单班

制是指每天组织一个班工作。多班制是指每天组织两班或两班以上的员工轮流工作。工作轮班，是指在实行多班制生产条件下，组织各班员工按规定的时间间隔和班次顺序轮流进行生产活动的一种劳动组织形式。它体现了员工在时间上的分工协作关系。

旅游企业实行单班制还是多班制，主要取决于企业具体工作岗位的经营和服务特点。服务工作不能间断进行的，或需要连续运营 8 小时以上的岗位和部门，如前厅部、客房部和餐饮部等，必须实行多班制。工作过程可以间断进行的，如酒吧、娱乐部和商务中心以及旅游企业行政管理部门的工作班制，可以根据具体情况实行单班制。

根据旅游企业实际灵活安排工时制度也是工作时间管理的一项重要内容。目前，我国法定的制度工时是每周 40 小时，即每周工作 5 天，每天 8 小时；全年 11 个法定节假日。旅游企业应根据法定的工时制度和本旅游企业的经营服务特点和规律，尽量满足员工的健康及休假时间的需要，具体安排适宜的工作时间，并组织好员工按国家法定节假日休息，杜绝不必要的加班加点现象。

为了组织好多班制工作，除了要解决轮休、倒班方法外，还应注意以下几个问题：

第一，工作轮班的组织，应从工作项目、工作内容、服务对象、顾客消费的时间规律性等具体情况出发，以便充分利用工时和节约人力成本。

第二，要根据预计工作量平衡各个轮班人员的配备。对于顾客服务需求比较集中的时间应该考虑增加员工数量，确保服务质量；而对于顾客服务需求相对较少的时间段应严格控制在岗人数，节约人力成本。例如，餐饮部在午餐时间和晚餐时间安排员工在岗数量，就必须多于早餐和夜宵营业时段的员工数量。此外，在业务素质、技术力量的配备上，也要注意平衡，确保顾客在任何时间来店消费都能够享受到水平如一的服务。各班员工配备后，应尽量保持相对固定，避免频繁调动，以利于加强班组管理和员工之间的联系。

第三，建立健全交接班制度。在交接班时，对于交接工具设备的完好、清洁和安全，机器的使用运转情况，客用品准备的数量和质量，顾客特殊服务需求以及在本班次未处理完毕的各项事宜，都要按规定的手续以书面文字的形式向下一个班次的同岗员工交接清楚。

第四，适当组织各班员工交叉上班。如果员工从事的工作属于前后衔接密切的岗位，如前台接待员岗位，为了便于下一班员工在交接班前做好准备工作以及上一班员工做好结束工作，可以把各班员工的上下班起止时间，进行适当的交叉，以便当面做好交接班工作。

第五，克服工作轮班制对员工生理和心理的影响。工作轮班制对员工的生理、心理都会产生一定的影响，特别是夜班对人的影响最大。为了解决夜班疲劳、员工生理、心理不适应和工作效率下降的问题，一般可采用以下办法：一是适当增加夜班前后的休息时间。二是缩短上夜班的次数。三是采取循环倒班法，即员工先上白班，接着上中班，然后再上夜班。每班工作时间每天向前推移 1~2 小时，而且每三个星期才换班一次，在每次大倒班时再多给一天休息时间。这样做可以与人体生物钟自然变化的规律基本吻合，使工作轮班与人体生理机制相适应，从而减少员工因病缺勤，提高劳动效率。

（二）劳动疲劳管理

劳动疲劳是指长时间、大强度、快速度持续地干同一种工作而引起劳动效率下降、不愿意继续工作的反应以及无法工作的状态等症状。

1. 劳动疲劳产生的原因

（1）工作环境因素。工作环境因素包括工作强度、工作速度、工作方式与方法以及工作持续的时间等，它们是引发疲劳最客观、最直接的原因。

工作强度不同，引起疲劳的程度也不同。工作强度与生理疲劳成正比关系。在其他条件相同的情况下，工作强度越大，生理疲劳的程度就越大。

工作速度对生理疲劳产生的作用也是很明显的。假如操作动作之间没有间歇（或间歇时间很短），动作的能量消耗相同，操作的速度越快，就越容易发生疲劳。

工作方式与方法也是产生生理性疲劳的重要原因之一。有人曾对负重进行研究，结果表明，肩背物体，生理性疲劳程度最低，肩挑居中，而双手立提引起的生理性疲劳程度最大。可见，工作方法与方式的正确与否对于消除疲劳，提高工作效率有着密切的关系。

此外，工作持续的时间也是产生疲劳的一个原因。不论是什么样的工作强度，不论是哪一种工作方式与方法，只要持续工作的时间较长，人的机体就会产生疲劳。一般说来，工作持续时间越长，生理疲劳的程度越大，生理疲劳得不到必要的消除，久而久之就可能变成慢性疲劳或引发疾病，对此必须注意。

（2）生理因素。短时间大强度体力劳动所引起的局部肌肉疲劳，是由于乳酸在肌肉和血液中大量积蓄引起的，称为“疲劳物质累积机理”。较长时间轻或中等强度劳动引起的疲劳，既有局部肌肉疲劳，又有全身性疲劳。此时，局部肌肉疲劳不是由于乳酸积蓄所致，而是由于肌糖源贮备耗竭之故，称为“力源耗竭机理”。

（3）心理因素。个人的情绪、兴趣、态度、动机等都会对疲劳产生作用和影响。情绪可以影响人的认识活动和行为的发生，对心理疲劳也有控制和调节作用。情绪有消极和积极之分。消极的情绪能够引发和增强心理疲劳，而积极的情绪则能减轻和消除心理疲劳。有的人在工作之前态度冷漠、没精打采、郁闷不乐，开工之后不久，就对工作失去了兴趣，注意力开始分散，思维变得迟钝，动作软弱无力，这实际上就是消极情绪对心理性疲劳产生影响的表现。

态度虽然不是行为本身，但它影响人们行为的方向和强度。积极的劳动态度会激发人产生积极的动机，会使人以更大的热忱去工作，从而使劳动者在劳动过程中正视困难，提高克服困难的信心；消极的态度在人行动中的表现则相反。同样，当人们在劳动过程中产生了一定的生理性疲劳时，消极的态度会导致人们更快地产生心理性疲劳和增加生理性疲劳的程度。积极的态度可以抑制心理性疲劳的产生和降低生理性疲劳的程度。

动机，是推动人们进行活动的内部原因，是使主体处于积极状态的心理动力。在所有的生产劳动活动和工作中，人们感到疲劳的速度随着动机强度而变化。当人的动机水平很低时，很快就显示出疲劳的影响；而当人的动机水平很高时，人们则可以不显示出明显的疲劳。

影响员工疲劳的心理因素还很多，个体的意志、群体的气氛、人际关系的协调、领导者的形象都可能对此产生影响。值得注意的是，所有因素对个体的作用都不是孤立的，而是综合的。因此，在研究这一问题时必须采用系统的方法，全面地考察这些影响。

2. 疲劳的消除

在旅游企业，消除疲劳的具体方法主要有两种：实行休息制度和改善劳动条件。

休息乃是消除疲劳的重要措施，通过休息可以使疲劳消除。这里需要注意的是：

（1）休息的效果随时间的增加而不断下降。

（2）初期疲劳，通过休息，恢复很快；过度疲劳，恢复很慢。因此，对休息应做恰当的安排，一般应该在开始感到疲劳就安排休息。那种把休息时间集中使用而让员工较长时间连续工作，打疲劳战的办法是不可取的。

（3）休息不一定是静止不动，动中的休息是积极的休息，安排得当，效果更好。

四、旅游企业劳动保护管理制度

（一）安全生产责任制度

安全生产责任制是有关旅游企业各级领导、职能部门和全体员工在生产中应负的安全责任的一种制度。通过这一制度，安全生产工作从组织领导上统一起来，“管生产的必须管安全”的原则从制度上固定下来。

（二）编制劳动保护措施计划制度

劳动保护措施计划是旅游企业财务计划的一个组成部分，它将改善劳动条件与旅游企业运营结合起来，把劳动保护措施所需经费、物资以及设计、施工等落在实处。

（三）安全生产教育制度

安全生产教育制度旨在帮助员工正确地认识和掌握规律，提高他们的技术水平，使他们能够自觉地贯彻执行安全生产的方针和各项劳动保护政策、法令，认真遵守旅游企业有关安全生产的规章制度，保证实现安全生产。

（四）安全生产检查制度

在旅游企业中进行安全检查是宣传安全生产方针，消除事故隐患，交流安全生产经验，推动劳动保护工作的一个重要方法。它包括旅游企业本身对生产中的安全卫生工作进行的经常性检查，也包括由地方劳动部门或产业主管部门组织的定期或不定期的安全生产大检查。这种检查可以是普遍检查，也可以是专业检查和季节性检查。安全检查的内容可分为查思想、查隐患、查管理、查制度等方面。

（五）伤亡事故处理报告制度

为了及时了解和研究员工伤亡事故发生的情况、原因和规律，以便采取预防措施，防止事故重复发生，旅游企业必须对员工伤亡事故进行报告、登记、调查、处理和统计分析工作，总结和吸取安全生产的经验教训，为改善劳动条件，减少伤亡事故和正确地执行劳动保护政策、法令提供可靠的依据。对事故责任追查和处理，有利于提高广大员工安全生产的责任感。同时，还可以从中发现和解决经营管理上存在的安全问题，对其进一步加强改进和提高。

（六）劳动防护用品和保健食品管理

劳动防护用品和保健食品是保护员工在生产过程中安全健康的一种辅助措施。它不是一般的生活福利待遇，必须严格按照规定的发放范围、原则和标准执行。在旅游企业中，需要提供劳动防护用品的岗位主要是电工、接触具有腐蚀性清洁用品的各工种、超低温工作的冷库保管员；需要提供保健食品的岗位主要是在夏季高温作业的厨师、出租车队司机和露天工作的保安和园艺工人等。

第四节　旅游企业劳动争议的处理

劳动争议也叫劳动纠纷，在西方叫“劳资争议”。它是指劳动关系当事人之间因劳动的权利和义务发生分歧而引起的争议。由于劳动关系日益复杂化，加之有关法律法规尚不健全，企业的劳动争议逐年增多。

一、劳动争议的含义

劳动争议是指劳动关系双方当事人因实现劳动权利和履行劳动义务而发生的纠纷。

广义上的劳动争议包括因执行劳动法或履行劳动合同、集体合同的规定而引起的争议，以及因制定或变更劳动条件而产生的争议；狭义的劳动争议仅指因执行劳动法或履行劳动合同、集体合同的规定而引起的争议。

劳动争议的当事人是指劳动争议当事人双方（包括自然人、法人和具有经营权的用人单位），即劳动法律关系中权利的享有者和义务的承担者。当事人可以委托一至二名律师或其他人代理参加仲裁活动。

二、劳动争议产生的原因

劳动争议产生的原因主要有以下几种：

一是无契约、法规，当事人各自从自己的利益出发，引起纠纷。

二是有契约、法规，但过于笼统，不能具体界定双方责任、义务、权利，或已不适应新的形势；企业经营管理者（包括人力资源主管）对有关法律法规不熟悉，不能依法办事和处理问题。

三是契约、法规不合理，使一方或双方均不能接受，或无法执行。

四是对契约、法规理解不同，引起争执。

五是不承认契约、法规的约束，一方提出无理的要求。

六是有关管理机构工作失误。

三、劳动争议的类型

企业人力资源管理部门经常会遇到的劳动争议主要有以下类型：

（一）录用争议

就业者认为企业在招工中营私舞弊，使自己受到不公正待遇。尤其在工作条件好，报酬较高的企业，因竞争激烈，容易发生这类争议。

（二）调动争议

员工要求调动，企业则因其是业务骨干而不准，或提出退房、赔偿培训费等要求，或采取扣压档案等办法“强留”引起争议；有的员工则在找到更有吸引力的工作单位后不辞而别，甚至带走了技术秘密，这也会引起争议。

（三）劳动合同争议

关于劳动合同是否延续，尤其是被解除合同的争议，被解职者认为企业不合法（不符合劳动合同）或不合理（不公正），提出申诉。

员工辞职最常面临的问题，是企业对辞职人的各种刁难。传统上人员的单位所有制观念在某些企业领导头脑中仍占有重要地位。当他们面对某位骨干辞职的要求时，会想方设法进行各种刁难，这种用消极的办法挽留人才的做法，不仅违反了劳动法，容易引起劳动纠纷，还会使在岗的类似员工失去对企业的信心，给企业未来的招聘工作带来消极影响。

解雇是企业主动与员工解除劳动关系的一种形式，也叫辞退；类似的形式还有资遣。解雇与资遣并不都是由于员工的过错，也并非对员工的处分。例如，企业业务稍减、企业分厂关闭、企业冗员过多等，都有可能带来与员工解除劳动关系的情况。现在我国旅游企业还存在不够尊重员工权益，不依法办事的现象。

（四）劳动报酬争议

在确定工资标准、工资调整、工资支付方面员工有意见。例如，因历史原因使一些员工工资提升受到影响，造成“后遗症”，员工要求“落实政策”；一些员工没有与其他人一样提薪，认为受到不公平待遇；有的企业拖欠工资，引起员工不满。

当前的薪酬制度改革也引发了一些劳动报酬争议。薪酬制度改革是企业管理改革的突破口，也是与广大员工切身利益最为紧密相关的改革，关系到能否充分调动职工的积极性。

（五）劳动保护争议

在有害作业场所，员工就改善工作条件、发放劳动保护用品及有害作业津贴方面与管理人员有不同意见；女工拒绝从事有害身体健康的工作，如在怀孕、哺乳期拒绝上夜班，引起争议。

（六）劳动保险争议

例如，关于享受退休还是“离休”待遇的争议，因工还是非工患病、负伤、致残、死亡的争议，关于如何计算工龄确定退休工资的争议，等等。

我国企业当前主要存在的问题是欠缴保险费，因此影响了职工社会保障经费的落实。亏损的企业欠费，有些赢利的企业也将社会保险费看作是企业的额外负担，能拖则拖。

（七）处罚争议

管理人员采用惩罚手段整顿劳动纪律，被罚员工不服引起争议；有的认为不该受罚，有的认为同一错误处罚不公，有的认为上级故意打击报复等。

四、劳动争议处理的原则

根据劳动法的规定，在处理劳动争议时应当遵循下述原则：

（一）调解和及时处理原则

用人单位与劳动者发生劳动争议，当事人可以依法申请调解、仲裁、提起诉讼，也可以协商解决。调解原则适用于仲裁和诉讼程序是指在双方当事人自愿的前提下，由劳动争议处理机构在双方之间进行协调和疏通，目的在于促使争议双方相互谅解，达成协议，从而结束争议的活动。

处理劳动争议，还应遵循及时处理的原则，防止久调不决。劳动争议案件具有特殊性，它关系到员工的就业、报酬、劳动条件等切身利益问题，如不及时处理，势必影响员工的生活和企业生产秩序的稳定。所以，劳动法规定，提出仲裁要求的一方应当自劳动争议发生之日起 60 日内向劳动争议仲裁委员会提出书面申请，仲裁裁决一般应在收到仲裁申请的 60 日内做出。

（二）依法处理原则

劳动争议处理机构应当对争议的起因、发展和现状进行深入细致的调查。在查清事实、明辨是非的基础上，依据劳动法规、规章和政策做出公正处理。达成的调解协议、做出的裁决和判决不得违反国家现行法律和政策规定，不得损害国家利益、社会公共利益或他人合法权益。因此，为避免或减少劳动争议，企业在人力资源管理中依法办事，既可维护企业的合法权益，又不损害员工的合法权利。

（三）平等公正原则

这一原则包含两层含义：一是劳动争议双方当事人在处理劳动争议过程中法律地位平等，平等地享有权利和履行义务，任何一方都不得把自己的意志强加于另一方；二是劳动争议处理机构应当公正执法，保障和便利双方当事人行使权利，对当事人在适用法律上一律平等，不得偏袒或歧视任何一方。

五、解决劳动争议的主要途径和方法

根据劳动法的规定，我国目前的劳动争议处理机构为劳动争议调解委员会、劳动争议仲裁委员会和人民法院。这是解决劳动争议的三个现实的渠道。

（一）通过劳动争议调解委员会进行调解

劳动法规定，有的用人单位内部可以设立劳动争议调解委员会，它由员工代表、企业代表、工会代表三方组成。在企业中，员工代表由员工代表大会推举产生，企业代表由厂长（经理）指定，工会代表由企业工会委员会指定。调解委员会组成人员的具体人数由职代会提出并与厂长（经理）协商确定，委员会主任由企业工会代表担任，其办事机构设在企业工会中。

劳动争议调解委员会所进行的调解活动是群众自我管理、自我教育的活动，具有群众性和非诉讼性的特点。劳动争议调解委员会调解劳动争议的步骤如下：

1. 申请

是指劳动争议当事人以口头或书面方式向本单位劳动争议调解委员会提出调解的请示，是自愿的申请。

2. 受理

是指劳动争议调解委员会接到当事人的调解申请后，经过审查，决定接受申请的过程。受理包括三个过程：（1）审查，即审查发生争议的事项是否属于劳动争议，只有属于劳动争议的纠纷事项才能受理；（2）通知并询问另一方当事人是否愿意接受调解，只有双方当事人都同意调解才能受理；（3）决定受理后，应及时通知当事人做好准备，并告之调解时间、地点等事宜。

3. 调查

经过深入调查研究，了解情况，掌握证据材料，弄清争议的原委，以及调解争议的法律政策依据等。

4. 调解

调解委员会召开准备会，统一认识，提出调解意见，找双方当事人谈话，召开调解会，双方达成协议，即由调解委员会制作调解协议书。

（二）通过劳动争议仲裁委员会进行裁决

劳动争议仲裁委员会是依法成立的、独立行使劳动争议仲裁权的劳动争议处理机构。它以县、市、市辖区为单位，负责处理本地区发生的劳动争议。

世界各国对于劳动争议的处理虽因各国国情的不同而有所区别，但以仲裁方式来解决劳动争议则为世界各国所普遍采用。

劳动争议仲裁委员会主任由劳动行政主管部门的负责人担任。劳动行政主管部门的劳动争议处理机构为仲裁委员会的办事机构，负责办理仲裁委员会的日常事务。

劳动争议仲裁委员会是一个带有司法性质的行政执行机关，其生效的仲裁决定书和调解书具有法律强制力：

1. 劳动争议仲裁应遵循的原则

（1）调解原则。先行调解，调解不成再及时仲裁。因为调解简便易行、灵活迅速、能缓解矛盾，但要贯彻当事人双方自愿原则。

（2）及时、迅速原则。劳动争议仲裁委员会必须严格依照法律规定的期限结案，即“仲裁裁决一般应在收到仲裁申请的60日内做出”。

（3）一次裁决原则。劳动争议仲裁委员会对每一起劳动争议案件实行一次裁决即行终结的法律制度。当事人不服裁决，可在收到仲裁书之日起15日内，向有管辖权的人民法院起诉。期满不起诉的，仲裁决定书即发生法律效力。

2. 劳动争议仲裁的一般步骤

（1）受理案件阶段。即当事人申请和委员会受理阶段。当事人应在争议发生之日起60日内向仲裁委员会递交书面申请，委员会应当自收到申请书之日起7日内做出受理或不予受理的决定。

（2）调查取证阶段。此阶段工作又分拟订调查提纲、有针对性地进行调查取证工作和审查证据，去伪求真三个步骤。

（3）调解阶段。调解必须遵循自愿、合法的原则。“调解书”具有法律效力。

（4）裁决阶段。调解无效即行裁决。

（5）执行阶段。

（三）通过人民法院处理劳动争议

人民法院并不处理所有的劳动争议，只处理如下范围内的劳动争议案件：

1. 争议事项范围

因履行和解除劳动合同发生的争议；因执行国家有关工资、保险、福利、培训、劳动保护的规定发生的争议；法律规定由人民法院处理的其他劳动争议。

2. 企业范围

国有企业、县（区）属以上城镇集体所有制企业、乡镇企业、私营企业、“三资”

企业。

3. **员工范围**

与上述企业形成劳动关系的劳动者；经劳动行政机关批准雇用并已签订劳动合同的临时工、季节工、农民工；依据有关法律法规的规定，可以参照劳动法处理的其他员工。

【复习思考题】

1. 什么是劳动关系？它的主要内容和类型包括哪些？
2. 简述旅游企业劳动合同管理的一般流程。
3. 旅游企业劳动保护的意义及内容分别是什么？
4. 旅游企业劳动争议处理的原则是什么？
5. 旅游企业劳动争议处理的途径和方法是什么？

【案例分析】

贺新的遭遇

贺新，男，27岁，大学本科学历，去年年底被上海某合资酒店录用为工程师，与该酒店签订了3年期的劳动合同。当时，合资酒店经营状况非常好，又恰逢国内外市场需求的旺季，许多外国旅游团来上海旅游，所以，员工的奖金较高，工作也较多。酒店经理本以为，贺新此时来到酒店，能减轻技术人员不足的压力。可没想到，贺新的工作能力平平，业务水平也一般。虽说他勉强胜任本工作，但是，却缺乏其他员工那种对工作积极主动的热情。“怎么招进来这样一个人呢?”经理心中暗暗叫苦。但由于当时工作繁忙，经理也顾不上理他。

跟往常一样，半年后，酒店到了销售的淡季，客人明显减少，工作也不那么忙了。经理找到了贺新：“贺新，你看咱们酒店这两个月的效益没有以前好了，而且还有经营继续滑坡的趋势，这种形势与你来酒店时相比，有了很大变化，所以，酒店要跟你协商变更一下劳动合同，把你的工作岗位由‘技术干部’变更为‘销售员岗位’，这样有利于……”“你是说，让我这个技术人员去当销售员，那我可不干。”贺新没等经理把话说完，就明确表示了自己的态度。

第二天，贺新上班时接到了酒店发给他的一份通知书。打开一看，原来是酒店通知他，已决定在30天以后，与他解除劳动合同。理由是，酒店经济滑坡，根据《劳动法》第26条第3项的规定，酒店可以与他变更劳动合同。贺新迫不及待地找到了一本《劳动法》，翻到第26条，见第3项是这样规定的：劳动合同订立时所依据的客观情况发生重大变化，致使原劳动合同无法履行，经当事人协商不能就变更劳动合同达成协议的，用人单位可以解除劳动合同，但是应当提前30日以书面形式通知劳动者本人。

贺新这时恍然大悟，明白了经理昨天提出要跟他变更劳动合同的目的。“难道公司这样单方面解除我的劳动合同就没问题了吗?”他不自觉地这样自言自语道。后因为有人求情，加之酒店生意转好，经理就再也没有和贺新提过此事。

但贺新毕竟年轻气盛，在以后的工作中心里结下了疙瘩，工作总是心不在焉，在一次工作中出现失误，给酒店造成了近5万元的经济损失。酒店经理得知此事，非常生气，当即决定将其开除。但在贺新的苦苦哀求下，经理也考虑到“开除”的名声会影响到贺新的一生，于是心一软，以双方协商一致的方式，与贺新签署了解除劳动合同协议书，并为贺新办理了离开酒店的全部手续。当时，贺新对经理没有按开除处理他，心里充满了感激：“幸亏经理心慈手软，否则……”几天后，贺新的心情渐渐地平静了下来，脑子又开始琢磨了：“按说，酒店跟员工协商解除劳动合同后，要给员工一笔经济补偿金。我虽然有错误，但酒店没进行处理，最后还是以协商解除劳动合同的形式办的调离手续，所以，酒店是不是也得给我一笔经济补偿金呀?”当然，他也没好意思向酒店提起此事，但他心里却总惦记着。直到5个月后，他终于忍不住给经理打了电话，要求酒店向他支付解除合同的经济补偿金，但当时就遭到了经理的拒绝。

贺新的要求被拒绝后，心中不快，第二天准备去仲裁委员会申请仲裁。可一位朋友却告诉他：“你已经不能去仲裁了，因为根据《劳动法》的规定，申请仲裁的时效是60天，酒店跟你解除劳动合同都已经5个多月了，早超过仲裁时效了。”贺新听了这位朋友的话，正在后悔错过了时效，另一位朋友又对他说：“你现在完全可以申请仲裁，尽管你离开酒店已经5个多月了，但酒店一直未明确表示是否要给你补偿金，而你又一直处在等待状态，你们之间的争议一直未发生。准确地说，只有昨天经理在电话里拒绝你时，你才知道酒店不准备给补偿金，此时争议才算发生。所以，按《劳动法》的规定，‘应当自劳动争议发生之日起60日内向劳动争议仲裁委员会提出’来衡量，昨天发生争议，今天去申请仲裁也根本没问题，不存在超过时效的情况。”听了两位朋友的不同说法。贺新一时也搞不清谁说得有理。

分析题：酒店解除与贺新的劳动合同是否合理？贺新是否已错过了申请仲裁的时效？

第九章

旅游企业员工的职业生涯规划

导言

本章应围绕“旅游企业员工职业生涯规划设计、方法、管理，以及职业流动走向”展开学习。

【学习目标】

1. 掌握职业的概念及其特点，员工职业选择的理论依据。
2. 掌握职业生涯设计的含义，以及职业生涯发展的主要途径。
3. 掌握旅游企业员工职业流动的主要类型。

【导入案例】

中国高端酒店的人才争夺战

“对于新开酒店，采购和人力资源是两大问题。”上海千禧海鸥大酒店（下称“千禧”）人事经理徐雅珍告诉《第一财经日报》，由于前期准备和酒店运营目标，新开酒店需要60%~70%的成熟经验型员工，人员缺乏问题在很多新开酒店相当明显。

上海千禧海鸥大酒店是新加坡“千禧”进军中国的首家五星级酒店。其后该品牌酒店扩张的进度在很大程度上会参照首店状况进行部署，这使上海首店的人力资源部压力倍增。“经过很大努力，目前酒店经验型人员比例达到60%以上，算是新开酒店中比例很高的了。”徐雅珍表示。

“现在一个有2~3年酒店经验的人，一出去马上就被其他酒店抢走了。”洲际酒店集团大中华区品牌公关及传媒经理陶悦告诉《第一财经日报》。陶悦认为，高端酒店对人才的要求是高于其他行业的，所以经验型人才相当难找，简单的高薪策略未必有效，“目前上海高端酒店里，开出年薪10万元招聘不到一个厨师长是常事”。

“我们需要让员工体会到我们的企业文化是将员工放在重要地位。”上海万豪酒店人力资源总监告诉《第一财经日报》。万豪有一套完整的员工培训体系，让员工有机会到集团下属的其他酒店进行实践交流，且对员工有一项个人升职发展计划，让员工体会到加入万豪工作是有发展前景的。

徐雅珍也向《第一财经日报》透露，目前企业正计划捐助一些品学兼优但经济条件不好的学生念书，而这些学生可能成为“千禧”今后的员工。“假如这些学生日后为我们集团服务，其对企业的忠诚度会相当高。”

在各大酒店企业绞尽脑汁的人才争夺战中，就业机会接踵而来，于是“人才”们开始频繁跳槽。“原本要做1~2年才能升到的职位，现在由于人才紧缺，可能几个月内跳个槽就可以得到了。”分析人士向记者指出了酒店人才争夺战造成的一个现象。

一些才做几个月服务员的员工到下一个酒店马上就会被升为领班，接下来再跳槽，就可能变成部门经理了。

除了过多的就职机会，高等学府出身的酒店业新人对自身职场生涯起步点定得颇高也是造成频繁跳槽的一大原因。不少旅游类专业毕业的高校生表示。记者在采访过程中，遇到过一个真实案例，一位从事酒店公关工作的女孩，一年内跳槽4次，职位连升几级，薪水增了一万多元。

“这是一个恶性循环，一年内跳槽4次，尽管看上去服务了4家酒店，但实际上，她根本不具备做管理层的能力，这种拔苗助长型的人，是会对酒店带来伤害的。”雅高酒店集团人力资源部有关负责人表示，酒店业不同于其他行业，任职中高管理层的人最好是有一线工作经验的，但这需要多年的培养。

“频繁跳槽不是好事，这类人的决策和个性会影响到其下属，使整个部门都处于不稳定的状态。”有着25年在大型连锁酒店工作经验的上海世贸皇家艾美酒店总经理Akram Touma认为。

尽管如此，高端酒店人员频繁流失状况似乎无可避免。有数据显示，不少高端酒店不定期地有10%的人才流失，有些酒店人才流失比例甚至高达20%~30%。为了挽留和招聘员工，酒店得付出更多的成本去增加员工福利与薪水。

分析人士指出，专业教育严重滞后是问题的源头所在。职业教育走的是“低端路线”，以培养基层服务人员为主，管理人员的培养几乎空白。高等教育走的是“高层路线”，过高的培养目标和过宽的专业设置，导致学生学习目标不明确，专业能力不突出，虽有理论素养，却眼高手低，难当大任。

业界认为，这些“并不完美”的人才频繁跳槽更会造成恶性循环，其看似风光的头衔下，其实并没有太多的专业内在。长此以往，中国酒店业人才素质会有一定程度的下降。Akram Touma 认为，从业人员一定要端正心态，在实践中一步步提升耐心。短期逐利行为可能会对个人和酒店造成长期发展的伤害。

由此，我们不禁要问：高端酒店人才争夺对中国酒店人力资源市场有什么影响？旅游管理、酒店管理专业的大学生如何结合“高端酒店人才争夺的现状”规划自己的职业生涯？现阶段中国高端酒店人才争夺所采取的策略，哪些对大学毕业生有吸引力？为什么？

第一节 旅游企业职业的选择

一、职业的概念

所谓职业，是人们为了获取物质报酬而从事的连续性社会活动，是指人们从事的相对稳定的、有收入的、专门类别的工作，是人的社会角色的一个极为重要的方面。职业贯穿员工选择工作、掌握必要的工作技能、确立自己在工作中的地位以及获得工作回报等多个环节。对于职业的理解，员工个体和企业组织存在一定的差异。

美国学者埃德加·H. 施恩在其著作《职业的有效管理》中提出了内职业和外职业两个概念。所谓内职业，是个人追求的一种职业，在内职业中，员工个体力图使工作与其个人的其他需要（如维持生活和提高生活质量、安全、社会交往、获得尊重、实现价值等）、家庭义务与个人休闲等达成平衡。对个人来讲，如何处理工作、家庭、自我之间的冲突，使之最大限度地协调，将贯穿整个职业。内职业是员工个体追求自我职业过程中经历的通路。外职业则是相对企业组织而言的职业，表示组织努力为员工在组织的职业进程中确立一条有所依循的、可感知的、可行的发展通路。相对于内职业来说，外职业是外在的客观存在。

二、职业的特点

（一）专业性

职业是社会分工的必然产物。不同职业对从业人员有不同的要求，越来越多的职业对从业人员提出了职业进入的资格条件。对旅游企业而言，这种资格条件一方面取决于从业人员的身体条件，另一方面则取决于从业人员的知识和技能水平。由于旅游行业的特殊性，一些职业对从业人员的生理条件会有所要求，如导游不能有口吃，厨师不能是色盲，饭店前厅接待员应该五官端正等；还有一些职业则是根据工作内容的特点对从业人员的专业技能有一定的侧重性要求，如四星级饭店的酒吧调酒师应该具备一门以上外语口语交流能力。

（二）经济性

员工从事某项职业工作，目的是从中取得经济收入。换句话说，员工是为了取得收人，才长期、稳定地承担某项社会分工，在企业中从事该项职业。没有经济报酬的工作，不是职业工作。因此，旅游企业应该根据职业内容的不同，为员工提供能够体现其职业价值的报酬。职业价值一方面是员工在工作过程中所创造出的财富水平的体现，另一方面还受到当时社会对该职业认可程度的影响。

（三）社会性

职业是员工所进行的社会工作。职业的产生是社会分工的必然结果。例如，家庭主妇和保姆可以从事同样内容的劳动，但保姆是一种职业，家庭主妇却不是，因为保姆的劳动是社会分工的结果，而家庭主妇的劳动却不是。

（四）稳定性

员工在比较长的时期内连续、不间断地从事的某种社会工作，才称其为职业。就员工个人而言，如果今天在饭店做厨师，明天在高尔夫球场当球童，后天又改行到旅游景区做保安，其具体的职业就很难确定。也就是说，离开了工作的稳定性，员工的个人职业是无从谈起的。

三、职业分类

职业是社会分工的必然产物，但具体如何分工，划分成什么工种、岗位，则由人们根据客观经济运行和社会经济发展的需要而设置、划分和归类，即进行职业分类。因为各国经济发展水平不同，社会发展历史各异，不同国家对职业的具体分类不尽相同。

国际劳工局1988年版《国际标准职业分类》将职业分为十大类：①立法者、高级官员和管理人员；②专业人员；③技术和辅助专业人员；④职员；⑤服务人员和商店与市场销售人员；⑥农业和水产业技术工人；⑦手工艺人和有关行业的工人；⑧设备与机械操作工和装配工；⑨简单劳动职业者；⑩军人。

我国根据国情，按从业人员所从事的社会经济活动的同一性或工作性质的同一性进行了职业分类，《中华人民共和国职业分类大典（2007增补本）》将全国职业分为八大类：①国家机关、党群组织、企业、事业单位负责人；②专业技术人员；③办事人员和有关人员；④商业、服务业人员；⑤农、林、牧、渔、水利业生产人员；⑥生产、运输设备操作人员及有关人员；⑦军人；⑧不便分类的其他从业人员；共计2 028个细类职业。

四、职业分层

在人力资源管理工作中，对职业管理有直接影响的是职业分层。所谓职业分层，即按照职业的社会地位和社会对职业的价值取向所做的职业等级排位。职业分层是纵向的社会职业等级层次排位，它是以职业角色、职业声望为依据，确定员工的社会经济地位的方式。

职业分层与职业分类不同，它不是由政府做出的，而是由行业或企业内部根据当前的职业价值取向进行的排序（见表9.1）。

表9.1 旅游企业职业分层

职业分层	说明
非熟练体力员工	在技术和责任方面要求最低的体力员工，如景区清洁工和饭店行李员等
半熟练体力员工	以体力劳动为主，技术要求不高的员工，如饭店餐厅服务员、电梯工和洗衣工等
熟练体力员工	具有一定技能的体力员工，如普通厨师和SPA按摩师等
白领职员	包括各类职员和技术工人，如旅行社计调部文员、饭店前台接待员和收银员等费体力劳动的员工
普通经营管理者	如部门经理、主管等非旅游企业资产所有者
专业技术人员	如电脑工程师、高级厨师和娱乐部门的DJ等拥有较高技术或技能专长的员工
工商业者	如旅游企业所有者、总经理、总会计师和旅游企业其他高级管理者

职业分层能在很大程度上影响从业者的职业选择和对未来职业发展的期望。任何一个员工都愿意从事高社会地位、高社会声望的职业，他们会自主地根据自己的学历、技能水平和各方面条件，在原有的职业地位基础上，追求自己适合的、胜任的最高社会地位的职业。企业的职业生涯规划与发展正是在承认这种职业追求的合理性的基础上，为其实现提供计划和相关的资源条件的过程。

五、职业期望

职业期望又称职业意向，是员工对某项职业的向往，是希望自己从事某项职业的态度倾向。职业期望是员工的一种主动追求，是员工将自身的兴趣、价值观、能力等与社会需要、社会就业机会进行协调后所确定的，并力求实现的个人社会活动目标。

职业期望反映着每个人的职业价值观，美国学者萨柏（Donald E. Super）将影响职业价值观的因素概括为助人、美学、创造、智力刺激、独立、成就感、声望、管理、经济报酬、安全、环境优美、与上级的关系、社交、多样化和生活方式15个方面。

人们的职业期望往往同时受两种或两种以上价值取向左右，但居主导地位的职业价值取向起着决定性的作用。例如，大学生择业时，是选择一个稳定但收入不高的工作，还是选择一个有较高收入但不十分稳定的工作？如果经济报酬的价值取向居主导地位，他就很可能选择后者。

六、职业选择

（一）职业选择的含义

职业选择与职业期望具有密切联系。所谓职业选择，是员工根据自己的职业期望和兴趣，凭借自身能力挑选职业，使自身素质与职业要求相符合的过程。全面理解职业选择的含义应该注意以下几个方面：

第一，员工是职业选择的主体，是择业行为的主动方面，各种职业则是被选择的客体。

第二，虽然员工居于主导地位，但不能随心所欲地进行选择。一方面，员工不能也不可能拥有从事一切职业的能力与兴趣；另一方面，各项职业由于有不同的劳动对象、劳动手段、劳动条件和作业方式，必然对员工能力提出特定的要求。

第三，职业选择是一个过程，员工作为主体在主动择业，职业作为客体也在筛选员工。因此，职业选择是一个员工与职业互相磨合、相互适应的过程。

（二）职业选择的理论

如何选择职业才能使员工的特点与职业的工作特点相结合，是关系到员工能否在工作中取得较大成就的重大问题，必须认真研究，慎重对待。关于职业选择方式，有以下几种影响较大的理论观点：

1. 人与职业匹配理论

这是用于职业选择、职业指导的经典理论，其内涵是在清楚地认识、了解个人条件和职业状况的基础上，实现人与职业的合理匹配，使人能够选择一种适当的职业。最先提出这一理论的美国学者帕森斯（Frank Parsons）认为，个人职业选择的三要素包括：第一，应清楚地了解自己的能力、兴趣、局限和其他特征；第二，应明确地认识职业选择赖以成功的条件，了解不同职业的优势和劣势、不利和补偿、机会和前途；第三，应明智地进行上述两个方面的综合与平衡，使个人特征与职业特征较好地结合起来。

具体而言，人与职业的匹配包括两个方面的要求：一是技能匹配。例如，需要专门技能的职业，应该与掌握这种技能的择业者相匹配；脏、累、苦、劳动条件差的职业，必须与能够吃苦耐劳、体格健壮的员工相匹配。二是个性匹配。例如，具有敏感、不守常规、有独创性、理想主义等人格特性的人，应该与从事审美性、自我情感表达的艺术类职业相匹配。

2. 择业动机理论

人与职业匹配理论指出，员工要尽量根据自己的性格、技能、知识水平以及身体素质选择职业。但是，同一类型职业，往往有多种职位可供选择。例如，饭店服务员这一职业中，有客房服务员、餐厅服务员、前台接待员、商务中心服务员等许多种具体职位，员工该如何选择呢？美国心理学家弗鲁姆（Victor H. Vroom）利用期望理论成功地解释了员工的择业动机。

期望理论的基本公式是：

$$F = V \cdot E$$

其中，F 为动机强度，指积极性的激发程度，表明个体为达到一定目标而努力的程度；V 为效价，指个体对目标重要性的主观评价；E 为期望值，指个体对实现目标可能性大小的估计，亦即目标实现的概率。员工个体行为动机的强度取决于效价大小和期望值的高低。效价越大，期望值越高，员工行为动机越强烈。就是说，为达到一定目标，个人将付出极大努力。如果效价为零乃至负值，表明目标实现对个体毫无意义，甚至给个人带来负担。在这种情况下，个人不会产生追逐目标的动机，不会有任何积极性，也不会为此付出任何努力。同样，如果目标实现的概率为零，那么无论该目标的效价有多么重大，个人同样也不会产生追求目标的动机。

弗鲁姆用期望理论来解释个人的职业选择行为，演绎为择业动机理论。弗鲁姆认为个人进行职业选择，可以分为两步。

（1）确定择业动机。用公式表示为：

择业动机=职业效价×职业概率

式中，择业动机表明择业者对目标职业的追求程度，或者对某项职业选择意向的大小；职业效价指择业者对某项职业价值的评价。职业效价取决于择业者的职业价值观和择业者对某项具体职业要素如劳动条件、工资、职业声望等的评估。即

职业效价=职业价值观×职业要素评估

职业概率指择业者获得某项职业的可能性大小。职业概率的大小通常取决于四个条件：①某项职业的需求量。在其他条件一定的情况下，职业概率和职业需求量正相关。②择业者的竞争能力。即择业者自身工作能力和就业求职能力。择业者竞争力越强，获得职业的可能性越大。③竞争系数。指谋求同一种职业的人数的多少。在其他条件一定的情况下，竞争系数越大，职业概率越小。④其他随机因素。

因此，职业概率的公式表达为：

职业概率=职业需求量×竞争能力×竞争系数×随机性

择业动机公式表明，对择业者来讲，某项职业的效价越高，获取该项职业的可能性越大，择业者选择该项职业的意向或倾向越大；反之，某项职业对择业者效价越低，获取此项职业的可能性越小，择业者选择这项职业的倾向也越小。

（2）职业选择决策。在择业动机的比较中，确定具体的职业选择。择业者对其视野内的几种目标职业进行了价值评估和获取该项职业的可能性评价后，会进一步对不同职业的择业动机进行比较和决策。由于择业动机的状况是对职业全面评估的结果，已经包含对多种择业影响因素的考虑与利弊得失的权衡，人们大多以择业动机分值高的职业作为自己的职业选择结果。

3. 职业锚理论

职业锚理论是由施恩首先提出的。施恩认为，职业锚是一个人“自身的才干、动机

和价值观的模式”，是一种职业自我观。当一个人对自己的天资、能力、动机和需要，以及态度和价值观等有了清楚了解，积累了一定的社会阅历后，他才会意识到自己的“职业锚”到底是什么。

施恩同时指出，很难对职业锚进行预测，因为个人的职业锚不断发生变化，是一个不断探索的过程所产生的动态结果。人们往往在不得不做出某种重大职业选择时才会意识到自己的职业锚（即最重要的东西是什么）。施恩的职业锚模型可以分为以下五种情况：

（1）技术或功能型职业锚。有较强此类型职业锚的人，总是倾向于选择能保证自己在既定技术或功能领域不断发展的职业，往往不愿选择带有一般管理性质的职业。他们认为自己的职业成长只有在诸如工程技术、财务分析、营销等特定的技术或职能领域才意味着进步。

（2）管理能力型职业锚。具有管理能力型职业锚的个体，会表现出成为管理人员的强烈动机，他们相信自己具备提升到一般管理性职位上所需要的各种能力和价值倾向，担任较高管理职位是其最终目标。他们具有或自认为具有三种能力：①分析问题的能力——在信息不完全或不确定情况下发现、分析、解决问题的能力；②人际沟通能力——在各层次上影响、监督、领导、操纵以及控制他人的能力；③情感能力——在情感和人际危机面前会受到激励而不受其困扰和削弱的能力，以及在较高压力下不会变得无所作为的能力。

其他类型的人往往只拥有上述一两项能力。

（3）创造型职业锚。具备创造型职业锚的个体往往有这样一种需要：建立或创设某种完全属于自己的东西，要依靠创新性努力，创造出新的产品或服务，搞出新事业、新发明等。他们以“创造”为自我扩充的核心，要求有自主权，施展自己的特殊才华，创建新组织、新事业等。成功的企业家大多具有这种职业锚。

（4）自主或独立型职业锚。具有自主或独立型职业锚的人希望随心所欲地安排个人的工作与生活方式，追求能够施展个人职业能力的工作环境，尽量摆脱组织的限制和约束。他们追求在工作中享有个人的自由，有比较强的个人认同感，认为工作成果与自己的努力紧密相关。他们追求的典型职业有教师、咨询专家、小企业所有者、小组织成员等。创造锚型个体也会拥有很多自主权，但他们真正追求的是建立自由的职业目标而非自由本身。具有技术或功能型职业锚的个体，虽然也从事上述类型的职业，但他们很少为了追求自由和个人生活方式而放弃晋升和高薪的机会。

（5）安全或稳定型职业锚。具有安全或稳定型职业锚的个体，其特点是极为重视职业的长期稳定和工作的保障性，他们追求稳定安全的前程，追求有保障的工作、体面的收入和可靠的未来生活——良好的退休计划和较高的退休金保证。他们的安全感和稳定感或者以一定的居住区域为基础，或者以某一组织中稳定的成员资格为基础。具有安全或稳定型职业锚的个人，其职业发展依附于组织对他们能力和需要的识别和安排。为此，他们甘冒风险，愿意以对组织价值观和准则的高度服从来作为交换。

职业锚理论有助于识别个人的职业抱负模式和职业成功标准，有助于增强个人职业技能和工作经验，提高工作效率。职业锚能够促进员工预期心理契约的发展，有利于个人与组织稳固地相互接纳，并可以为员工未来的职业生涯发展奠定基础。

第二节　旅游企业员工职业生涯设计与管理

一、职业生涯设计的概念

职业生涯设计是指对决定一个人职业生涯的各种主客观因素进行分析、总结和测定，确定一个人未来的工作发展道路，并选择与之相适应的职业，编制相应的工作和培训计划，对各环节的时间、顺序和方向做出科学的安排，从而达到个人发展与组织发展的有机结合。

进行科学的职业生涯设计，必须从主观和客观两个方面考虑。主观方面，涉及个人的价值观、人生观、需求、动机、性格、能力、发展取向等。客观方面，涉及个体所处的社会环境和组织环境。

职业生涯设计的内容包括职业目标、职业发展道路、将要进行的准备工作等。从职业发展角度讲，涉及选择职业、调整职业和更大的职业发展计划；从个体发展角度讲，涉及员工自我认知、知识、技术和能力的开发性培训、行为活动与理念、价值观等几个方面的调整和准备。

二、职业生涯设计的意义

（一）通过职业生涯设计可以明确个人职业发展的目标

现代社会中，职业发展的机会众多，常常使求职者无所适从，缺乏明确的目标，使得不少人在职业发展的道路上走了不少弯路。有了职业生涯发展目标，就会使人在每一天的工作和学习中，都在为这个目标积累资源，创造条件。

（二）职业生涯设计可以帮助员工了解自己的实力、潜力和专业优势

在进行职业生涯规划时，组织不仅要帮助员工正确地认识自我，还要为员工创造机会发现其潜力，并通过一系列的强化措施树立其专业优势。例如，有的旅游企业通过组织演讲比赛、职工文艺活动，发现口才优秀、仪表端庄的员工，就可以考虑对其进行专业化的训练和培养，使之成为旅游企业大型活动和娱乐部门的专业主持人，甚至公关活动代言人。

（三）职业生涯设计有利于制订更为科学、合理的培训开发计划

当作为新员工进入企业时，每一个人都会有自己的发展愿望和计划，即对哪些工作有

兴趣、希望两年后做什么、五年后做什么、成为什么样的人才、朝哪个专业发展等，但并非所有的人都会具备与组织的人力资源动态需求相吻合的知识和能力，只有通过职业生涯设计，企业才有可能帮助员工认识和发现其职业发展道路的每一个阶段所必须接受的训练。

（四）职业生涯设计有利于人尽其才，避免人力资源的浪费

职业发展目标和职业生涯规划能否实现，除了个人主观努力以外，还需要组织创造外部条件。因此，组织应该了解每一位员工的气质、性格、能力、兴趣、价值观和理想等，特别要了解员工个人的职业发展规划和设想，从而为员工提供良好的发展平台。

三、职业生涯设计的原则

（一）具体性原则

职业生涯设计必须是针对某个特定个体所进行的具体的职业指导。每个员工所处的具体的职业发展阶段不同，能力、性格、职业发展愿望等特点因人而异，每个员工所处的组织环境也有所差异，因此在进行职业生涯设计时不能搬用其他人的职业发展模式，职业生涯设计必须是具体的。

（二）清晰性原则

为员工设计的职业发展目标以及接近与达到目标的措施必须是清晰且明确的，实现目标的步骤也应直截了当地提出。

（三）现实性原则

在进行职业生涯设计时，必须考虑到员工自身的特征、社会环境、组织环境以及其他相关因素，选择现实可行的目标和途径。

（四）连续性原则

员工的职业发展历程是一个连贯衔接的统一体。在进行职业生涯设计时不能割断个体完整的职业发展历程，而应该通过职业生涯设计尽可能帮助员工实现职业的可持续发展。

（五）可度量性原则

职业生涯设计不但应规划出总的职业发展目标，还应制订具体的阶段性步骤，要有明确的时间限制和标准，以便在达到职业生涯目标的过程中随时进行阶段性的度量和检查，随时掌握执行的情况，以便为职业生涯目标的调整提供信息。

四、职业生涯设计的步骤

（一）自我评价

职业生涯设计的第一步是由企业向员工提供自我评价的帮助。自我评价是指员工通

过各种信息来确定自己的职业兴趣、价值观、性格和行为倾向的一个认识自我、了解自我的过程。正确地认识自我，才有可能对自己的未来职业发展做出正确的分析和选择，确定适合自己发展的职业生涯途径。因此，对个人特征进行评价和分析，是职业生涯设计中的一个重要环节。

对个人特征进行分析主要有测试法和自我反思法两种。测试法是综合利用心理学、组织行为学和人才学等学科的理论、方法和技术，对人的能力水平及倾向、个性特点和行为特征等，进行系统的、客观的测量和评价。自我反思法主要是通过自己的回顾和别人对自己的反应来认识个人特征。测试法比较系统、客观，但必须依赖特定的工具；自我反思法简便易行，但通常会受到个体认识自我的能力和一些偏见的影响。

（二）职业环境与职业发展机会评估

职业环境与职业发展机会评估是指员工从组织获得信息，了解职业环境和职业发展的机会，主要是分析组织内外环境因素对个体职业生涯发展的影响。

1. 社会环境分析

（1）社会各行业对人才的需求状况。随着社会经济的发展，企业对各种人才的需求也在不断变化。例如，随着信息技术的发展和在旅游企业经营管理中的普及应用，旅游企业管理者的计算机应用能力变得越来越重要。对这方面信息的分析可以使员工认识到自己目前所具备的知识和技能是否为社会所需要，需求程度如何，自己应在哪些方面学习和提高才能适应社会的需要。

（2）社会中各种人才的供给状况。对人才资源供给状况的分析实际上是在分析人才竞争的状况。对这些信息的分析，可以使员工认识到与自己竞争相似职业的人的状况，自己与他人相比较优势在哪里、不足在哪里，如何才能在竞争中取得优势。

（3）国家政策。对国家有关政策的分析，特别是有关产业政策的分析，可以使员工了解到一些新的事业机会，以便在进行职业生涯设计时利用这些机会。

（4）社会价值观的变化。不同时代有不同的社会价值观，人们在从事职业时也需要得到社会的认同。了解社会价值观，有利于在职业生涯设计时做出与社会价值观相一致的职业选择。

2. 组织环境分析

（1）组织的特色，包括组织文化、组织规模、组织结构和组织中的人员状况等。

（2）组织发展战略，主要包括组织未来发展的目标是什么，有什么阶段性的发展目标，目前组织处于何种发展阶段等。

（3）组织中的人力资源状况，包括组织目前的人员年龄结构、专业结构、学历结构是什么样的，组织的人力资源开发政策是怎样的，组织会针对员工发展采取哪些行动等。

通过对组织环境的分析，员工可以确认该组织是否适合自己，自己在组织中的发展空间和发展机会如何，从而决定是在该组织中寻求发展，还是脱离该组织而到其他组织中寻求发展，哪些类型的组织将是适合自己未来发展的组织。

（三）目标设定

目标设定是指员工形成长短期职业生涯目标的过程，是职业生涯设计的核心。员工通过对个人特征的分析和内外环境的分析，不仅认识了自己，也了解了内外环境中的职业发展机会，从而根据自身的特点和环境条件为自己选择职业目标。

职业生涯目标的选择，一方面应该是实际可行的，也就是通过自己的努力可以达到的；另一方面，职业生涯目标应该是具有挑战性和激励性的，也就是说职业生涯目标应该是立足于现状，同时又高于个体现状，是付出努力才能够达到的，激励个体不断发展和提高自己。

职业生涯目标通常可以分为短期目标、中期目标和长期目标。短期目标通常为 1 年以内的目标，中期目标通常为 3~5 年的目标，长期目标通常为 5~10 年的目标。

（四）职业生涯路径的确定

职业生涯路径是对前后相继的工作经验的客观描述，而不是对个人职业生涯发展的主观感觉，组织可以按职业生涯路径来调整员工的工作，训练和开发其担任各级职务和从事不同职业的广泛能力。职业生涯路径包括了一个个职业阶梯——由初级到高级，主要描述某一职业个人发展的一般路线或理想路线。

（五）职业生涯行动规划

职业生涯行动规划是指员工为了达到长短期的职业生涯目标应采取的措施。在行动规划中主要包括通过什么样的途径来开发和提高自己与目标相关的知识与技能。开发和提高的方式和方法是多种多样的，主要有自我学习、系统培训、观摩和考察、专题研讨会、互助学习或申请组织内的空缺职位等。

（六）评估与反馈

在行动的过程中，需要通过不断的评估与反馈来检核与评价职业生涯行动的效果。在职业发展的过程中，往往需要不断地对职业发展计划进行调整。这种调整可能是对具体的行动计划的调整，也可能是对职业生涯途径的调整，甚至可能是对职业生涯目标的调整。

五、旅游企业在员工职业生涯设计中的作为

每一位有责任感的员工，都会在不同的时期设计、调整自己的职业生涯；每一个重视人力资源并且追求规范化管理的旅游企业，都应该积极地考虑设计旅游企业中各种职业的衔接与发展序列。旅游企业在员工的职业生涯设计中，应当采取适当的方式加以引导和促进，并给予积极的帮助。

（一）提供全面的职业信息

在进行职业生涯设计之前，员工首先希望得到有关职业情况和职业机会的信息。而及

时、准确地提供职业信息，是旅游企业做好职业管理、促进员工职业发展义不容辞的责任。

1. 职位规范和职位说明

职位分析作为人力资源管理最基础性的工作，对工作的职责、与其他工作的关系、所需要的知识和技能等都进行了研究，而这些成果的文字性表述就是职位规范和职位说明，这些信息对于员工的职业生涯设计是必不可少的参照依据。

2. 绩效考评信息

企业将员工绩效考评情况和结果反馈给本人，有助于员工全面正确地认识自己在工作中的优势与缺陷，通过对照职位规范和职位说明，找出个人与职业要求的差距，明确今后的职业发展方向和途径。

3. 提供调整职业所需要的信息

当员工在组织中工作一段时期后，由于工作绩效不理想或个人条件不允许，可能会对自己所选择的职业产生怀疑进而希望调换工作职位。员工选择新的职业需要旅游企业提供以下必要的信息：新的职业工作内容与其他工作是如何衔接、配合的，调整职业对员工所受教育和工作经历的要求，未来职业的发展机会。

4. 及时通报旅游企业管理架构、职位和职业变化的信息

当旅游企业的经营业务、管理架构、职位和职业发生变化时，员工的职业生涯或多或少都会受到影响。为了使员工的职业生涯能够跟上旅游企业的变化与发展，旅游企业应该针对这些变化，阐明需要员工调整职业生涯的措施。

（二）咨询和指导

1. 有针对性地帮助分析

有条件的旅游企业可以聘请人力资源管理方面的专家，为员工职业生涯设计提供咨询，帮助员工进行实事求是的客观分析，指导其依据自己的实际情况、职位规范和职位说明以及旅游企业的需要，确定职业目标。

2. 垂直沟通，消除职业发展障碍

旅游企业应该建立员工职业生涯沟通机制，上级与下级能够充分交换意见，就员工的职业生涯计划和途径达成共识。

六、员工职业生涯管理

员工的职业生涯管理是旅游企业与员工双方的责任，必须由旅游企业与员工分别做好职业生涯管理的分内工作，努力合作、紧密配合、共同完成对员工个人的职业生涯管理与开发。不同的员工所处的职业生涯阶段和旅游企业发展阶段在不断变化，特点各异，因此旅游企业对其员工的职业生涯管理是一种动态管理，是贯穿于员工职业生涯发展的全过程和旅游企业发展变化的全过程的动态管理。旅游企业对员工职业生涯的有效管理应当随着主、客观条件的变化而调整，一切从实际出发，因地制宜地实施。

就旅游企业而言，员工职业生涯管理实际上是研究旅游企业发展过程中产生的职业需求，与员工理想抱负主导的个人职业发展需求之间的关系及其相互适应规律的科学。一个旅游企业要对其员工进行有效的职业生涯管理，必须系统地分析和研究员工个人因素（个人的生理特质、心理特质、学历、资历、家庭背景等）、环境因素（社会、政治、科技、经济、文化等）和组织因素（服务理念、目标任务、产品特点、市场组合、组织结构、管理机制、企业文化、薪酬福利、员工关系、发展策略等）。

第三节　旅游企业员工职业流动

一、职业的重新选择

（一）职业生涯重新选择原因分析

改变职业生涯方向的原因是什么，概括起来有以下几种：

1. 健康

健康状况对于职业选择特别重要，几乎所有的职业都需要健康，这里的健康包括身体上的健康以及精神上的健康，即身心健康。

2. 教育

教育是赋予一个人才能，塑造人格，从而促进个人发展的活动。受教育程度不同的人，在个人职业选择或被选择时，具有不同的选择空间。一般来说，接受过较高水平教育的人，在就业以后会有较大的发展空间，在职业不如意时，再次进行职业选择的能力和竞争力也较强。另外，个人所接受教育的专业，对职业生涯起着重要的作用，个人选择职业、转换职业往往与所学的专业有一定的联系。

3. 家庭因素

配偶、父母与子女的职业、价值观、教育背景、健康与财务状况等因素也会影响自己的重新选择。

4. 性别

虽然男女平等的观念已普遍被社会所接受，但在一些行业和岗位，“性别因素”仍然扮演着重要的角色。

5. 社会环境因素

主要是指社会的政治体制、经济体制、人才市场的管理体制、社会文化习俗、职业的社会评价等。社会环境因素决定了社会职业岗位的数量、结构、层次，也决定了人们对不同职业岗位的接受、赞誉或贬低的程度，同时决定了个人步入职业生涯的基本方式、开始职业生涯后的基本态度以及由此引起的个人职业生涯的变化。

6. 组织环境

主要指组织发展前景、组织文化，以及兼并、改制、裁员等变化对个人职业的影响。

7. 机遇

机遇对个人的职业生涯有时具有决定性的影响。机遇是随机出现的、具有偶然性，它包括社会各种职业对一个人展示的随机性的岗位，也包括能够给个人提供发展的职业境遇。机遇本身是客观存在的，个人发挥能动性有益于寻求到新的发展机会，或者自己创造机会。

（二）职业流动

职业流动，是从事一定的职业劳动的人改变工作岗位、改换职业的行为，是人们有了职业的人生实践以后，寻求更好的、更合适的职业岗位的活动，也是再一次进行人职优化匹配的努力。一般地说，在重新选择职业之前，应该注意从以下三个方面考虑问题：第一，观察自己，了解自我，也可以借助专家咨询帮助。第二，把握职业生涯发展的主要任务。第三，了解组织特性，学会与组织配合。

个人要进行职业流动，不仅要对新的职业目标有所选择，还要对其进行较深入的了解、比较，从而作出判断。有了正确的理想与合适的目标，才能决定合适的流动策略。

1. 明确流动目标

人们要进行职业流动，首先要对自己所选择的职业进行追问：“我为什么要选择它?”这个职业与现在的职业相比，是否提供了更多优惠的条件，如职位、薪酬以及才能发挥等。一般来说，这是人们进行职业流动的倾向性目标。一个人的职业目标与他的职业价值观是密切相关的。

2. 选取合适的单位

个人要根据自身的条件和要求，衡量可供选择的单位。当然，对方单位也会根据岗位要求选择应聘者。这是双方优化匹配的活动。

3. 新单位的现实性分析

当个人初步确定了单位意向之后，还得详细了解和分析新单位发展前景，企业的文化，自己的专长是否能得到发挥，以及进入新单位应办哪些手续。

4. 流出的可能性分析

当个人准备流动时，也要了解原所在单位是否同意个人决定，是辞职或是调动，是否存在流动的障碍。有时，虽然接收单位同意了，可原单位却不同意。

5. 流出与维持比较

个人即使找到新单位，原单位也同意放行了，还是应该比较一下原单位与新单位的优劣，从而判断流动后对个人职业生涯发展究竟有什么益处和多大益处，便于最后做出是否流动的判断。

6. 正式流动

在进行认真比较，慎重分析之后，如觉得“流动”比“维持”更有益处，就正式向原单位提出申请，办理手续。

二、失业与再就业

失业并不可怕，关键在于吸取教训，同时善于检讨和总结自己。短暂的失业实际上是一个重新评估自己的机会，能够重新界定自己的发展方向。很多成功人士指出，他们过去经历的挫折和困难实际上是一种财富。

在失业人员再就业的过程中，最突出的问题有两个：一个是心理方面的创伤需要很长时间抚平；另一个是对自己和社会不够了解，如自己的能力适合干什么，社会到底需要什么样的人才等。

（一）调整心态

失业人员普遍存在自卑、易怒、心情抑郁、信心丧失等情况。因此，失业人员首先要接受的是有关心理调适方面的培训。他们最需要的是关怀和信任，是一种积极乐观与自立自强的精神。培训的重点在于设法引导他们进行自信心的重建。他们需要在最困难的时候，看到自己的优势，看到自己的长处。

（二）转变就业观念

目前我国正在实行社会主义市场经济，传统的计划经济时代的就业观念已经落伍，必须形成新的与市场经济相适应的就业观念。我国正在努力建设的是一种“个人自主就业、市场调节就业和政府促进就业相结合的就业机制”。失业人员应认识到，在市场条件下，个人是职业生涯的主体，起主导作用，组织在个人的职业生涯中所起的作用只是提供就业和发展的机会，同时提供必要的支持和帮助。

（三）职业技能培训

在职业指导的过程中，职业培训可以说是相当重要的一个环节，只有掌握了一定的职业技能，才能在竞争激烈的劳动力市场上占有一席之地。

再好的外部条件，如果不转化为失业人员的内在动因，真正改变和发展自己，都不可能从根本上解决再就业问题，即便暂时有了工作，也有可能因为能力不济而再度失业。因此，要针对失业人员再就业进行培训。一定要将培训内容和员工个人职业生涯发展相结合，将员工现状与再就业需要相结合，从而使培训具有针对性、实用性和有效性。

（四）创业技能

有些失业再就业人员不愿意再去企业里工作，而是想自己创出一番事业。但是他们面临严重问题：没有资金、没有场地、没有技术、缺乏信息等，最为欠缺的是他们不知道如何去创业，没有创业的技能。对这些人应该在创业技能上多加培训。

（五）求职的技巧

对于失业再就业人员来说，首先，要进行恰当的自我认知，了解自己的长处和短处。其次，进行信息管理。例如，通过熟人介绍工作，利用媒体的求职信息，借助各种就业服务机构了解信息，主动到企业推销自己等。再次，懂得如何应对用人单位的面试。最后，懂得如何面对求职过程中的失败和挫折，如何始终保持自信心。

三、跳槽

（一）跳槽原因分析

1. 厌倦目前所从事的工作

厌倦工作的原因十分复杂，或者因为偶尔心情不好，或者因为与员工、同事和上司的关系十分糟糕，或者因为办公环境不好。这种厌倦逐渐升级以致影响人的心理健康，对工作有强烈的抵触情绪，使人无法体验生活的乐趣和成就感。如果这样的反应已经成为生活的一部分，并已持续一段时间，就应该考虑在工作上做彻底的改变。

2. 工作环境不适应

当你的员工、同事、上司或者同行不断制造麻烦时，你就很难甚至不能与他们合作。当你做事处处碰壁，工作环境充满敌意，你再三考虑、权衡后，觉得自己确实已经到了无法改变，进而别无选择的时候，就必须采取果断的行动，彻底地改变目前的工作环境。

3. 企业缺乏前景

企业的健康发展和活力对个人的职业发展很重要。当企业面临挑战的时候，可以根据企业采取的策略和实施的步骤来判断这个企业是否真的有实力。只有企业具备实力，才能保证个人的事业有发展前途。

4. 薪酬不到位

长期以来企业都不加薪，或者个人在岗位上有出色的表现也得不到加薪，或者工资待遇不合理。

5. 缺乏发展空间

在企业感到压抑，无法发挥自己的优势，不被重视，发展、晋升空间小，这些对于想要一番事业的人来说，真是太失望了。这样的企业也难以留住人。

6. 工作与家庭生活难以平衡

在工作中，每天有大量的事情要处理，失去了生命中极其宝贵的东西，事业与生活难以平衡。

（二）跳槽的准备工作

1. 定期做职业盘点

定期对自己的职业生涯进行梳理，可以明确目前的状况及未来的目标、内外环境的优势与限制，及时给自己一个定位，这对自己看清进步与不足有帮助，从而设计或调整自己的职业发展方向。个人在反省自己的工作时要注意方向感、归属感、倦怠感等方面的问题。经常对自己工作中的得失、收获进行梳理、归纳，正确地认识自己，会令你每走一步都减少了盲目性。有的专家指出：职业盘点最好3个月做一次，养成定期盘点的习惯。在做职业盘点时，每个人可根据自己的不同状况设置一些相应指标，如家庭、社会、工作环境等，参考这些量化标准加以分析。

除了个人职场盘点外，为了更好地交流沟通，应该经常向上司提到你的工作进度和业绩，最好能经常拿出定期的工作报告，可以是每周的，也可以是每月的。报告可以十分简单，它应该包括三个内容：正在做的事情、工作现状和完成日期。通过这种书面的沟通，获得上司的支持，有助于上司指出自己工作中有待提高的部分，必要时企业会提供专项培训，以提高自己个人的工作能力。

2. 收集相关职业信息

在你职位还不高的时候，时常留意的可能是一些报纸上的招聘启事或者是人才市场上的招聘摊位。但是人才市场上确实没有什么好的企业和好的职位。随着网络化的不断普及，网上越来越多地能找到好的工作。信息的公开化，为原本没有机会与猎头企业接触的优秀人才提供了跳槽的可能。

3. 与猎头企业保持良好的关系

如果有可能，和猎头企业保持良好的接触还是必要的。不过要注意一点，猎头企业并不是帮你找工作的，如果你没有足够的资历、实力与经验，他们不会主动与你联系。

4. 广交同行朋友

随着你在行业中从业的时间越来越长和经验不断累积，在行业内建立良好的人际关系也是很重要的。在这个圈子里培养良好的商业声誉，交一些好朋友，可以为以后重新选择职业生涯及发展铺筑一条平坦的大道，可以少走很多弯路。

5. 尽量选择自己喜欢的行业与职业

合适你的企业，你喜欢的企业，才是最主要的，而不仅仅是为了职位和薪酬。找到一个合适的空间，自己尽量发挥，为企业发展做贡献的同时，也能成就自己。

（三）跳槽的各个层面

在决定具体职业选项时，要探讨全部的可能性。职业调整和具体采取的行为步骤，都可以在达到同一目的的道路上解决，也可以在职业整个方向上进行调整，更可以彻底选择一个新的方向。具体来说，跳槽的各个层面包括以下几个方面：

1. 完全彻底地转向

改变自己的专业内容知识，获取新的技能，在一个全新的职业中重新接受培训，接受教育。也就是说，进入一个完全不同的工作环境，在完全不同的专业领域里奋斗，处理完全不同的事情，表现完全不同的行为。

2. 某个领域内改变专业

虽在原来的行业之中，但在本行业内，改变自己的特长。

3. 改变环境

改变我们周边的环境，而不是丢掉原来所学技能。也就是说，从事相同的职业，保留原来所学的技能与知识，却改变自己的环境。

4. **成为企业主**

从一种官僚环境中走出来，去当一个发展中的企业的老板，发挥你的技能、知识，创造自己的天地。这是许多人在职业生涯中做出的改变。

5. **改变职业道路**

一个人改变职业道路，可以从技能（业务）型，转变到管理型的道路上来。如果身处管理层，也可能想变为更有技能的人。

（四）跳槽的选择

1. **跳槽时机的掌握**

一般来说，在一家企业任职不足一年就离职是相当不明智的，除非企业的情形实在令人难以忍受。频繁更换工作会使你显得缺乏可靠性，不要只是因为一两次不愉快就轻易辞职。时机成熟后辞职才是明智之举。

2. **跳槽的选择**

（1）选择自己熟悉的行业。如果决意跳槽，可优先考虑与你现在工作相近的或相似的行业。这样，在新的工作岗位上你可以很快熟悉业务，在较短的时间内就能发挥自己的才能，得到同事和领导的认可。

（2）选择自己有兴趣爱好的行业。每个人都有自己的兴趣和爱好。做一份和自己爱好志趣相投的工作，能充分调动工作热情和工作积极性，并能淋漓尽致发挥自己的知识才能，为组织做出贡献，从而得到上司的赏识。

（3）跳到有发展潜力的职业。在跳槽前，你必须注意多方收集社会发展的信息，结合自己的兴趣和发展潜力，再选择那些正在扩展的企业。在这些具有发展潜力而正在扩展的企业里，你将有较多学习新技能和获取晋升的机会，对于你将来另谋更好的工作会有较大的锻炼和帮助。

（4）选择行业中的翘楚企业。行业中的翘楚企业是很受人尊敬的，在一般情况下，这些企业也确实集合了行业中的最优秀人才。这些企业的薪酬可能还不如一些普通的企业，但是你个人的美誉度和行业经验自然会因为在这些企业的工作经历而大大地提高，也为未来获得高职高薪而提供了很好的基础。如果在这些企业中能够“从一而终”，未尝不是一种好的选择。

（5）成为企业（部门）的管理者。如果有执掌全局或者是整个部门的机会，而企业整体发展和文化环境不错，跳槽应该是个明智的选择。

（6）有较高的薪酬。无论打工者还是白领，薪酬水平的高低都是一个重要的考虑因素。但要注意的一点是这样的高薪是否能够持续。如果企业发展没有问题，企业环境也不错，就下定决心；如果对企业情况还不是很清楚，那就等了解清楚情况后再考虑。

3. **跳槽与法律**

选择职业是《劳动法》规定的劳动者的一项基本权利，但跳槽也应遵守法律的规定，违反法律则要承担责任。在国家以法律认可的劳动合同中，《劳动法》对“试用期”，对正式录用以后的待遇，对解除与原单位的劳动合同，以及劳动者应赔偿的损失等，都作了明确规定。

（五）妥善处理跳槽与原单位关系

跳槽过程中，应处理好与原工作单位的关系。有人抱着一去永不回头的决心，为泄一时之愤寻求某种心理平衡，屡出“恶招”，留下后患。

跳槽并不意味着对过去的结束和否定，应积极处理好新旧职场里的各种关系，总结经验，反省自己，这对今后的发展有很多益处。

【复习思考题】

1. 如何运用择业动机原理帮助员工规划自己的职业选择？
2. 职业锚理论的主要内容是什么？
3. 员工职业生涯设计有哪些关键环节？
4. 旅游企业在员工职业生涯设计中应该发挥什么作用？
5. 员工职业流动与职业生涯是一种什么关系？主要有哪些类型的职业流动？

【案例分析】

一份职业生涯规划书

1. 决策前分析

根据我对旅游管理出路的理解，大致有以下方向：

旅行社：导游、计调、销售等，酒店：销售总监、大堂副理等，旅游国际机场航空企业：航空机票定位员、空中小姐等，旅游局：公务员（要考公务员），旅游景区规划与开发：研究、设计人员（压力大），度假村，会展：策划师、销售等，邮轮企业（英语要求很高，工资不高，但有出国机会），老师，旅游咨询顾问（对经验和学历要求非常高），旅游财会（需要考CPA）。

根据我的性格特点，我大致倾向于酒店管理。

2. 我的性格特点

一直以来，我都生活得无忧无虑，家庭条件谈不上十分宽裕，但是也可以让我衣食无忧。过去的我几乎从不为自己的未来过于担忧，总是觉得就业距离自己太遥远。如今，我已是一个即将步入大二的学生，看到前辈们辛苦的求职经历后，我才知道，未来并非自己想象中的那么一片光明，我需要对自己进行一次好好的分析，以便更好地进行自己的职业生涯规划。通过分析，我发现自己爱好广泛，喜欢唱歌、钢琴、与人交流，是一个活泼开朗的女孩，性格乐观向上，责任心强，喜欢探索与创新，很多事情有新奇的想法，与人交往时热情大方，所以我的人际关系良好。但我的一个明显的缺点就是做事恒心不够，往往喜欢三分钟热度，自己订的计划往往完成得并不理想。

3. 解决性格缺陷

我深知人的性格一旦形成是很难改变的，但是如果想成为新世纪的人才我们就一定要克服重重困难，发扬自己的优势，改变自己的劣势，所以我下决心改掉自己做事恒心不足的缺点。我发现以前订计划完不成还有一个问题就是自己的计划太宽泛，难度较大，我从现在开始要从简单的做起，订计划时先从简单易行的做起，由小到大，慢慢把自己做事的恒心一点一点积累起来！但是有时单凭自己的努力还是不够的，所以我也会时时注意别人的看法与评价，请老师与同学监督与配合。

4. 选择该就业方向的理由

目前饭店人力资源的现状是：人力资源供过于求，人才资源供不应求。今后若干年饭店业较为紧缺的人才主要有三类：一是饭店企业经营管理需要的常规人才，如高层管理者，从事人力资源管理与开发、市场营销、物业管理等人才；二是随着饭店业发展需要的一些新的专业人才，如从事电子商务、分时度假饭店网络管理、饭店资本运营等人才；三是在未来社会竞争需要的创造型、复合型、协作型人才。我认为我的条件与兴趣比较适合旅游管理中的饭店管理人员。

5. SWTO 分析

	优势因素（S）	弱势因素（W）
内部环境因素	1. 乐观向上，热情大方 2. 善于与人沟通 3. 创新意识强 4. 吃苦耐劳 5. 英语沟通能力较强 6. 愿意从基层干起 7. 求职能力较强	1. 恒心不够 2. 组织领导能力有待提高 3. 身体素质较差
	机会因素（O）	威胁因素（T）
外部环境因素	1. 所学专业正好与所感兴趣的职业对口 2. 在博物馆担任解说员有利于了解旅游业 3. 身处北京，机会大	1. 同地区竞争力强（北大、清华等） 2. 还有众多职业学校的人竞争此行业，他们要求普遍比大学生低 3. 研究生扩招以及研究生学制改革对本科生就业形成冲击

但是通过研究市场情况，我发现许多饭店人力资源部门在招聘员工时宁愿招收高中生，而不愿要大学生。对此业界与学界各执一词，我认为有下列原因需引起注意：

（1）中国现行高校招生制度仍然以分数为基础，学生对学校及专业的选择仍有较大的盲目性，因此出现专业与意愿之背离。

(2) 目前饭店中的人事管理制度存在一定的僵化性，在目前外界尤其是外企对大学生诱惑较大的情况下，饭店仍然遵循大学生与职高等学生同一起跑线的做法，而且提升制度也不向大学生倾斜，使之感到其教育投资白费，造成心理上的不平衡，因此一有机会便纷纷跳槽。

(3) 目前我国饭店已进入成熟阶段，提升机会相对较少，且现有的中层管理人员较为年轻，这便使大学生更感到提升无望。

(4) 大学生在一线操作方面与职高生相比其技能略逊一筹，且失去年龄优势，更使饭店产生大学生不及职高生的印象，这也客观造成了大学生对饭店工作环境的不认同感。

(5) 中国现行户籍制度存在对人才使用方面的限制，而外管饭店通常较少有“户口指标”，客观上限制了异地优秀人才的选用。

为了克服这些问题，我觉得首要任务还是努力培养自己各方面的能力，并且避免眼高手低的问题出现，要培养愿意从基层干起的精神，时时关心与本专业有关的形势动态，培养自己解决问题的能力，向各个阶层的人虚心学习，学习他们的优点来弥补自己的不足。

6. 行动计划

(1) 每天坚持锻炼身体至少 1 小时；

(2) 每天坚持练习英语口语至少 1 小时；

(3) 大二下学期通过英语 4 级考试并争取拿高分；

(4) 每年争取保持成绩优秀并拿到奖学金；

(5) 大三通过英语 6 级考试并争取拿高分；

(6) 在离开博物馆时至少拿到 4 星志愿者证；

(7) 平常要不断了解时事，尤其是了解旅游动态，并及时对事情作出分析；

(8) 计划大三就到与专业相关单位实习，向有经验的人学习，练习写求职简历；

(9) 毕业之后即可找到一份相关工作。工作后继续考研深造。

分析题：请分析这份职业生涯规划书的合理与不合理之处。

第十章

旅游企业人力资源信息化管理

导言

本章应围绕“信息化社会的到来对旅游企业管理造成的影响、信息化环境下旅游企业人力资源管理出现的变化，以及在应用的过程中应该注意哪些问题”而展开学习。

【学习目标】

1. 熟悉人力资源管理系统的概念、发展历程和功能。
2. 掌握旅游企业人力资源管理信息系统实施过程及一些相关的技术术语。

【导入案例】

新东方人力资源管理信息系统（E-HR）实施

“上海新东方学校已经炸开锅了，许多老师抱怨这个系统太不稳定，工资薪酬的核算全都存在问题。另外，其他城市的系统也或多或少存在这样那样的故障。”这是2011年6月的第一个工作日赵小兵正在急急忙忙地向负责此次人力资源管理系统（E-HR）上线工作的新东方副总王全报告，这一天也是E-HR上线后的第一个工资结算日。王总像是早就预料到了这一切，他简单地回应道：“现在发通知，明天召集各地学校信息化推进负责人来北京开会，E-HR系统必须顺利实施，没有半点退让的可能。”

小赵离开后，王全回到办公桌前，坐在宽大的办公椅上，闭上了眼睛，回想起了接受E-HR推进工作以来的点点滴滴，他心里明白，现在已经到了最关键的时候，成败在此一举。

第一节 旅游企业人力资源管理信息系统概述

一、人力资源管理信息系统的概念

管理信息系统（Management Information Systems）简称 MIS，是在数据处理系统的基础上发展起来的，它的发展主要依赖于计算机技术和数据库管理技术。它是用系统思想建立起来的，以计算机为基础的，由人、计算机等组成的，为管理决策服务的信息系统。它输入的是与计算机有关的数据，输出的是供各级管理人员使用的信息，这个从数据到信息的过程是用计算机进行的，部分地代替了管理人员的手工劳动，并可以为管理人员提供决策方案。因此，管理信息系统也是为决策科学化提供的应用技术和基本工具。

人力资源管理信息系统具有管理信息系统的全部特征。它们使用同一类型的资源，并有一个同样的数据处理循环，以提供管理计划和控制所需的信息。其主要不同点是范围不同。管理信息系统包括进入一个组织的全部数据和全部经济活动，并提供企业所使用的全部信息。人力资源管理信息系统则仅与某一类型的数据和信息有关，是一个企业组织内管理信息系统的一个子系统。人力资源管理信息系统模型如图 10.1 所示。

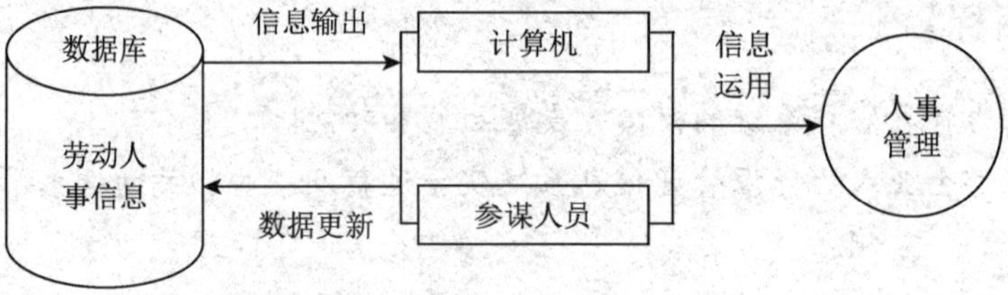

图 10.1 人力资源管理信息系统

在小型企业中，采用人力资源信息系统的主要目的是提高工作效率，简化工作，因此在人力资源管理信息系统选型之前的需求分析和实施规划的重要程度并不如集团型企业那么明显。集团型企业一般具有多个子公司，跨越不同行业，地域分布广，员工人数众多，用工形式多样，甚至考核方式和薪资的币种、周期都不相同。在集团型企业中由于历史原因，各下属单位、下属企业各业务处室，使用着不同的人力资源管理软件，同时各自有一套信息的定义和处理机制，形成了大大小小的“信息孤岛”。这些孤岛之间信息不一致，无法统一，一方面影响了运营效率，导致工作量增加，维护困难；另一方面信息准确性差，无法更好地综合利用这些信息为企业人力资源运营、决策提供辅助决策支持。

第一，需要对人力资源管理中所涉及的各种信息的定义标准、传输标准、使用标准进行全面规划，建立统一、可扩展的信息结构体系，这将为人力资源信息系统的信息管理、业务流程处理、决策分析奠定信息基础。

第二，集团化企业的各下属单位由于跨越不同行业，在人力资源管理上，侧重点不一定一致，会有一部分个性化的管理特点。在满足集团型企业总体管理需求的前提下，要满足各行业各单位人力资源管理需求，就需要在信息、流程、功能等方面都有所规范。所以，集团化企业在选型之前必须通过对人力资源业务流程和对应的信息、职能进行全面梳理，建立统一、规范的流程体系，以及可扩展的流程信息结构，并对制度体系进行修正。这样才既能满足总体需求，又能达到各下属单位个性化信息管理的要求。

第三，在对信息、流程、功能进行梳理和制定标准的过程中，会利用到信息资源管理最基本的标准——数据元素标准、信息分类编码标准、用户视图标准和数据库表标准。这些标准的建立，将贯串信息需求分析、信息规划全过程。而且这种现状梳理工作包括对大量复杂资料进行分析整理，尤其是在众多人员分小组进行的过程中，需要注意保持定义与理解的一致性。同时，还要重视资料的存储、修改和权限的设置。

二、旅游企业建立人力资源管理信息系统的意义

要实现人力资源管理的战略规划，必须建立管理信息网络体系。随着知识经济的到来，未来的旅游企业的管理者也将是信息的管理者。

旅游企业建立人力资源管理信息系统的意义主要体现在：

第一，有了人力资源信息结构体系，集团化企业在全系统进行统一的人力资源基础信息的迁移或采集，形成统一的信息平台，便成为水到渠成的事。所有现存于其他系统中的人力资源信息根据信息结构体系中的信息标准进行转换，迁移到统一的人力资源信息平台中，极大地利用上了已有的信息资源。根据企业人力资源管理的状况，缺失的、错误的信息可以根据新的信息体系架构进行补录或者更正。

第二，按照信息结构体系中定义完毕的业务处理的状态、结果，以及对各信息集、信息项在每个步骤中的读取、修改、增加等的不同操作，业务管理中涉及的流程已经基本被优化完毕。按照这些定义配置、定制信息系统，可以很快完成业务系统的建设。

第三，集团化企业人力资源管理必须提升到决策支持这个层面上，否则，人力资源信息化的意义将被大大削弱；而对现状梳理和流程优化的结果将很容易为决策分析的建模所用。在确定的信息结构体系下，针对主题的决策分析或综合分析将有据可依，有的放矢。

第四，人力资源信息系统不能解决内部的信息孤岛，又相对于其他系统（生产系统、财务系统）形成一个大型的信息孤岛。而信息结构体系提供了接口标准，基于信息结构体系开发统一的信息接口，可以方便整个企业内信息系统的集成。

人力资源现状梳理可以帮助集团化企业建立信息标准，优化作业流程，规范作业行为，为集团化企业 E-HR 建设奠定坚实的基础。基于信息结构体系，企业可以逐步展开

人力资源信息化的建设，如数据迁移、信息补采、培训、业务体统建设、决策支持建模等过程。基于流程体系和作业行为规范，企业可以对制度体系进行对应调整，并结合系统实施，逐步完成业务运作的统一工作思路、统一工作规范，降低项目运行中的风险。

三、建立人力资源信息系统的程序

（一）系统的规划

这其中包括：使全体员工充分理解人力资源信息系统的概念；考虑人事信息设计和处理方案，做好系统发展的时间进度安排；建立起各种责任制和规章制度等。

（二）系统的设计与发展

这方面包括：分析现有记录、报告和表格，以确定对人力资源信息系统中数据的要求；确定最终的数据库内容和编码结构；说明用于产生和更新数据的文件保存和计算过程；规定人事报告的要求和格式；决定人力资源信息系统技术档案的结构、形式和内容；确定计算机制作的员工工资福利表的格式及内容等要求；确定工资和其他系统与人力资源信息系统的接口要求。

（三）系统的实施

这方面包括：考虑目前及以后系统的使用环境以找出潜在问题；检查计算机硬件结构、所用语言和影像系统设计的软件约束条件；确定输入—输出条件要求、运行次数和处理量；提供有关实际处理量、对操作过程的要求、使用者的受教育情况及所需设施的信息；设计数据输入文件、事务处理程序和对人力资源信息系统的输入控制。

（四）系统的评价

这方面包括：估计改进人事管理的成本；确定关键管理部门人员对信息有何特殊要求；确定人们对补充特殊信息的要求；对与人力资源信息系统有关的组织问题提出建议；提出保证机密信息安全的建议。

第二节　旅游企业人力资源管理信息系统的发展历程与功能

一、人力资源管理信息系统的发展历程

根据其功能或者说在企业管理中的应用范围，人力资源管理信息系统（以下简称HR系统，HR英文全称为Human Reosurce）的发展大致经历了三个阶段。

（一）第一代 HR 系统，重在薪资计算

20 世纪 60 年代，计算机技术已经进入实用阶段。在一些大型企业中，手工计算和发放薪资既费时又费力，而且非常容易出差错。为了解决这一问题，企业开始用计算机来辅助计算薪资，这就是第一代的 HR 系统。受当时技术条件和需求的限制，这种系统的用户非常少，而且也只是作为一种自动计算薪资的工具在使用。尽管如此，这种用计算机来代替手工操作的管理方式，不仅提高了人力资源部门的工作效率，也避免了手工操作可能产生的差错，更重要的是它的出现使得企业大规模集中处理员工薪资成为可能。第一代 HR 系统的不足之处在于，它没有包括非财务的信息，也不包含薪资的历史信息，几乎没有报表生成功能和薪资数据分析功能，也就是说最初的 HR 系统仅起到了计算器的作用。

（二）第二代 HR 系统，具备历史信息保存和报表及分析功能

第二代人力资源信息系统诞生于 20 世纪 70 年代末。随着计算机技术的飞速发展，无论是计算机的普及性，还是计算机系统工具和数据库技术的发展，都为人力资源管理系统的阶段性发展提供了可能。第二代人力资源信息系统基本上解决了第一代系统的缺陷，对非财务的人力资源信息和薪资的历史信息都进行了管理，其报表生成和薪资数据分析功能也都有了较大的改善。但这一代的系统主要是由计算机专业人员开发研制的，未能系统地考虑人力资源的需求和理念，而且其非财务的人力资源信息也不够系统和全面。这一阶段的 HR 系统主要用于信息数据的收集和维护，主要的功能模块包括人事信息、薪资福利等。

（三）第三代 HR 系统，全面涵盖企业的人力资源管理活动

人力资源信息系统的变革性发展出现在 20 世纪 90 年代末。第三代 HR 系统从企业人力资源管理的角度出发，用集中的数据库将几乎所有与人力资源相关的数据（如薪资福利、招聘、个人职业生涯的设计、培训、职位管理、绩效管理、岗位描述、个人信息和历史资料）统一管理起来，形成集成的信息源。友好的用户界面，强有力的报表生成工具，分析工具，以及信息的共享使得人力资源管理人员得以摆脱繁重的日常工作，集中精力从战略角度来考虑企业人力资源规划和政策。第三代 HR 系统的应用范围，全面涵盖了企业的人力资源管理活动，不再是一个简单的薪资计算器或者报表分析系统，而成为企业战略性人力资源管理的重要支持系统。

从上述 HR 系统的发展史中，我们可以看出，人力资源管理信息系统的功能受信息技术水平以及企业人力资源管理需求的影响。而网络通信技术的持续发展、企业人力资源管理战略地位的不断提升，也将带动人力资源信息系统持续向前发展。

【同步思考】

E-HR 的小故事

E-HR 可以说是 ERP 的一个模组，也可以说是一个独立但可和 ER 相容的小资讯系统。一旦导入 E-HR，每位员工都能轻易地经由内部网路取得人力资源管理的资讯与服务，甚至还可以上网更新自己的人事资料，非常方便。E-HR 并不是 C-HR（Computerized HR），C-HR 只是将人力资源管理电脑化，不一定能够达到网路化的境界。E-HR 也不是 D-HR（Digitalized HR），D-HR 只是将人力资源资料数位化，也不一定能够实现网络化的人力资源管理。E-HR 也有别于 HRIS（Human Resource Information System），HRIS 是人力资源决策支援系统，可以随时提供人力资源决策所需的各项分析、统计资料，但不见得就能执行电脑化、网路化的人力资源管理。究竟如何定义 E-HR？那就必须借用 ERP 的技术架构来说明。ERP 系统并不是一个全新的领域，它沿用早期的物料需求规划（MRP Ⅰ）与制造资源规划（MRP Ⅱ）的概念，再整合生产部门之外各个部门的营运资讯，使经营者可以得到与决策相关的适时资讯。

综合上述材料，请谈谈你对 E-HR 的理解。

二、人力资源管理信息系统的功能

（一）基于系统本身的功能

1. 员工原理模块

人力资源管理系统从科学的人力资源管理角度出发，从企业的人力资源规划开始，记录招聘、岗位描述、培训、技能、绩效评估、个人信息、薪资和福利、各种假期到离职等与员工个人相关的信息，并以易访问和可检取的方式储存到集中的数据库中，将企业内员工的信息统一管理起来，完整记载员工从面试开始到离职整个周期的薪资、福利、岗位变迁、绩效等历史信息。该模块可管理较全面的人力资源和薪资数据，具有灵活的报表生成功能和分析功能，使得人力资源管理人员可以从烦琐的日常工作中解脱出来，同时综合性的报表也可供企业决策人员参考，如生成按岗位的平均历史薪资图表，员工配备情况的分析图表，个人绩效与学历、技能、工作经验、接受过的培训等关系的分析等。这一模块还应具有信息提醒功能，包括试用期到期、合同到期、证照到期、员工生日、培训计划、新员工报告、离职员工报告与员工转正等信息的提醒服务，对于企业提高管理工作的准确性和体现人性化管理有积极的作用。

2. 薪资和福利模块

该模块通常可用于管理企业薪资和复利计算的全过程，其中包括企业的薪资和福利政策设定、自动计算个人所得税、自动计算社会保险等代扣代缴项目。通常，这些程序还可以根据企业的政策设置并计算由于年假、事假、病假、婚假、丧假等带薪假期，以及迟到、早退、旷工等形成的对薪资和福利的扣减，能够设定企业的成本中心并按成本中心将薪资和总账连接起来，直接生成总账凭证，还能存储完整的历史信息供查询和生成报表。这类系统也可处理部分简单的人事信息。

3. 培训管理模块

培训管理系统一般通过培训需求调查、预算控制、结果评估和反馈以及培训结果记载等手段，实现培训管理的科学化，并且和人力资源信息有机地联系起来，为企业人力资源的配备和员工的升迁提供科学的依据。在此值得一提的是，虽然严格来讲，基于计算机的培训管理系统不能归于人力资源管理系统，但由于学员可以不受时间、地点和教员讲课水平的限制，自学后通过联机考试，其结果也可以计入人力资源管理系统中，因而受到很多企业的青睐。不少企业甚至自己组织力量投资开发专用的培训软件。现在，“线上学习”（E-learning）正在风靡全球，它可以节约客观的训练费用和人力投资，正在给传统的培训业造成一定的冲击。有人甚至断言“线上学习”将成为未来的主要学习途径。

4. 考勤管理模块

为了有效记载员工的出勤情况，很多企业购置了打卡机、考勤机等设备。考勤管理程序一般都与这些设备相接，根据事先编排的班次信息，过滤掉错误数据，生成较为清晰的员工出勤报告，并可转入薪资和福利程序中，使考勤数据与薪资计算直接挂钩。其生成的文档还可作为历史信息保存，用于分析、统计和查询。

5. 招聘管理模块

主要实现员工招聘计划（招聘岗位、招聘机构、招聘形式、测试方法等）列表管理、应聘者信息管理、企业所使用的招聘机构信息管理、应聘者测试信息管理、招聘费用管理等功能。

6. 合同管理模块

主要实现员工合同类型管理、员工劳动合同管理、员工其他合同和协议管理等功能。

（二）基于网络的功能

1. 自助服务

面向员工和经理们的自助服务能够使信息直接到达需要它的用户层面，同时满足一次性数据输入并减少维护次数，提高数据质量和准确性。个人用户可以不必依靠信息系统部门和人力资源部门，而通过自助服务系统实现自我管理。这些自助服务内容包括：员工地址、电话、紧急联系方式等内容和变更，员工福利项目个人信息的变更和菜单式福利服务，工时记录和休假管理，员工绩效管理和发展计划，组织培训安排和工作调配等。完成上述工作曾经需要花费大量的时间、人力和物力，而今天，通过在线帮助系统，大多数自助服务项目拥有了更为友好的用户界面，所收集到的数据也变得更为准确和及时。

2. 员工招聘与配置

伴随人力资源管理信息化的过程，人员招聘工作正在经历一场真正意义上的革命。通过互联网的应用，能够在供给方——岗位求职者和需求方——用人部门经理两个层面分别创建自助服务系统，从而盘活整个招聘流程，协助进行求职者与空缺岗位的匹配，并处理这一过程中其他的环节，如求职者测评和个人背景资料认证等。用人企业可以通过专业数据库或招聘服务提供商，在全球范围内寻找到成千上万份求职者简历，将其中以书面形式提交的简历经过扫描转换成电子文档，并按照企业自身要求进行相应的格式调整，而后提供给该企业位于世界任何国家和地区的用人部门经理或人力资源经理，供其甄选。

3. 薪酬管理

随着安全性电子邮件处理和电子签名的诞生，薪酬管理的面貌也随之焕然一新。现在，一线经理在薪酬规划上得到了充分的支持，他们可以在线浏览薪酬历史记录，薪酬的调整也摆脱了日常的纸张形式和拖拉，取而代之的是各层级之间无障碍的审批层序。此外，上述任何变化和调整可以实时自动传递至工资发放系统，而由此引发的员工福利变化亦可同时在系统中完成更新。员工也可以利用系统所提供的强大功能，管理个人财物安全，新的应用系统支持员工进行个人财务状况分析和个人退休金的科学规划。

4. 福利管理

网络和其他先进技术的运用，将员工福利管理推进到了一个新的高度。互动语音应答器（IVR）作为一种功能强大的工具和网络通信系统的整合，为福利专员更有效地利用计算机系统开展工作提供了更为广阔的空间。以前，需要专人守候在电话机前交流和回答有关信息；而今天，对于员工提出的大量的有关福利问题的询问，已经进行了自动化处理，福利专员无须专门接听员工的电话。对于难以回答的问题，福利专员可以从系统中调出该员工的档案，并查找必要的支持性信息，以迅速提供解答和建议。

5. 绩效管理

信息技术的应用加速了绩效管理流程的发展。通过网络和软件系统，企业有能力掌握组织核心竞争力的状况，并合理配置员工已有的知识技能。平衡计分卡，360°绩效考核等现代管理理念也被引入实践，与信息系统一起，为企业绩效管理工作的有效开展提供了管理技术和信息技术的双重保障。

6. 培训管理

应用互联网可以进行培训课程的安排和公告、演示。当某名员工为了更新自己的知识储备，产生了想要学习新知识的需求时，应用系统可以提供在线指导，并有可能按照个性化需求提供相应培训项目。随着系统应用的不断深入，培训也变得越加广泛和简便。同时，利用新技术，企业用于培训的投资回报变得更加直观和容易衡量。

7. 基础事务管理

填写表格等琐碎的日常工作，今天已经实现了自动化。当员工发现自己手头的医疗报销单已经用完，即可到企业的网页上去下载并打印一份所需的文件进行填写，而无须致电或访问员工福利管理部门。更为理想和便捷的是，员工还可以在线填写相关表格，并将其以电子邮件的形式直接发送到员工福利管理人员手中，一段时间后，报销款项便自动存入其银行的个人账户中。

第三节 旅游企业人力资源管理信息系统实施过程

目前，设计和开发人力资源管理信息系统的国内外企业众多，人力资源管理信息系统的种类以及提供的功能也存在一定差异，软件系统解决方案的选择其实一直是一个比我们预先估计的更为复杂的过程，而且对企业具有长期影响。它需要我们全面系统地分析所有与系统有关的因素，包括技术、人，以及企业的发展政策等。无论是人力资源某项特殊需求的软件解决方案，还是人力资源管理信息系统或是薪资管理系统，都可以按以下程序进行供应商和解决方案的甄选。

一、前期准备阶段

（一）组建小组

首先要组建一个小组来负责软件系统的选择工作。项目小组成员至少包括人力资源管理部成员和精通 IT 技术的技术人员。人数以 3~7 人为宜。一些大的企业可能会有一个独立于项目小组的系统推进委员会。推进委员会一般由企业的一些决策者组成，他们负责成本或费用的审核，参与合同的谈判，并且给了项目小组企业高层支持。

（二）制订目标

小组的会议应该从识别和制订人力资源管理系统项目的目标开始。如果在一开始没有设立一套项目目标，将会在评估错误的产品上浪费重要的时间，甚至更坏，最后选择了错误的软件系统。项目小组必须回答下面问题：

你的 HR 管理系统的 IT 系统战略是什么？

你需要什么？而且你为什么需要它？你需要系统具有什么功能？

你希望通过努力达到什么样的结果？

你希望通过这个系统改变什么业务流程？新的业务流程应该是什么样的？

业务流程对系统有什么样的要求？新的系统对整个业务流程有什么样的支持作用？

识别这些目标，可能需要访问包括高级管理人员、人力资源部门的其他人员，以及各种可能会使用系统的用户，来识别企业对人力资源管理系统的真正需要。在这一阶段要注意以下几点：

1. **系统化的视角**

对于企业需要的系统有了一个全景式的认识。如果企业正在寻找某个人力资源职能的单独的解决方案，如职位候选人管理或薪酬管理，那么一定要保证它能与企业的人力资源管理信息系统整合在一起。同时还要考虑它是否能满足所有的特殊化的需要，如培训记录管理、绩效管理等。考虑单独的解决方案时，应该考虑它是否符合你的企业的 HR 的 IT 技术战略。

2. 考虑未来需要

为了保证系统的发展性，还需要考虑几年后，企业需要什么样的信息系统。此外，还要考虑几年后可能会有什么特殊的需要，以及这种可能会在什么时候发生，未来是否还需要这些信息。

3. 技术环境

在选择任何一个系统之前，都必须识别和确定新系统的技术环境。这个工作将由企业的 IT 专家来负责。一般而言，需要回答的问题如下：

（1）寻找的系统是独立的计算机，还是局域网或因特网？

（2）这个系统需要在什么样的操作系统上运行？

（3）如果它是一个数据库应用系统，那么数据库系统是 SQL，Oracle，还是 DB2？

（4）如何解决远距离的数据录入和传输？

（5）需要不需要 Web 支持？如果系统编制语言工具不同，会造成什么不同吗？

（6）IT 部门有没有计划在未来几年在技术平台方面上实施较大的改变？

4. 制订预算

虽然在和供应商正式洽谈前做预算是很困难的，但在与供应商接触之前还是应该预估自己企业愿意支付的价格。预算一般包括三个部分：软件费用、硬件费用和实施费用。软件费用主要包括系统软件的使用权费用、有关数据库的使用权费用，以及软件的升级和维护费用。硬件费用主要包括服务器费用、计算机设备和网络设备费用。实施费用则包括软件安装和调试费用、教育培训费用、数据转换费用，以及供应商或第三方提供给我们需要的咨询费用。

5. 编制说明书

说明书应该从人力资源整体 IT 技术战略开始，列出项目实施的目标，定义企业需要的基本系统的功能，并说明本系统如何与其他系统相互整合和接口，并列出系数环境要求中所提出的技术问题。

二、招标阶段

（一）发布需求信息

前期准备工作完成后，企业可以通过适当的形式和渠道发布需求信息。如询问你在其他企业的同行，看看他们是否能够推荐一些能满足一般功能需求的供应商。还有一个途径就是通过互联网发布需求信息。

（二）资料初审

正常情况发布需求信息后，会得到一个候选供应商的名单。接下来，就是和他们接洽，并研究他们给你提供的企业和产品介绍。一般而言，供应商提供的产品手册深度并不一样，有的手册只是对自己产品做一些概念性和理念性的描述，有的则非常详尽，包括很多信息。因此，你必须保证获得了足够的供应商和产品的资料，以确保选择和甄选系统的需要。这也是一个非常重要的步骤，不应该被忽视或忽略。

（三）发布项目招标书

向通过初审后的企业发布项目招标书，项目招标书也许只有一页，也可能有十页。这取决于你希望供应商们提供有关他们产品的细节的多少。一些小企业会发布一些简单的只有一或两页的需求说明书。需求说明书只有比较少的信息，但更灵活，可以根据指导方针加以调整，以加快这个阶段。做好项目招标书后，把招标书送给你的候选供应商，给他们一个合理的准备期。有些供应商可能会提供你一个招标书的样本，以便界定需要的系统特征。

三、评估阶段

（一）评估

当所有的标书返回给你的时候，需要有一套评价所有系统的基本标准。一个典型的做法是编制一个评价表。然后，你就可以为招标书中的每一个条目进行打分，这样就可以找到那些最满足条件的供应商了。接下来就是和他们联系，并索取系统的测试版本，来进行演示评估了。

（二）测试版本的控制

系统的测试版本一般来说是专门设计，用来显示正式版本系统所具有的功能与特征以及操作方式，通常都有某方面限制的非正式系统。所以，必须注意系统供应商提供给你的测试版，并加以控制，这是非常重要的一项工作。

（三）第二次评估

当完成所有系统测试版的演示评估的工作后，所有的小组成员对每个测试系统都写出了他们满意与不满意的地方。这时需要一个或更多的供应商向你提供更多的补充信息，以便下一步工作。当然，还需要考虑价格因素，但是这个价格肯定不是最终价格。当供应商对企业的需求了解越多，他们的标价也会越来越准确，可能更高也可能更低。最后，你确定两到三个供应商来做最后的甄选。

四、决策阶段

（一）决策因素

项目小组已经评估过所有的软件系统后，现在是开始决策的时候了。在软件系统的选型中，价格是其中一个但不是唯一的决策因素。其他比较显而易见的决策因素还有对现有系统的兼容性以及系统本身的功能性。对很多企业而言，实施成本和时间进度也是决策因素。

（二）考察案例

在听取和考察案例之前，项目小组应该编制一份需要在考察中解决的问卷。问卷中的问题包括从系统功能性到后续支持等所有关心的问题。考察中一定要注意案例中系统所运行的环境是什么。这将决定该 HRMS 系统是否适合企业的系统环境。

（三）第二次演示测试版

主要目的是发现在第一次演示中没有解决的问题或在案例考察中发现的问题。复查系统的核心功能性、报告系统、运行速度、实施进度计划和成本、客户服务情况，以及其他项目小组关心的问题。

（四）再次评估和选择

所有演示都完成后，进入最后选择阶段，有些情况下，可能有两个系统都能满足你的需要，那么企业就可能同这几个企业谈判，来选择最有利于企业的方案，如价格、培训、实施等。

当然在软件来源方面，企业可以自主开发，也可以直接从外部购买，这主要取决于企业人力资源管理信息系统的复杂程度以及企业自身实力与成本问题。若企业有能力也有必要自主开发系统，则需要周密的筹划，经过系统规划、系统分析、系统设计、系统开发等阶段；否则最好从外部直接购买，切不可不顾实力自己开发，因为软件的开发必须将现代人力资源管理理念和计算机技术有效地结合起来，从长远、系统和发展的眼光来进行全面和系统的分析与设计，这并不是一件轻而易举的事情，基础打得不好，很可能会给以后的工作带来不便，甚至导致整个项目失败。

第四节　旅游企业人力资源管理信息系统模式设计中的技术术语

一、网络技术术语

（一）Internet

网络使用户不受地域的分隔和局限，在网络达到的范围内实现资源的共享。不管用户在什么地方，都可以使用网络上的程序、数据与设备。为了在网络之间交换信息，需要在不同范围内实现网络的相互连接，从而形成了有多个网络组成的互联网。Internet 就是全球最大的互联网，大量的各种计算机网络正在源源不断地加入到 Internet 中。

Internet 是采用 TCP/IP 协议为其标准网络协议的世界上最大的互联网络。

（二）Intranet

Intranet 是基于 Internet 标准和协议的技术，或者说用这种技术组建的局域网和广域网。Intranet 主要运行于企业内部，也可以连接到 Internet，并通过防火墙保护 Intranet。

（三）ISDN

综合业务数字网使用的是传统的电话线，单在用户端需要加装端口设备（终端适配器 TA 或智能终端 NT），需要到当地电信局申请开通这种服务。ISDN 的核心技术是将带宽分成多个信道，同时提供多信息综合服务。

（四）ADSL

不对称数字线路是一种较新的远程连接技术，对现有电话线路不需要进行任何改造。这里的不对称指不同方向（发送或接收）数据传输速率不一样。ADSL 一般分为三个信道：一个高速下载信道、一个中速双工信道和一个标准电话服务信道。ADSL 非常适合用于连接 Internet 来下载大容量信息。

（五）VPN

虚拟专用网 VPN 是建立在 Internet 上的专用网。说它虚拟，是因为它不提供物理上端到端专用连接；说它专用，是因为它确实可以在局域网、广域网、用户间建立虚拟专用通道实现端到端的信息传输。在 VPN 中，采用一种称为“通道”的技术，通过公共路由网络传送数据分组，以实现点到点的连接。

二、数据库与数据库管理系统

（一）数据库 DB（Data Base）的概念

数据库是以一定的组织方式存放在计算机存储介质上的相关数据的集合。形象地说，数据库是存放数据的“仓库”。这个仓库在计算机的外部存储介质上。数据库中的数据按一定结构组织、描述和存储，具有较小的冗余度、较高的数据独立型和易扩展性，并可以为各种用户共享。

人力资源数据库是旅游企业数据库中的次级数据库。我们可以把一个旅游企业所有员工的姓名、性别、出生年月、籍贯、职称、工作部门、职务、工资等许多数据有序地组织起来，存储在计算机磁盘上，构成该旅游企业的人力资源数据库。人力资源数据库的建立，旨在串联相关的信息，有系统地组合信息项目，以综合所需的情报，供管理人员作决策参考。

（二）数据库管理系统

数据库管理系统（Data Base Management System，DBMS），是对数据库进行管理的系统软件，它是使用者与数据库之间的接口，提供用户对数据库进行操作的各种命令，包括数据库的建立及记录的修改、检索、显示、删除和统计等。软件设计人员利用数据库管理系统提供的各种对数据的操作命令和函数编制相应的程序并使用其中的数据。因此，对于软件人员和数据库系统的一般使用人员来讲，数据库管理系统是数据库功能的具体体现和表现形式，是操作和使用数据库的工具。大型的数据库管理系统一般是不能够独立运行的，必须借助于某一种或某几种程序设计语言发挥其功能。目前常用的小型数据库管理系统有 Foxbase、Foxpro、Microsoft Access 等，这些小型的数据库管理系统往往提供一定的程序设计语言能力，可以直接利用这些数据库管理系统构建小型的应用软件系统。中型的数据库管理系统主要有 Microsoft SQL Server。大型的数据库管理系统主要有 IBM DB2、Oracle、Sybase、Informix 等。随着数据库技术的发展，这些大型的数据库管理系统除提供一般的字符数据管理能力以外，还能对图形、图像、声音等多媒体数据进行有效管理，并提供分布式的数据管理和面向对象技术的支持，这些新的技术能够满足用户日益更新的应用需求。

（三）数据库系统

数据库系统是实现有组织、动态存储大量关联数据，方便用户访问的计算机软、硬件资源组成的系统，亦即具有管理数据库功能的计算机系统。该系统一般是针对某些特定的应用开发和设置的，它由数据库和数据库管理系统两部分组成。目前，数据库系统已广泛应用于包括旅游企业在内的各个领域。

综上所述，数据库、数据库管理系统、数据库系统，三者之间既有联系又有区别。用户通过数据库管理系统，可以建立和使用数据库，构建面向应用的数据库系统。

【复习思考题】

1. 人力资源管理信息系统的概念是什么？简述人力资源管理系统的发展历程。
2. 按类型简述旅游企业人力资源管理信息系统的功能。
3. 简述旅游企业人力资源管理信息系统的实施过程。

【案例分析】

南航 E-HR 的目标及特点

南航在管理信息化上的投入是航空企业中少有的，在向世界先进航空企业学习、与国外大型 ERP 软件厂商的密切交往过程中，航空公司在信息化项目的选型建设上，标准高、审核严、眼光独到。鉴于特殊的需求特点，经过严密的规划和认真的评估，南航最终选择了大型企业 HR 薪资应用与 ERP 应用上经验丰富的北京普利斯奇正软件系统有限公司，双方共同提出了集中式人事薪资管理的方案。

目前的企业管理，在关注员工有效激励的同时，最关注的是如何节省成本，达到效益最大化，在激烈的竞争中保持不败。同样，人力的成本统计、分析在成本控制中也是不可或缺的重要元素。当今的企业竞争，谁控制住了人力资源成本，谁就具有了获得优胜权的砝码。普利斯奇正软件的集中化、集成化管理，使最终用户在使用系统方面有了极大的提高，用户不用担心本身的计算机出现病毒或其他硬件故障而导致影响整个系统的使用或影响自己的工作。从项目组来说，远程维护也就迎刃而解了，项目组人员任何时间、任何地点都可以对其最终用户进行指导、维护。

普利斯奇正 HR 系统在数据安全方面是极其严格的，分为多层。航空公司对于每一个用户的权限同样也很严格，各个公司的用户在系统的使用当中只能进入自己的公司，而不能进入其他公司。对于集团 IT 人员，只能掌握系统和功能菜单，而不需要知晓实际的数据。对于集团公司的管理人员来说，他需要考察每一个分公司，但没有必要进行具体的业务处理工作，只需进行审核或查询工作就可以了，所以在功能层上就可以进行相应的设置来达到管理的要求。

优秀的实施服务理念是成功的基础，针对航空公司这种复杂的大型应用项目，南航与普利斯奇正决定，采用谨慎而积极的态度和科学严格的项目控制方法。一方面，进行严格细致的总体应用规划；另一方面，根据应用的不同，试点先行、取得经验、逐步推广。双方项目组经过缜密的分析与研究，采用普利斯奇正特有的 SPM 实施方法论，确定了严格的实施方案，在此基础上，开始有计划地实施工作。

目前，南航所有分公司在 HR 系统使用上已全面展开，人事、工资系统、财务接口达到了集成的业务处理，集团公司数据汇总方便灵活。通过普利斯奇正 HR 系统的成功应用，已经将复杂处理人事工资业务的工作量转化到管理、分析数据上，南航人力资源管理达到了业界先进水平。

分析题：综合上述材料，谈谈南航 E-HR 分步实施的步骤，如何运用信息化控制人力资源成本。

《旅游企业人力资源管理》实训指导

一、实训目的

旅游企业人力资源管理课程是旅游管理专业、酒店管理专业、国际导游专业等相关专业的必修课程和通用能力课程。设置旅游企业人力资源管理课程的实训环节旨在让学生以理论指导实践，强化学生的动手能力，加深学生对专业的感知，引导学生深入理解人力资源管理各项工作的实质，培养学生的专业兴趣。

二、实训目标

通过相关实训项目的操作和演练，学生加深对人力资源管理理论的理解，并对人力资源管理各项工作形成正确的认知，为以后各职业专门能力模块课程的学习打下良好的基础。同时，学生能够把专业知识和社会实际需求相结合，调整自己面向市场的能力和实力。

三、实训内容

实训部分是对本教材理论部分的延伸和巩固，围绕本教材的章节设置，实训内容分为以下六项内容：编制旅游企业人力资源计划与岗位说明书、组织旅游企业的模拟面试、制订旅游企业员工培训方案、制订旅游企业绩效考核方案、编制旅游企业工资表和设计旅游企业的员工福利方案。

四、实训要求

实训是强调实操的专业技能课程，在展开学习此部分内容前需要有扎实的理论基础，学生需要在掌握人力资源管理相关的基础概念、核心理论之后，继而进行实训部分的学习，有针对性地掌握整套人力资源的基础体系。

五、实训安排

序号	项目名称	实训内容	课时	地点	备注
1	编制旅游企业人力资源计划与岗位说明书	拟订酒店、餐饮企业或旅行社的用人计划，编制本企业组织结构图，撰写岗位说明书	2	实训室	
2	组织旅游企业的模拟面试	制作应聘申请表，制订面试提纲及面试评价表，做好面试准备工作，开展情景模拟面试	2	实训室	
3	制订旅游企业员工培训方案	培训需求调查分析，培训内容的准备工作，实施培训的计划	2	实训室	

续表

序号	项目名称	实训内容	课时	地点	备注
4	制订旅游企业绩效考核方案	制订酒店、餐饮或旅行社各主要岗位的考核方案	2	实训室	
5	编制旅游企业工资表	对本旅游企业主要从业人员的薪酬进行抽样调查，编制工资表	2	实训室	
6	设计旅游企业的员工福利方案	制订本旅游企业员工活动方案、员工福利政策	2	实训室	

实训一　编制旅游企业人力资源计划与岗位说明书

1. 能力目标

培养学生对岗位需求信息的采集、整理、汇总及对岗位相关数据的分析、撰写能力。

2. 实施步骤与内容

（1）教师给出某旅游企业（酒店、餐厅或旅行社等）当年度各部门人员需求信息、各主要岗位的相关资料，并提出相应的岗位分析要求。

（2）学生以小组为单位，收集相关信息编制该旅游企业的组织结构图。各小组根据教师提供的相关信息，进行归类整理，形成该旅游企业本年度人员需求信息总表及该旅游企业的组织结构图。

（3）根据编制的组织架构，各小组根据题干撰写工作说明书。每组选派一名代表展示与说明本小组的设计思路与缘由，并对其他小组进行答疑和辩论。

（4）教师提供正确思路，引导学生自查本组错误的原因并改正。

（5）教师点评。

实战点拨：

某旅游集团2019年度人力资源管理计划

某旅游集团是于2009年5月1日整合重组成立的国有独资企业。集团业务涵盖旅游、旅游地产、会展、酒店等行业，是云南省目前资产规模最大、产业链最完整的综合性旅游集团。为了集团人力资源的优化发展，公司总裁和人力资源部制订了2016年度人力资源管理计划。

一、职务设置与人员配置计划

根据集团2019年发展计划和经营目标，人力资源部协同各部门制订了集团2019年的职务设置与人员配置。在2019年，下设18个子公司将结合自身需求申报岗位。以其中的某旅游股份有限公司为对象，划分为7个部门，其中董事会秘书负责审计部、证券部，行政副总负责财务部、投资发展部、运营管理部、工程建设部和人力资源部，财务总监、总园艺师、总工程师负责下设11个子公司，营销总监负责销售一部、销售二部和产品部。具体职务设置与人员配置如下：

1. 决策层（6人）

总经理1名、行政副总1名、财务总监1名、总园艺师1名、营销总监1名、总工程师1名。

2. 行政部（8人）

行政部经理1名、行政助理2名、行政文员2名、司机2名、接线员1名。

3. 财务部（4人）

财务部经理1名、会计1名、出纳1名、财务文员1名。

4. 人力资源部（4人）

人力资源部经理1名、薪酬专员1名、招聘专员1名、培训专员1名。

5. 销售一部（19人）

销售一部经理1名、销售组长3名、销售代表12名、销售助理3名。

6. 销售二部（13人）

销售二部经理1名、销售组长2名、销售代表8名、销售助理2名。

7. 产品部（5人）

产品部经理1名、营销策划1名、公共关系2名、产品助理1名。

二、人员招聘计划

1. 招聘需求

根据2019年职务设置与人员配置计划，集团管理层人员数量应为126人，到目前为止公司只有98人，还需要补充28人。具体到某旅游股份有限公司，其职务和数量需求如下：

营销组长1名、公共关系1名、人力资源专员1名、行政部1名、销售代表5名。

2. 招聘方式

（1）营销组长：社会招聘和校园招聘。

（2）公共关系：社会招聘。

（3）人力资源专员：社会招聘。

（4）行政部：校园招聘。

（5）销售代表：社会招聘和校园招聘。

3. 招聘策略

学校招聘主要通过参加应届毕业生洽谈会、在学校举办招聘讲座、发布招聘张贴、网上招聘四种形式。社会招聘主要通过参加人才交流会、刊登招聘广告、网上招聘等三种形式。

（1）本科生待遇：转正后待遇4500元，其中基本工资3500元、住房补助700元、社会保障金300元左右（养老保险、失业保险、医疗保险等）；试用期基本工资2500元，满半月有住房补助；考上研究生后协议书自动解除；试用期3个月；签订3年劳动合同。

（2）研究生待遇：转正后待遇6000元，其中基本工资5000元、住房补助700元、社会保险金300元左右（养老保险、失业保险、医疗保险等）；试用期基本工资3000元，满半月有住房补助；考上博士后协议书自动解除；试用期3个月；公司资助员工攻读在职博士；签订不定期劳动合同，员工来去自由；成为公司骨干员工后，可享有公司股份。

4. 风险预测

（1）今年本市应届毕业生就业政策有所变动，可能会增加本科生招聘难度，但由于公司待遇较高并且属于云南省的龙头企业，可以基本回避该风险。另外，由于优秀的本科生考研的比例很大，所以在招聘时，应该留有候选人员。

（2）旅游专业研究生愿意留在本市的较少，所以研究生招聘将非常困难。如果研究生招聘比较困难，应重点通过社会招聘来填补“营销组长”空缺。

三、选择方式调整计划

依据招聘经验，开发人员选择实行面试和笔试相结合的考查办法，可以取得良好结果。

在2019年首先要完善非开发人员的选择程序，并且加强非智力因素的考查，另外在招聘集中期，可以采用“会议制面试”，即总经理、主管副总、部门经理共同参与面试，以提高面试效果。

四、绩效考评政策调整计划

（1）建立考评沟通制度，由直接上级在每月考评结束时进行考评沟通。

（2）建立总经理季度书面评语制度，让员工及时了解公司对他的评价，并感受到公司对员工的关心。

（3）加强考评培训，减少考评误差，提高考评的可靠性和有效性。

五、培训政策调整计划

公司培训分为岗前培训、管理培训、岗位培训三部分。

（1）加强岗前培训。

（2）管理培训与公司专职管理人员合作开展，不聘请外面的专业培训人员。该培训分成管理层和员工两个部分，重点对公司同有的管理模式、管理思路进行培训。

（3）技术培训根据相关人员申请进行，采取公司内训和聘请培训教师两种方式。

六、人力资源预算

1. 招聘费用预算

（1）招聘讲座费用：计划本科生和研究生各四个学校，共8次，每次费用500元，预算4000元。

（2）交流会费用：参加交流会4次，每次平均800元，共计3200元。

（3）宣传材料费：2000元。

（4）报纸广告费：6000元。

2. 培训费用

××年培训费用为×××，按每年培训费用20%的递增，预计今年培训费用约为×××××元。

3. 社会保障金

×××年社会保障金共交纳×××××元，按20%递增，预计今年社会保障金总额为×××××元。

人力资源部

2019年1月6日

实训二　组织旅游企业的模拟面试

1. 能力目标

熟悉面试的流程，掌握面试设计环节与意图，培养组织与实施面试的能力，控制整个面试的过程，了解企业面试诉求，提升面试的心理素质与能力。

2. 实施步骤与内容

（1）学生成立虚拟的旅游企业（酒店、旅行社、餐厅等），自行搜索和整理该旅游企业的相关信息，以5~8名同学作为应聘者为单位分出应聘组，应聘成员各自制作应聘简历和其他相应应聘材料。

（2）以8名同学为单位分出面试组，按照初试、复试等扮演企业面试官。

（3）以2名同学为单位分出考察组担任“考察者”，观察和点评整个面试过程。

（4）面试官小组负责设计面试问题、选择面试类型、组织面试过程，正式实施面试。

（5）应聘者根据给出的材料内容扮演自己的角色并进行模拟面试。

（6）“考察者”观察整个面试过程，并对考官和应聘者进行点评。

（7）把面试组、应聘组、考察组按1∶1∶1的组合方式分成若干模拟小组。

（8）先由各小组自行组织自由模拟面试，教师作为“终极观察者”对各组进行观察。

(9) 选择一组作为示范，面向全班同学进行模拟情景再现。

(10) 先由同学点评，再由教师点评。

实战点拨:

隐藏在招聘启事中的玄机

玄机一: 面试存在于招聘的各个环节，洞察玄机的能力恰恰是招聘岗位所需要的。

某旅游有限公司招聘启事

本公司招聘市场部公关经理3名。

1. 工作职责

(1) 组织实施公司的公关活动。

(2) 建立并维护与新闻媒体的良好关系。

(3) 组织有利于公司品牌及产品形象的相关报道及传播。

(4) 对公关活动进行监控。

(5) 参与处理事件公关、危机公关等。

(6) 组织实施内部沟通等项目和其他相关工作。

2. 应聘要求

(1) 中文、广告或相关专业本科以上学历。

(2) 3年以上公关公司或信息类公司从业经验。

(3) 有良好媒介关系者优先。

(4) 形象好，善沟通，文字表达能力强。

(5) 具有良好的媒体合作关系。

(6) 较强的客户沟通能力及亲和力。

(7) 具有各种新闻稿件的媒体发放及传播监控工作能力。

(8) 具有吃苦耐劳、认真细致、良好的人际沟通能力。

一经录用，月薪4000元以上，具体面议。有意者请将简历于3月23日之前寄给本公司，公司将对应聘人员统一进行初试和复试。

招聘启事登出后，立刻引起众多人员的关注。但是，他们最终发现，在这则启事中，尽管应聘条件、岗位职责、工资待遇等内容俱全，就是没有应聘的联系方式。多数人认为这是招聘单位疏忽或是报社排版错误，于是，便耐心等待报社刊登更正或补充说明。但有三位应聘者见招聘的岗位适合自己，便马上开始行动。小李通过互联网，找到公司详细信息，将简历发送过去；小强则通过114查询台，也很快取得了该公司的联系方式；小孙则通过在某商业区的广告牌，取得了该公司的地址和邮编。

该旅游公司人事主管与他们三人相约面试，当即决定办理录用手续。三人为此颇觉蹊跷：招聘启事中不是说要进行考试吗？带着这一疑问，他们向老总请教。老总告诉他们：我们的试题其实就藏在招聘启事中，作为一个现代旅游公关人员，思路开阔，不循规蹈矩是首先应具备的素质，你们三人机智灵活，短时间内迅速找到公司的联系方式，这就说明你们已经非常出色地完成了这份答卷。

玄机二：面试需要合理的结构和缜密的思路，掌握面试结构是成功招聘的重要环节。

一份结构式面试清单

模拟提问可以事先拟订出一份提问结构清单，有针对性地提问和考察应聘人员。以下为结构式面试提问提纲：

1. 应聘者简介

（1）请简单介绍一下你的工作和学习经历。

（2）你为什么会选择原先那家公司？

（3）你为什么要离开原先的公司？

（4）请谈一下你对我公司的了解程度。

（5）请说一下你为什么要应聘这个岗位。

2. 专业知识

（1）请介绍一下你大学所学的专业。

（2）请介绍一下你的毕业设计情况。

（3）你在工作中学到了哪些专业知识？

（4）请问你接受过哪些专业知识的培训？

3. 工作经历

（1）请介绍一下你的工作经历。

（2）在以往的工作经历中，你认为最满意的工作是哪一个？为什么？

（3）请介绍一下你已经取得的工作成果。

（4）请尽可能详细地描述一下你印象最深刻的一项工作任务。

（5）请介绍一下你曾经做过的最失败的一项工作。

4. 非智力因素

（1）请介绍一下你最失败的一次人际交往。

（2）请举一个你在逆境中努力完成工作的例子。

（3）请举一个你通过沟通方式解决问题的例子。

5. 岗位技能

（1）你认为这个岗位需要哪些方面的技能？

（2）你认为做好该岗位工作最关键的是要做好哪些工作？

（3）你为什么认为自己可以胜任这份工作？

……

实训三　制订旅游企业员工培训方案

1. 能力目标

教师给出某旅游企业的信息，让学生进行现状分析，把学生分好组，让学生根据分析的情况制订培训计划；以小组为单位开展模拟培训。

2. 实施步骤与内容

（1）各小组搜集企业相关信息，分析旅游企业的员工培训需求。

（2）各小组根据分析制订培训方案及初步做好相关准备工作。

（3）各小组依次向全班同学展示培训计划和所设置的培训课程。

（4）教师点评，以全班轮流点赞的方式选出最佳培训方案。

实战点拨：

某旅游企业新员工计算机培训方案

根据项目开发需要，现决定对全体行政部成员进行技术培训。

1. 培训内容

课程名称	课时数（小时）	讲课老师
1. WINDOWS 操作系统	24	罗青
2. 常用办公软件	24	章琳
3. 数据库概述	24	赵景
4. 互联网概述	20	李力

2. 培训时间

（1）以一天 4 课时计算，每门课程需要 6 天时间，共需 23 个工作日。

（2）建议时间

上午：8：30~9：30 讲课　　9：30~10：00 技术讨论或休息

10：00~11：00 讲课　　11：00~11：30 技术讨论或休息

下午：14：00~15：00 讲课　　15：00~15：30 技术讨论或休息

15：30~16：30 讲课　　16：30~17：00 技术讨论或休息

（3）具体日程安排：初步定于 3 月 20 日开课。

3. 培训形式

（1）讲课形式：集中授课。

（2）考试形式：该培训是集中式培训，并且是面向所有数据分析开发人员的，所以不应根据岗位区分考试难度，建议每门授课结束时，采取一次性笔试考试（类似于学校考试）。考试成绩分为优秀、良好、及格和不及格四类，与当月绩效考评挂钩。

4. 授课准备

（1）教材：购买教材。

（2）教学工具：使用投影，或白板书写。

5. 费用

（1）教材费：以20人、每人150元计算，需教材费3000元。

（2）授课补助：以每课时50元计算，共92课时，需补助4600元。

实训四　制订旅游企业绩效考核方案

1. 能力目标

能够从教师给出的案例中提炼核心信息，根据给定的考核目标，分组制订出考核方案。

2. 实施步骤与内容

（1）教师给出具体案例，提出考核目标。

（2）各小组根据案例提取核心内容。

（3）根据该旅游企业的考核目标，制订出考核方案。

（4）以同学质疑加教师点评的方式，最终选出最可行的方案。

实战点拨：

某集团绩效考核管理制度

一、考核目的

1. 考评的最终目的是改善员工的工作表现，以达到企业的经营目标，并提高员工的满意程度和未来的成就感。

2. 考评的结果主要用于工作反馈、报酬管理、职务调整和工作改进。

二、考评的原则

1. 一致性：在一段连续时间之内，考评的内容和标准不能有大的变化，至少应保持1年之内考评的方法具有一致性。

2. 客观性：考评要客观地反映员工的实际情况，避免由于光环效应、偏见等带来的误差。

3. 公平性：对于同一岗位的员工使用相同的考评标准。

4. 公开性：员工要知道自己的详细考评结果。

三、适用范围

本办法适用于与公司签订劳动合同的所有员工。控股、参股公司下属企业、下属关联企业或公司参照执行。

四、考核依据及内容

考核依据为员工的岗位，共分为五类人员，即管理人员、工程技术人员、基本生产人员、辅助生产人员、服务人员。由各部门的二级工资管理委员会负责本部门的具体考核，公司工资管理委员会负责监督管理，各部门可以结合单位具体情况制订相应的考核细则并实施。

对管理人员以岗位工作职责为依据，认真核定每个岗位的工作量，具体到每一项工作的分值。考核的指标主要有：工作目标、质量、方法、进展、反馈等，创新、执行、决策、应变能力等，廉洁奉公、团结互助、责任心等。实行量化考核。

对工程技术人员按技术项目，以技术的领先程序、难易程度、完成时间、完成质量等因素核定工作量，制订易于操作的量化标准，量化分值，实行考核。

对基本生产人员，以每个岗位的工时定额、质量、物耗、安全、劳动纪律等为主要依据，结合考核要素，实行量化考核。

对辅助生产人员，以工作任务、质量、物耗、安全、劳动纪律等为主要依据，结合考核要素，实行量化考核。

对服务人员，以岗位工作目标和责任为主要依据，在工作任务、质量、廉洁奉公、团结互助、责任心等方面，结合考核要素，实行量化考核。

实施员工的考核必须与本人所从事的岗位相对应，严禁员工拿高岗位的报酬而从事低岗位的工作，凡发现此违章行为将对部门和员工进行处罚。

五、考核管理

（一）个人月度业绩综合考核

1. 月度考核根据考核者当月工作计划完成情况、工作质量、工作态度、工作协作等4个方面、16个考核要素等因素综合评分。考核指标应尽可能合理量化，易于操作。考核力求客观、真实、公正、公开。

2. 个人考核由所在单位（部门）自行组织，考核结果上报公司人事劳动部，经确认后，在单位（部门）张榜公布。

3. 当个人考核得分小于50分时，岗位业绩工资为零。

4. 岗位业绩工资按月发放，由单位（部门）根据个人考核结果进行二次分配，余额作为单位（部门）奖励基金。

考核基本生产工人时，如果当月完成工时数超过定额部分，可由各单位（部门）制订相应的奖励条例。

（二）单位（部门）月度综合考核

1. 单位（部位）月度综合考核由公司综合管理部责成有关部门制订具体考核细则并负责实施。

2. 分厂管理项目综合考核分数满分为100分，其中生产管理40分、成本管理30分、质量管理15分、质量控制15分。

3. 部室管理项目综合考核分数满分为100分，其中分厂对相关工作作风考核20分、管理费用30分、工作效率20分、质量体系（工作质量）30分。

4. 考核结果由综合管理部负责评审确认，金额由人事劳动部负责计算，财务部负责发放。

5. 当单位（部门）综合考核分数小于60分时，单位所有人员的岗位业绩工资为零。

六、考核及调薪管理

1. 员工实行考核晋档制度，每年调整一次。

2. 根据岗位靠竞争、收入靠贡献的原则，实行考核晋级、降级制度和末位淘汰制度。

3. 本年度年终考核成绩为“优”的员工，可在本岗位上晋升一档工资。

4. 连续两年考核成绩为“良”的员工，可在本岗位上晋升一档工资。

5. 连续两年考核成绩为“中”或本年年终考核成绩为“差”的员工，在本岗位降低一档工资。

6. 对于已达到岗位最高档次工资的员工，年度考核时不再晋档。

7. 本年度年终考核成绩为“差”并进入末位淘汰的员工，按公司的有关规定执行。

七、本制度自颁布之日起实行

八、本制度由人力资源部负责解释

实训五　编制旅游企业工资表

1. 能力目标

通过基础知识的学习掌握员工工资制度的类型及各项目的计算方法，根据教师给出的案例要点，编制员工工资表。

2. 实施步骤与内容

（1）教师分发一个本土旅游企业财务资料，学生提取核心信息。

（2）各小组结合企业实际编制出员工工资表。

（3）各小组交换工资表互相纠错。

（4）更正后提交教师点评。

实战点拨：

某旅行社的工资表

每个行业的财务体系标准不同，细化到相应企业的工资标准也是不同的，企业与企业之间更是很难相互借鉴。所以，一般行业只给一个行业参考工资标准与体系，以下截取某旅行社工资表和企业工资制度方案以供编写参考。

表一　某旅行社工资

部门	姓名	工龄工资	基本工资	职务工资	技能津贴	通信补贴	生活补贴	特殊津贴	加班补贴	补款项	绩效
总经理办公室	张一	××	××	××	××	××	××	××	××	××	××
副总办公室	李一	××	××	××	××	××	××	××	××	××	××
政策研究室	王一	××	××	××	××	××	××	××	××	××	××
出入境中心	宋一	××	××	××	××	××	××	××	××	××	××
国内中心	吕一	××	××	××	××	××	××	××	××	××	××
管理中心	吴一	××	××	××	××	××	××	××	××	××	××
商务中心	李一	××	××	××	××	××	××	××	××	××	××
人事部	向一	××	××	××	××	××	××	××	××	××	××
办公室	王一	××	××	××	××	××	××	××	××	××	××
车队	徐一	××	××	××	××	××	××	××	××	××	××
采购供应部	潘一	××	××	××	××	××	××	××	××	××	××
财务部	钟一	××	××	××	××	××	××	××	××	××	××
保卫科	夏一	××	××	××	××	××	××	××	××	××	××
安全环保部	赵一	××	××	××	××	××	××	××	××	××	××
运输部	张二	××	××	××	××	××	××	××	××	××	××
……	××	××	××	××	××	××	××	××	××	××	××

表二　某旅行社工资（续）

部门	姓名	安全基金	应发工资	会费	房费	电费	养老	医疗	公积金	代扣个税	扣款合计	实发合计
总经理办公室	张一	××	××	××	××	××	××	××	××	××	××	××
副总办公室	李一	××	××	××	××	××	××	××	××	××	××	××

续表

部门	姓名	安全基金	应发工资	会费	房费	电费	养老	医疗	公积金	代扣个税	扣款合计	实发合计
政策研究室	王一	××	××	××	××	××	××	××	××	××	××	××
出入境中心	宋一	××	××	××	××	××	××	××	××	××	××	××
国内中心	吕一	××	××	××	××	××	××	××	××	××	××	××
管理中心	吴一	××	××	××	××	××	××	××	××	××	××	××
商务中心	李二	××	××	××	××	××	××	××	××	××	××	××
人事部	向一	××	××	××	××	××	××	××	××	××	××	××
办公室	王二	××	××	××	××	××	××	××	××	××	××	××
车队	徐一	××	××	××	××	××	××	××	××	××	××	××
采购供应部	潘一	××	××	××	××	××	××	××	××	××	××	××
财务部	钟一	××	××	××	××	××	××	××	××	××	××	××
保卫科	夏一	××	××	××	××	××	××	××	××	××	××	××
安全环保部	赵一	××	××	××	××	××	××	××	××	××	××	××
运输部	张二	××	××	××	××	××	××	××	××	××	××	××
××	××	××	××	××	××	××	××	××	××	××	××	××
……												

某企业工资制度方案

第一章　总　则

第一条　按照公司经营理念和管理模式，遵照国家有关劳动人事管理政策和公司其他有关规章制度，特制订本方案。

第二章　原　则

第二条　按照各尽所能、按劳分配原则，坚持工资增长幅度不超过本公司经济效益增长幅度，职工平均实际收入增长幅度不超过本公司劳动生产率增长幅度的原则。

第三条　结合公司的生产、经营、管理特点，建立起公司规范合理的工资分配制度。

第四条　以员工岗位责任、劳动绩效、劳动态度、劳动技能等指标综合考核员工报酬，适当向经营风险大、责任重大、技术含量高、有定量工作指标的岗位倾斜。

第五条　构造适当工资档次落差，调动公司员工积极性的激励机制。

第三章　年薪制

第六条　适用范围：公司董事长、总经理；下属法人企业总经理；董事、副总经理是否适用，由董事会决定。

第七条　工资模式：公司经营者与其业绩挂钩，其工资与年经营利润成正比。

年薪=基薪+提成薪水（经营利润×提成比例）

基薪按月预发，根据年基薪额的1/12支付；提成薪水，在公司财务年度经营报表经审计后核算。

第八条　实行年薪制职员须支付抵押金，若经营业绩不良，则用抵押金充抵。

第九条　年薪制考核指标还可与资产增值幅度、技术进步、产品质量、环保、安全等指标挂钩，进行综合评价。

第十条　年薪制须由董事会专门作出实施细则。

第四章　正式员工工资制

第十一条　适用范围：公司签订正式劳动合同的所有员工。

第十二条　工资模式：采用结构工资制。

员工工资=基础工资+岗位工资+工龄工资+奖金+津贴

1. 基础工资

参照当地职工平均生活水平、最低生活标准、生活费用价格指数和各类政策性补贴确定，在工资总额中占40%~50%。

2. 岗位工资

（1）根据职务高低、岗位责任繁简轻重、工作条件确定；

（2）公司岗位工资分为5类18级的等级序列，见正式员工工资标准表，分别适用于公司高、中、初级员工，其在工资总额中占20%~30%。

3. 工龄工资

（1）按员工为企业服务年限长短确定，鼓励员工长期、稳定地为企业工作；

（2）年功工资根据工龄长短，分段制订标准，区分社会工龄、公司工龄；

（3）年功工资标准见正式员工工资标准表。

4. 奖金（效益工资）

（1）根据各部门工作任务、经营指标、员工职责履行状况、工作绩效考核结果确立；

（2）绩效考评由人事部统一进行，与经营利润、销售额、特殊业绩、贡献相联系；

（3）奖金在工资总额中占30%左右，也可上不封顶；

（4）奖金考核标准见正式员工工资标准表；

（5）奖金通过隐秘形式发放。

5. 津贴

包括交通津贴、伙食津贴、工种津贴、住房津贴、夜班津贴、加班补贴等；各类津贴见公司补贴津贴标准。

第十三条　关于岗位工资

1. 岗位工资标准的确立、变更

(1) 公司岗位工资标准经董事会批准;

(2) 根据公司经营状况变化，可以变更岗位工资标准。

2. 员工岗位工资核定

员工根据聘用的岗位和级别，核定岗位工资等级，初步确定岗位在同类岗位的下限一级，经1年考核，再调整等级。

3. 员工岗位工资变更

根据变岗变薪原则，晋升增薪，降级减薪。工资变更从岗位变动的后1个月起调整。

第十四条　关于奖金

1. 奖金的核定程序

(1) 由财务部向人事部提供各部门、子公司、分公司完成利润的经济指标数据;

(2) 由行政部向人事部提供各部门员工的出勤和岗位职责履行情况记录;

(3) 人事部依据汇总资料，测算考核出各部门员工定量或定性的工作绩效，确定每个员工效益工资的计算数额;

(4) 考核结果和奖金计划经公司领导审批后，发放奖金。

2. 奖金的发放

与岗位工资一同或分开发放

第十五条　关于工龄工资

员工1年内实际出勤不满半年的，不计当年工龄，不计发当年工龄工资；试用期不计工龄工资，工龄计算从试用期起算。

第十六条　其他注意事项

各类假期依据公司请假管理办法，决定工资的扣除;

各类培训教育依据公司培训教育管理办法，决定工资的扣除;

员工加班、值班费用，按月统计，计入工资总额;

各类补贴、津贴依据公司各类补贴管理办法，计入工资总额;

被公司聘为中、高级的专业技术人员，岗位工资可向上浮动1~2级;

在工作中表现杰出、成绩卓著的特殊贡献者，因故能晋升职务的，可提高其工资待遇，晋升岗位工资等级。

第五章　非正式员工工资制

第十七条　适用范围：订立非正式员工劳动合同的临时工、离退休返聘人员。

第十八条　工资模式：简单等级工资制。见非正式员工工资标准表。

第十九条　人事部需会同行政部、财务部对非正式员工的工作业绩、经营成果、出勤、各种假期、加班值班情况汇总，确定在其标准工资基础上的实发工资总额。

第二十条　非合同工享有的各种补贴、津贴一并在月工资中支付。

第六章　附　则

第二十一条　公司每月支薪日为25日。

第二十二条　公司派驻下属企业人员工资由本公司支付。

第二十三条　公司短期借调人员工资由借用单位支付。

第二十四条　公司实行每年13个月工资制，即年底发双月薪。

第二十五条　以上工资均为含税工资，根据国家税法，由公司统一按个人所得税标准代扣代缴个人所得税。

第二十六条　本方案经董事会批准实行，解释权在董事会。

实训六　设计旅游企业的员工福利方案

1. 能力目标

根据人力资源管理的基础理论，结合旅游企业的自身特点，制订该旅游企业的员工福利方案，设计的活动要兼具实用性与吸引力。

2. 实施步骤与内容

（1）教师提供一个真实旅游企业案例，给出充分资料让学生进行讨论、分析，确定该企业适合的主题。

（2）结合企业实际，提出切实可行的方案。

（3）教师点评。

（4）全班投票选出最给力员工福利方案。

实战点拨：

某企业员工福利方案

第一章　总　则

第一条

福利待遇是公司在岗位工资和奖金等劳动报酬之外给予员工的报酬，是公司薪酬体系的重要组成部分。建立一个良好的福利待遇体制能够增加员工对企业的归属感，从而增加企业的凝聚力。

第二条

下面所列福利待遇均根据国家规定及企业自身情况而定。

第二章　福利待遇的种类

第三条

公司提供的福利待遇包括按国家规定执行的福利待遇，以及根据企业自身条件设置的福利待遇。

第四条

按照国家政策和规定，参加统筹保险的有：养老保险、基本医疗保险、失业保险、工伤保险和生育保险。

第五条

财务部负责统一将统筹保险上交政府有关部门，并记入个人养老保险手册。

第六条

公司设置的其他福利待遇：补贴福利、休假福利、培训福利、文娱福利和设施福利。

第三章　福利待遇的形式

第七条

物质激励型福利：它是为增强人力资源管理激励性而建立的福利项目，主要包括如下种类：

时间奖励：包括带薪和不带薪休假、病假等。

现金奖励：午餐补贴、节日补贴等。

服务奖励：自助计划资助、娱乐项目、旅游项目、健康项目、财务和法律咨询等。

第八条

现金型福利和非现金型福利：前者指以货币形式给付的福利，后者指以非货币形式给付的福利。

第九条

即期性福利和延期性福利：前者一般是在职期间可以获得的福利，后者一般是退休后可以获得的福利。

第十条

固定福利和弹性福利：弹性福利是公司提供的，允许员工在规定的时间和现金范围内，根据自己的需要自愿选择和调整的福利项目。

第四章　福利待遇的标准

第十一条

养老保险：按照有关政策和规定，公司每月为员工支付养老保险，其中公司缴纳比例为21%，个人需缴纳8%。

医疗保险：公司每月为员工支付医疗保险，其中公司缴纳比例为8%，个人需缴纳2%。

失业保险：公司每月为员工支付医疗保险，其中公司缴纳比例为2%，个人需缴纳1%。

生育、工伤保险：公司每月为员工支付医疗保险，其中公司缴纳比例为0.8%和0.5%~2%。

第十二条

公司提供的补贴福利包括：

午餐补贴：公司发放标准为每人每天10元，随每月工资一同发放。

节日补贴：端午节、中秋节、春节公司给每位员工发放150~200元的节日补贴；妇女节为全体女职工发放纪念品（护肤品或者生活用品）。

生日补贴：员工过生日，公司送贺卡表示祝福，并送上8寸生日蛋糕。

员工大事补贴：当员工逢婚、育、大病和丧等个人大事时，公司给予员工礼金或慰问金200元。

第十三条

公司提供的休假福利包括：

1. 带薪年休假

（1）工龄满1年但不满10年的员工，每年休假的假期为5天；

（2）已满10年不满20年的，年休假10天；

（3）已满20年的年休假15天；

（4）国家法定休假日、休息日不计入年休假的假期。

以下情况不予安排年休假：

（1）累计工作满1年不满10年的职工，请病假累计2个月以上的；

（2）累计工作满10年不满20年的职工，请病假累计3个月以上的；

（3）累计工作满20年以上的职工，请病假累计4个月以上的。

2. 婚假

（1）员工达到法定年龄结婚，可享受3天婚假；

（2）员工达到晚婚年龄结婚的（男员工满25周岁，女员工满23周岁），可享受15天婚假。

3. 产假、哺乳假

（1）女员工符合国家计划生育政策生育时享受产假98天，其中产前假15天；

（2）难产或剖腹产者，增加15天；生育多胞胎者，在98天的基础上每多生育一婴，产假增加15天；

（3）女员工产假期满，因身体原因不能工作的，经县（区）级以上医院证明后，其超过产假期间的待遇，按照员工患病的相关规定处理。

4. 工伤假

员工因工负伤，根据有关规定，经劳动行政部门认定后，可请工伤假。

5. 丧假

（1）员工直系亲属（双方父母、配偶、子女）死亡，可给假1~3天；

（2）双方外祖父母、祖父母死亡，可给假1天；

（3）其他亲属死亡，须请假者，按事假处理。

第十四条

培训福利：公司根据考核结果，由人力资源部制订培训计划，并组织实施，以使员工的知识、技能、态度等方面与不断变动的经济技术、外部环境相适应。培训福利包括：员工在职或短期脱产免费培训、公费进修等。具体规定见公司《培训管理制度》。

第十五条

文娱福利：企业为促进员工的身心健康，丰富员工的精神和文化生活而提供的福利，如公司定期组织聚餐或出游。

第十六条

设施福利：公司为了丰富员工的业余生活，培养员工积极向上的道德情操而设立的项目，包括创建文化、娱乐场所，组织旅游，开展文体活动等，具体实施根据公司的实际情况设定。

第五章　福利待遇的给付

第十七条

统筹保险由财务部统一缴纳，个人应缴纳部分在工资中扣除。

第十八条

现金支付的福利待遇随当月工资核发；

第十九条

享受假期福利的员工，其工资待遇按公司《考勤管理制度》的规定执行。

第六章　附　则

第二十条

福利方案报公司总经理批准后施行，修改时亦同。

第二十一条

福利方案自颁布之日起施行。

参考文献

［1］王一江．现代企业中的人力资源管理．上海：上海人民出版社，1998.

［2］吴金法．现代企业人力资源管理学．北京：电子工业出版社，2003.

［3］李焕荣，刘得格．企业的招聘风险分析与对策研究．商业研究，2006（18）：20-22.

［4］孙会，于慧川，孙建萍．员工招聘风险防范的经济学分析．辽宁石油化工大学学报，2004（4）：50-51.

［5］董志强．人员管理的经济学方法．北京：中国经济出版社，2003.

［6］张维迎．博弈论与信息经济学．上海：上海人民出版社，2004.

［7］何会涛．信息不对称条件下的企业招聘风险分析．科技与管理，2005（6）：30-31.

［8］姚华锋．人力资源招聘的信息不对称及防范对策．现代科技与管理，2005（5）：12-14.

［9］张满林，周广鹏．旅游企业人力资源管理．北京：中国旅游出版社，2009.

［10］赵西萍．旅游企业人力资源管理．北京：高等教育出版社，2011.

［11］严伟．旅游企业人力资源管理．上海：上海交通大学出版社，2009.

［12］李志刚．旅游企业人力资源开发与管理．北京：北京大学出版社，2011.

［13］沈登学，黄萍．旅游企业人力资源管理．成都：西南财经大学出版社，2009.

［14］约翰逊．旅游业人力资源管理．北京：电子工业出版社，2004.

［15］徐明．旅游人力资源管理．大连：辽宁师范大学出版社，2001.

［16］余吕国．旅游人力资源开发．北京：中国旅游出版社，2003.

［17］张德．人力资源开发与管理．北京：清华大学出版社，2005.

［18］刘高容．旅游企业人力资源流动性研究．湘潭：湘潭大学，2003.

［19］邸德海．旅游管理信息系统．天津：南开大学出版社，2000.

［20］李涛．湖北省旅游人力资源开发研究．武汉：华中师范大学，2008.

［21］廖晓莉．我国旅游饭店业人力资本开发战略研究．成都：西南交通大学，2005.

［22］唐微．长沙市旅游人力资源开发与管理研究．长沙：湖南师范大学，2008.

［23］王琴．东营市旅行社人力资源开发战略研究．东营：中国石油大学，2009.

[24] 许涛. 中国旅游饭店人力资源管理现状及对策研究. 青岛：中国海洋大学，2009.

[25] 张德. 人力资源开发与管理案例精选. 北京：清华大学出版社，2002.

[26] 赵西萍. 旅游企业人力资源管理. 天津：南开大学出版社，2000.

[27] 陈露，石应平. 试析旅游人力资源开发的误区. 长沙铁道学院学报：社会科学版，2007.

[28] 陈永玲. 论人力资源管理的重要性. 时代经济论坛，2007.

[29] 陈志学. 饭店人力资源管理与开发创新. 中国机关后勤，2002.

[30] 陈志学. 旅游业的人才竞争与人才战略. 旅游调研，2002（12）.

[31] 代福梅. 我国旅行社人力资源管理. 边疆经济与文化，2009.

[32] 邸胜男. 论我国旅游饭店业人力资源的开发. 商业经济，2005.

[33] 丁艳平，李向农. 从就业谈高校旅游管理本科教育. 科技信息：科学教研，2007.

[34] 范新和. 人才资源的柔性流动. 人才瞭望，2001.

[35] 方颖，叶文振. 酒店员工流失原因分析. 福建行政学院学报，2006（2）.

[36] 甘露，刘海燕. 旅行社人力资源管理研究综述. 商场现代化，2006.

[37] 郭克莎，孔杰，王洪伟. 人力资源：2003 年度中国企业最佳案例. 北京：商务印书馆，2003.

[38] 叶伯平，杨柳. 餐饮企业人力资源管理. 北京：高等教育出版社，2011.

[39] 李志刚. 饭店人力资源管理. 北京：中国旅游出版社，2005.

[40] 肇静玮，戴卫东. 旅游企业人力资源管理. 北京：电子工业出版社，2008.

[41] 董福荣. 旅游企业人力资源管理. 广州：华南理工大学出版社，2006.

[42] 李岫，田克勤. 旅游企业人力资源管理. 北京：经济科学出版社，2004.

[43] 郝树人. 旅游企业人力资源管理. 大连：东北财经大学出版社，2004.

[44] 谢礼珊. 旅游企业人力资源管理. 2 版. 北京：旅游教育出版社，2014.

[45] 黄美忠，薛兵旺. 酒店人力资源管理. 天津：天津大学出版社，2012.

[46] 游富相. 酒店人力资源管理. 杭州：浙江大学出版社，2009.

[47] 戈，蒙纳彻罗，鲍姆. 酒店业人力资源管理. 大连：大连理工大学出版社，2002.

[48] 蒙迪，诺埃. 人力资源管理. 北京：经济科学出版社，1996.

[49] 小福雷特斯. 餐旅业人员培训. 北京：旅游教育出版社，1990.

[50] 约翰逊. 旅游业人力资源管理. 北京：电子工业出版社，2004.

策划编辑：段向民
责任编辑：张芸艳
责任印制：谢　雨
封面设计：何　杰

图书在版编目（CIP）数据

旅游企业人力资源管理 / 吴应利，刘云主编. -- 2版. -- 北京：中国旅游出版社，2019.7（2022.6重印）
中国旅游业普通高等教育应用型规划教材
ISBN 978-7-5032-6305-7

Ⅰ. ①旅… Ⅱ. ①吴… ②刘… Ⅲ. ①旅游企业—人力资源管理—高等学校—教材 Ⅳ. ①F590.652

中国版本图书馆CIP数据核字（2019）第149400号

书　　名：旅游企业人力资源管理（第二版）

作　　者：吴应利　刘　云　主编
出版发行：中国旅游出版社
（北京静安东里6号　邮编：100028）
http://www.cttp.net.cn　E-mail：cttp@mct.gov.cn
营销中心电话：010-57377108，010-57377109
读者服务部电话：010-57377151
排　　版：北京旅教文化传播有限公司
经　　销：全国各地新华书店
印　　刷：北京明恒达印务有限公司
版　　次：2019年7月第2版　2022年6月第3次印刷
开　　本：787毫米×1092毫米　1/16
印　　张：16
字　　数：356千
定　　价：39.80元
I S B N　978-7-5032-6305-7